Stock Chart's Psychological Analysis for Smart Ants

스마트 개미를 위한

# 주식차트 심리분석

절대 원칙으로 무장한 주식투자 매매의 기술

박영수·정동술 지음

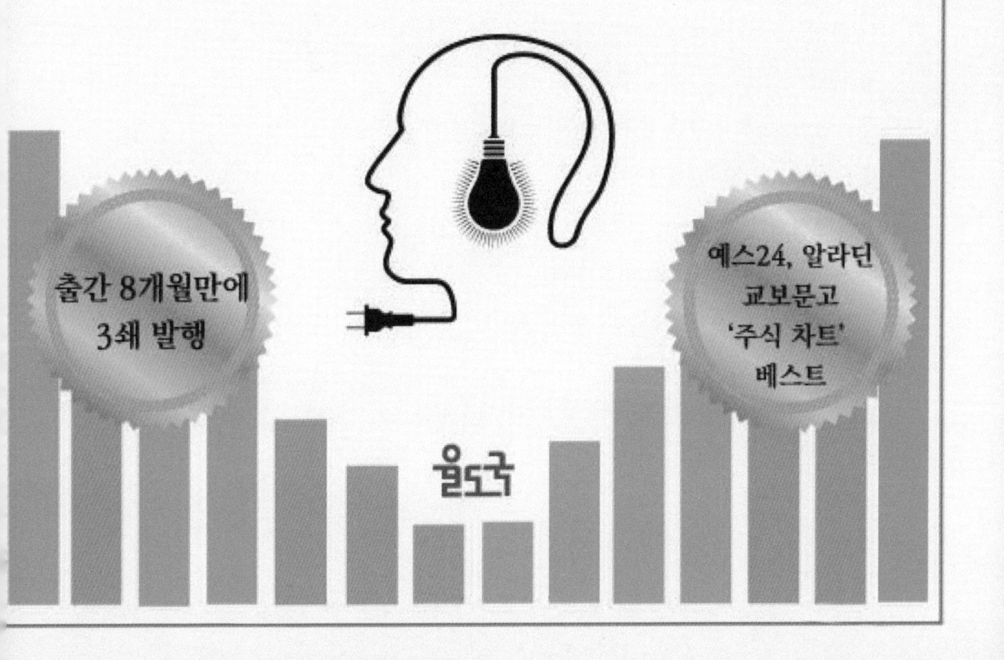

스마트개미를 위한 주식 차트 심리 분석

**초판발행** 2021년 4월 15일

**3쇄 인쇄** 2022년 1월 1일

**지 은 이** 박영수, 정동술

**발 행 인** 김홍열

**발 행 처** 율도국

**디 자 인** 김예나

**영　　업** 윤덕순

**주　　소** 서울특별시 도봉구 시루봉로 286 (도봉동 3층)

**출판등록** 2008년 7월 31일

**홈페이지** http://www.uldo.co.kr

**이 메 일** uldokim@hanmail.net

I S B N 979-11-87911-68-5 [13320]

## 목차

# 프롤로그

## 주린이[1] 도 시장과 세력을 이기는 스마트 개미가 될 수 있다

주식시장은 첨단무기로 장착한 전쟁터와 같다.

잘못하면 제로섬게임의 희생물이 되는 비정한 시장이다.

전문지식을 습득한 숙련된 용병들이 허다하고 막강한 자금력으로 무장한 슈퍼아머들이 전쟁터를 누비고 있다.

그 무자비한 곳에서 기저귀 차고 소총을 쏴대고 있는 개미들을 보면 안타깝다.

이들이라고 해서 돈을 못 벌 이유가 있는가?

공동 주필자는 오랜 기간 금융 교육강사로 전국을 돌아다니며 돈 벌 수 있는 방법에 관한 강의를 했다.

한참 벤쳐붐이 일어날 때 가상현실(VR, Vertual Reality) 관련 업종에 몰빵투자 했다가 낭패를 봤다. 헛헛한 상처를 안고 도전을 계속했다.

반짝 성공의 기쁨도 있었지만 돈을 벌 수 있는 알맹이 지식이 없었던 탓에 생채기만 더할 뿐이었다. 금융전문가라고 자신 있게 덤벼든 우리들의 말로는 이렇게 초라했다.

---

1) 주식+어린이의 합성어로 주식 초보자를 뜻하는 말이다. 기간이 오래 되었더라도 여전히 초보자 수준을 못 벗어나면 그도 주린이에 속한다.

오기가 났다. 패배를 인정한 후 계좌를 폐쇄했다.

바닥부터 기어보겠다고 처음 선택한 것이 선생 찾기였다.

고수가 절실했고 그 판단은 옳았다.

많은 시간을 낭비하지 않고 좋은 멘토를 만날 수 있었다.

2년 동안 밤낮으로 피나는 노력을 했다. 그동안 쌓았던 지식을 휴지통에 버리고 성공하는 주식투자의 기술을 새롭게 익히고 실전을 통해 이기는 법을 체득하면서 고지마다 깃발을 꽂을 수 있었다.

날고 기던 전투병들의 실상도 알고 보니 화려한 스펙에 막강한 화력, 시장을 주도할 수 있는 무기를 휘두르는 용병에 불과했고 진정한 실력자는 아니었다.

'주린이도 충분히 시장과 세력을 이기는 스마트 개미가 될 수 있구나'

이렇게 책을 쓴 동기가 되었다.

성공하기 위한 주식투자의 원리는 사실 심플하다.

핵심을 아우르는 지식에 경험과 손놀림, 동물적 감각을 갖춘다면 어떠한 상황에서도 과실을 향유할 수 있다.

본 책은 무조건 '돈을 벌자'고 덤벼드는 주린이들을 멈춰 세우고 성공하는 주식투자의 본질을 이해할 수 있도록 안내하였다.

이 책은 최소한 10회독을 권한다.

횟수를 더할수록 자기도 모르는 깨달음이 깊어질 것이다.

**2021년 3월**

**박영수·정동술**

# PART 1

# 주식으로 돈을 벌 수 있다

위험천만한 시장에서 돈 버는 주식투자 방법은 무엇인가?

성공적인 주식투자를 위해 꼭 필요한 지식을 갖춰야 한다.

책, 유튜브, 방송, 인터넷카페 등에서 잡다한 기법이나 가이드가 쏟아지고 있지만 갈증은 채워지지 않는다.

본 책자는 차트 심리를 읽고 투자전략을 세우고 끊임없이 수익을 창출하는 방법을 제시하는 안내서다.

이 책을 읽고 있다면 훌륭한 선생을 만난 것이다.

본 PART에서는 워밍업 과정으로 차트 심리 읽기를 위해 새겨야 할 총론적 이슈들을 살펴본다.

# 제 1장
# 숨겨진 투자심리를 찾으면 승자가 될 수 있다

## 1. 개미 마인드, 깜깜이 투자를 벗어나는 법

'왜 내가 사면 내리고, 내가 팔면 오르는 걸까?'

이 비밀은 간단하다.

개미의 특징은 적은 자금력, 정보력, 전문성 부족이다.

그러다 보니 지인의 소개나 유료방송 추천, 소문, 뉴스를 따라다니며 전문지식 없이 막연한 근거를 가지고 매매 한다.

타인으로부터 촉발된 투자는 대부분 이미 올라서 관심이 집중되어 있거나 오르고 있는 주식에 집중되어 있다.

종목분석도 약하고 매수·매도 타임도 못 잡고 전략도 없는 투자는 항상 깜깜하고 불안하다.

심리적 요인도 가세한다.

가격이 높은 상황인데도 대부분의 사람들이 그 가격이 적정하다고 생각하는 집단 최면에 걸려있다.
이미 오른 주식에 대해 실적을 분석하고 좋은 점을 찾아 매수하니 불난 곳에 더 불을 지피는 격이다.

아쉽게도 주식은 가격이 오르면 내리게 되어 있다.
확고한 신념에 근거한 투자가 아니면 가격이 떨어지는 공포를 견디지 못하고 팔게 된다.
**이 공포 심리는 생물학적으로 누적되어야 위기의식을 느끼도록 되어 있다. 급락하면 무서워서 던지지만 조금씩 떨어지면 '설마 설마' 하고 바라보고 있다.**
그러다 한계 상황에 오게 되면 더 이상 버티지 못하고 던지게 된다.

어떻게 개미 마인드를 벗어날 수 있는가?
패배할 수밖에 없는 상황을 만들지 말아야 한다.

첫째, 소문, 뉴스나 추천주 투자를 벗어나야 한다.
언제 매수할지에 대한 지식이 부족하다 보니 뇌동 매수, 추격 매수가 일상이다.
주식투자도 장사나 사업과 다를 게 없다.
1인기업, 훌륭한 CEO가 되어야 하며 그러기 위해서는 전략이 우선인데 그 필요성조차 감지하지 못하고 있다.

둘째, 급등주, 테마주를 멀리해야 한다.
학습도 없고 자기만의 철학도 없는 투자자가 즐겨 찾는 곳이 이런 곳이다.

욕망은 높고 실력은 바닥인 채 자기도 모르게 고점에서 클릭하고 물린다. 이들은 공매도, 기관의 투매, 작전 때문이라고 남 탓만 하며 분풀이만 한다.

**셋째, 물타기, 손절의 습관을 버려야 한다.**

개미는 물타기로 위로받고 공포심에 손절로 망한다.

고수는 물타기나 손절의 개념이 없다. 물타기는 단타로 수익 실현하기 위한 투자기법이고 손절은 귀찮아서 정리하는 것이다.

주식투자는 돈의 전쟁이다.

돈을 움직이는 동력은 인간의 욕망과 탐욕이다.

합법적인 시장 원리 하에서 이익을 추구하려는 욕구의 장이 주식시장이다.

따라서 스스로 움직이는 작동원리가 존재한다.

그 원리를 아는가에 따라 승자와 패자가 갈라진다.

**원리1, 종목의 저점을 알 수 있다면?**
**원리2, 떨어져도 반등할 종목을 알 수 있다면?**
**원리3, 매수 시점을 알 수 있다면?**
**원리4, 매도 시점을 알 수 있다면?**

위 4가지를 정복한다면 누구나 큰돈을 벌 수 있다.

본 책자에서는 차트 심리 읽기를 통해 그 방법을 구체적으로 제시할 것이다.

## 2. 주식투자의 원리는 심리에 있다

주식을 싸게 사고 비싸게 팔면 돈을 번다. 문제는 대부분 반대로 간다는 데 있다.

주식의 가격은 수요와 공급이 만나는 자리에서 결정된다. 수요와 공급을 결정하는 핵심 요인은 무엇인가?

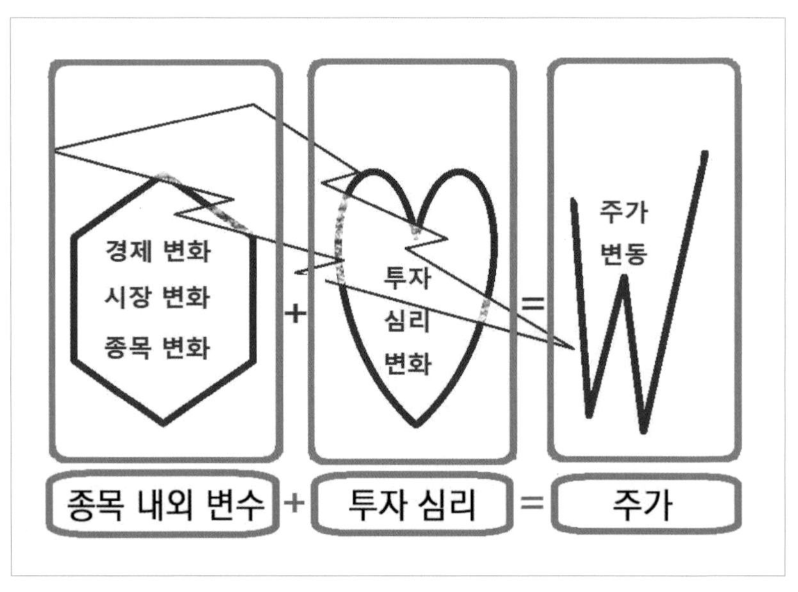


(표1) 누가 주가를 결정하는가?

(표1)은 주가를 결정하는 요인을 도식화 한 것이다.

먼저, 경제, 시장 등 종목을 둘러싼 변수가 주가 결정에 중요한 역할을 한다.

여기에 투자심리의 변화라는 심리적 요인이 추가된다.

그런데 대부분 주가 결정 변수를 전자만으로 고정화하여 판단하려 한다. 투자자의 심리를 외면한 채, 종목에 국한된 요소만으로 투자 판단을 한다면 어떻게 될 것인가?

실패할 가능성이 그만큼 높다.

**주식의 가격결정은 주가를 판단할 정보 외에 투자자의 심리도 감안해야 정확한 결론을 얻을 수 있다.**

투자자의 심리가 주가에 얼마나 큰 영향을 미치는지 보자.

경제와 시장이 좋고 종목이 매력적이라도 투자자가 일시적으로 외면하는 경우도 많다. 연기금의 투자한도 비율조정을 위해 부득이하게 매물을 내놓기도 한다.

기관투자자[2]들은 종목의 거시변수와 무관하게 의도에 따라 주가를 좌지우지 할 수 있다. 공매도나 선물·옵션의 반대매매, 차익거래, 자전거래 등을 통해 가격 조정을 한다.

또 이해할 수 없는 투자자의 선호도에 의해 종목이 폭등과 폭락을 하기도 한다. 미국의 테슬라 주식은 경제와 시장, 종목의 벨류에이션[3]과 무관하게 1년 사이에 주가가 3배나 폭등한 적이 있다.

미국의 개미투자자와 헤지펀드간의 공매도 전쟁[4]도 있다.

종목의 가치와 관계없이 이들의 기싸움으로 연일 폭등과 폭락을 경험했다. 이 사건을 계기로 투자자의 심리나 의도도 주가에 영향을 주는 중요 변수란 점을 부각시켜 주었다.

---

2) 기관투자자들은 증권회사, 은행, 보험, 자산운용, 외국인, 연기금 등 전문투자자를 지칭한다.

3) 벨류에이션은 기업의 내재된 가치대비 시장의 평가 수준을 뜻한다.

4) 2021년1월 미국의 개인투자자들이 대형 헤지펀드의 공매도에 대항해 게임스탑 주식을 대량으로 매수하여 주가를 폭등시킨 사건이다.

하지만 주가예측의 현실은 어떤가?

종목 팩트만 집중하고 투자자의 심리는 고려하지 않는다. 거의 모든 분석 자료나 전문가의 시각은 시장이나 경제, 종목의 요소에만 집중되어 있다. 정작 집중해야 할 투자자의 마음을 읽지 못하고 있는 것이다.

기관, 외국인은 가격조정의 힘이라도 있지만 개미는 속수무책이다. 왜 주식을 하면 실패하는가에 대한 답이 여기에 있다.

그렇다면 개미가 해야 할 일은 무엇인가?

**종목과 투자심리, 양쪽의 조건을 다 고려하면 투자 결정의 확률을 훨씬 높일 수 있으며 절대 실패하지 않을 수 있다.**

성공 주식투자는 이렇게 관점을 바꾸는 것에서 시작한다.

그럼 이제부터 관점을 바꾸고 시각을 고정시켜 보자.

주가변동은 수요와 공급의 원칙에 의해 결정된다.

수요는 주식을 사려고 하는 심리에 의해 정해진다. 많이 사려고 하면 수요가 증가하므로 가격이 오른다.

반대로 보유자의 심리에 의해 공급이 결정된다. 매도자가 팔려고 하면 공급이 늘어 가격이 하락한다.

투자자의 심리는 어떻게 결정되는가?

**우선, 종목을 둘러싼 객관적 요소에 의해 직접적으로 영향을 받는다.** 정치 경제 사회 문화의 변화는 리얼 타임으로 투자자를 자극한다. 금융위기, 전쟁 위기, 전염병 위기 등 수많은 이슈가 주식을 하는 사람들의 잠을 설치게 한다.

미국 대통령과 중국 주석이 싸우면 트레이딩룸[5]이 바빠진다.

---

5) 트레이딩룸은 주식을 거래하는 증권회사 등 기관투자자들의 거래룸을 상징한다.

경기가 좋으면 기업실적이 좋아지고 따라서 사려는 사람은 많아지고 보유한 사람은 안 팔려고 한다.

금리가 낮으면 시중에 돈이 많이 풀려 주식에 투자를 더 할 것이므로 사려는 사람이 많아지고 보유한 사람은 가격이 더 오를 것으로 생각이 되니까 안 팔려고 한다.

시장이 좋으면 살려는 사람은 더 사려고 하겠고 보유한 사람은 안 팔려고 한다.

**다음으로, 주식을 발행하는 회사의 상황에 따라 매수자와 매도자의 매매 의사가 결정된다.**

경영 실적이 좋으면 매수자가 많아지고 팔려는 사람은 줄어들면서 주가가 올라간다.

미래 성장성이 크면 일반인의 관심이 늘면서 매수자가 많아지고 보유한 사람은 더 오를 것이라 기대하므로 매물이 줄면서 가격이 올라간다.

**마지막으로, 매일 매일의 거래 상황에 따라 사려는 사람과 팔려는 사람의 심리가 자극된다.**

호재가 나면 매수가 달려들면서 가격이 폭등한다.

특정 가격대에서 비싸다고 생각하는 사람들이 많다면 사는 사람은 줄어들고 파는 사람이 늘어난다. 반대로 너무 가격이 하락한 때에는 시장이 나빠도 더 이상 떨어지지 않는다.

팔려는 사람들이 많이 모여 있는 가격대에서는 사는 사람이 많더라도 가격이 더 오르지 않는다.

기관·외인들이 그 종목을 꽉 누르고 있으면 가격은 위로 움직이지 못하고 비틀거린다.

**이런 복잡다기한 심리가 모여 그래프로 표현된 것이 바로 차트다. 즉 주가변동 내역이 고스란히 집합되어 있는 곳이다.**

그 속에는 종목을 둘러싼 외부환경, 내부환경, 그 종목을 바라보는 투자자의 심리가 투사되어 있다.

건강검진의 결과물과 같아서 그 종목의 상태를 훤하게 들여다 볼 수 있다. 약간의 과장을 넣어서 본다면, **차트만 봐도 그 종목의 모든 것을 진단하는데 부족함이 없다.**

차트 속에 있는 심리를 읽어낼 수 있다면 어떻게 될까?

주가의 과거, 현재를 알고 미래를 예측할 수 있게 된다.

투자자의 의도를 파악할 수 있으며 그 결과물로 투자전략을 세우게 되어 불확실한 외부요인에 더 이상 연연해하지 않고 이유 있는 수익을 낼 수 있다.

성공적인 주식 투자를 위해 차트 심리 읽기를 꼭 해야 하는 이유가 여기에 있다.

## 제 2장

# 주가는 예측 가능한 영역이다

## 1. 차트 심리를 읽으면 시장과 세력을 이길 수 있다.

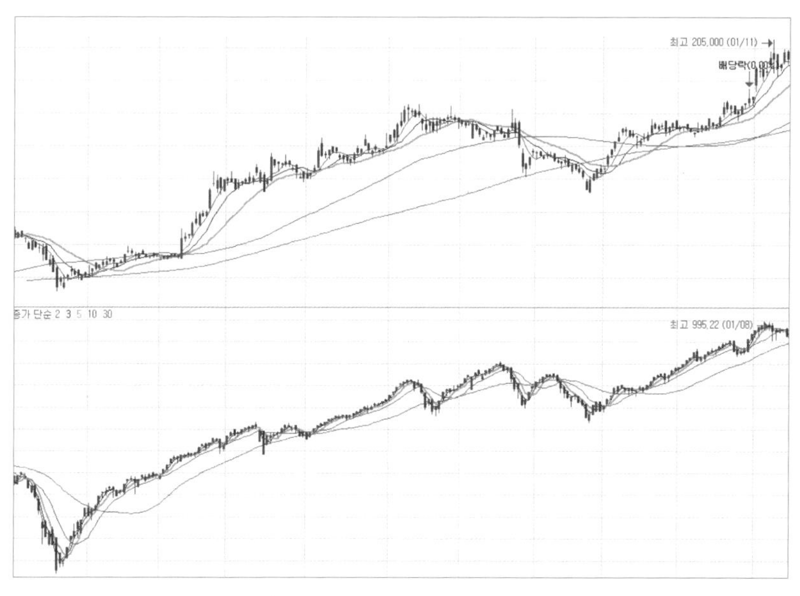


(그림2) 종목과 시장의 흐름

(그림2)는 특정 종목과 시장의 일봉 흐름이다.

마치 짜고 치는 고스톱과 같이 흡사하게 움직이고 있다.

**왜 모든 투자자들이 시장에 목을 메고 있을까?**

불안감을 잊기 위한 마땅한 지표가 없기 때문이다.

망망대해에서 폭풍과 싸우는 사투 중에 저 멀리 보이는 등대를 의지할 수밖에 없는 어부의 심정이라고 할까?

문제는 시장은 믿을 수 없는 존재라는 사실이다.

시장을 흔들 수 있는 변수는 셀 수 없이 많다. 정치, 경제, 사회, 군사, 의료 등 여러 분야에 널려 있다. 언제 어떻게 어떤 모습으로 튀어나와 시장을 놀라게 할지 아무도 모른다.

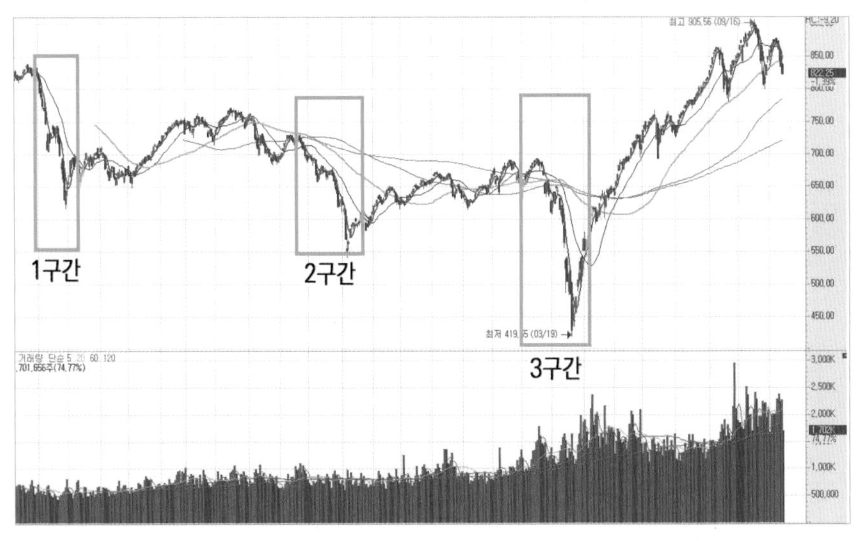


(그림3) 시장 폭락

(그림3)은 시장폭락 때의 일봉 차트 흐름이다.

1구간은 미국과 중국의 무역전쟁으로 무너진 모습이다.

2구간은 한일 외교 경제마찰로 시장이 흔들리는 국면이다.

3구간은 코로나로 패닉상태에 빠질 때의 움직임이다.

영원히 하락하는 시장은 없고 결국 다시 올라온다.

시장은 누구도 예측할 수 없으며 올라가면 떨어지고 떨어지면 다시 올라오는 현상일 뿐임을 알 수 있다.

**흥미로운 것은 시장의 환상과 공포심을 이용하는 주체가 있다는 사실이다. 기관이나 외국인 등 기관투자자들이다.**

막강한 자금력, 정보력, 투자리포트, 언론 등을 활용하여 시장을 의도적으로 움직이고 있다.

가격을 올려나가다 시장이 좋을 때 고점에서 미친 듯이 덤비는 개미들에게 익절 물량을 떠넘긴다. 그리고 시장이 폭락할 때 실성한 상태로 던지는 매물을 저가에 쓸어 담는다.

**개미들은 환상으로 매수하고 공포심으로 던지지만 기관들은 그 환상과 공포심을 이용해 가격과 물량을 조절하며 수익을 내고 있다.**

**누가 더 무서운 상대인가?** 시장?

아니다. 기관투자자들이다.

주식투자에서 성공하는 비결은 시장과 기관투자자를 이기는 것이다. 그렇다고 맞서 싸우란 말이 아니다.

이들을 초월하여 객관적 대상으로 놓고 지표로 삼아 자신만의 투자방법을 가지면 된다.

그 툴은 바로 차트 심리 읽기다.

**차트 심리 읽기로 무장하면 시장이나 세력들에게 휘둘리지 않고 오히려 이들을 지배할 수 있다.**

## 2. 종목의 가격 상승 예측 비법

**시장의 향방을 모른다면 주가도 마찬가지 아닌가?**

그렇지 않다. **주가 상승 하락은 예측의 범주에 속하며 차트 속 지표를 최대한 활용해 확률을 높여 나갈 수 있다.**

차트를 구성하는 일봉, 분봉, 이평선 호가창과 시장 등[6]을 보고 그 속에 들어있는 투자자의 심리를 읽으면 된다.

각 지표가 품고 있는 정보를 분석하여 하나로 확정하고 둘로 확률을 높이고 셋으로 더해 더 높은 확률로 가져가는 것이다.

반도체장비를 생산하는 종목이 있다고 하자.

반도체 산업은 미래성장 분야이므로 장기적으로 우상향할 가능성이 높다.

하지만 상승하는 과정에서 등락을 피할 수 없다.

개별 종목이나 업황에 대한 위기가 오면 폭락하기도 한다.

전망이 좋아도 한없이 소외된 채 오랫동안 변방에 머무르는 경우도 많다.

어디서 상승하고 어디서 떨어질 것인가의 문제는 별개다.

그 변동 속에서 기회를 찾아 수익을 내는 것이 투자다.

**차트 심리분석을 잘하면 남들이 보지 못한 눈을 가질 수 있다.**

차트 속에 숨어 있는 투자심리를 꺼내는 연습을 해보자.

(그림4)의 오른 쪽 상단 녹색 박스를 보면 전고점 돌파를 3번(매물2, 3, 4) 시도한 후 이제 강하게 돌파하고 있는 모습이다.

---

6) 차트 지표로서 **제3장 실전 차트 심리 읽기**에서 자세하게 다룬다.

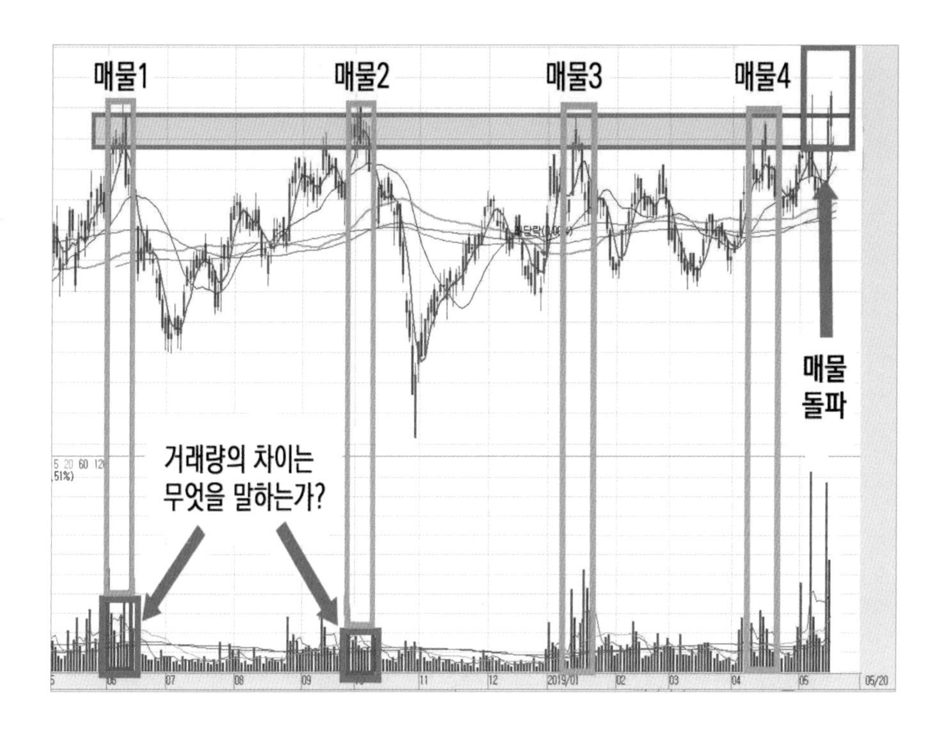


(그림 4) 매물대[7]와 거래량으로 상승 예측

매물1을 보자. **여기 고점 구간에서 물린 사람들은 이후 주가 폭락을 경험하고 오랜 시간을 두고 올라왔기 때문에 공포심이 극에 달해 있어 그 가격대가 다시 오면 무조건 던지려 할 것이다.**

이들이 매물2 가격대까지 오면 어떨까?

당연히 팔려고 할 것이다. 이들이 팔았다면 매물2 가격대의 거래량은 최소한 매물1의 거래량보다 많아야 한다.

하지만 매물2에서의 거래량은 이전 매물1보다 거래량이 적은 모습

---

7) 매물대는 일반적으로 가격대별 거래가 이루어진 범위를 말하며 향후 저항과 지지가 되는 구간으로 정의한다. 본 책에서는 고점에서 물리고 이후 오랫동안 그 가격에 팔 기회가 없다가 다시 매수가에 오면 본전에라도 팔고 싶어하는 구간을 특정하여 사용한다.

이다. 매물1에 있는 사람들이 안 팔았다는 증거다.

공포심을 겪었음에도 불구하고 안 팔았다면 종목에 대한 확신이 강함을 알 수 있다. 그러니까 이 종목은 더 상승할 가능성이 높다.

아쉽게도 더 올라가야 하는데 시장이 폭락하는 바람에 같이 크게 밀리면서 매물2구간을 만들었다.

매물3을 보자. 이 구간은 매물1과 2의 매물이 던질 수 있는 가격대인 거래일이 하루밖에 없었다. 이날은 위꼬리 아래꼬리 음봉이 나왔다. 또 전고점 돌파를 시도하다 실패한 것이다.

매물1과 2가 합세해서 강한 매물을 형성했기 때문에 이날 많이 팔아야 정상이다.

**매물대에서 매물이 쏟아졌다면 거래량이 큰 폭으로 증가하는 모습으로 나와야 한다. 그런데 이날 거래량은 좀 있었지만 크게 증가하지 않았다는 것은 이전 매물대에서 팔지 않았다는 것이다. 이 말은 이전 매물대 가격으로 팔지 않았다는 것이다. 결국 이 종목은 보유심리는 강한데 매수의 힘이 약하다.**

**보유심리는 강하니까 매수만 강해지면 물량이 크게 나오지 않을 것이므로 쉽게 뚫을 수 있음을 미리 알 수 있다.**

매물4를 보자. 이날도 매물대 돌파 시도는 하루다.

또 분명 매물3에서 보유심리는 강하고 매수만 강해지면 올라간다고 분석을 했는데 왜 그랬을까?

거래량부터 보자.

이때는 매물3의 매물대 가격 돌파 시도일의 거래량보다 적다.

전 매물대에서 매물을 던져서 못 올라간 것은 아니다.

그렇다면 이번에도 매수 세력이 약해서 못 올라간 것이다.

지금까지 매물대와 거래량만으로 심리를 읽어보았다.

**고점에서 물린 사람들이 높은 가격임에도 팔지 않으려 하고 있다. 보유하고 있는 사람들은 그 가격이 비싸지 않고 더 올라갈 것이라고 믿고 있음을 알 수 있다.**

그렇다면 이제 매수의 힘만 강해지면 올라갈 수 있다.

(그림4)의 오른 쪽 상단 녹색 박스에서 이제 전고점과 매물을 처음 돌파한 모습이다.

전날에 이어 연속으로 매수가 강해지고 있다.

전 매물대에서 공포심을 경험했음에도 안 팔고 이제 매수가 강해지고 있는 시점이므로 더 올라갈 가능성이 크므로 여기서 매수해도 된다.

이렇게 차트 심리 읽기를 통해 상승을 예측하고 기초적인 매수전략을 세울 수 있었다.

일봉과 매물대, 거래량으로도 매수 타임을 잡을 수 있음을 보았다. 여기에 지표가 더해질수록 확률을 높일 수 있다.

일봉, 매물대, 거래량 외에 분봉, 이평선, 호가창, 시장차트에 저점 분석까지 동원한다면 훨씬 더 정교한 매수 타임과 이후의 가격에 대해 예측하고 투자를 결정할 수 있다.

당연히 보유하고 있는 경우에도 가능한 한 고점에서 매도할 수 있는 전략을 가져갈 수 있다.

**시장분석을 통해 10의 확률을 알 수 있다면 차트 분석은 90까지 도달할 수 있다.** 차트 심리 읽기의 묘미이며 시장을 이기는 비법인 셈이다.

## 3. 종목의 가격 하락 예측 비법

종목의 가격상승을 알 수 있다면 하락도 예측할 수 있다.

몇 가지 사례를 살펴보자.

**시장이 좋은데 종목은 안 올라간다면?**

**더군다나 특별히 밀릴만한 매물대도 없는데?**

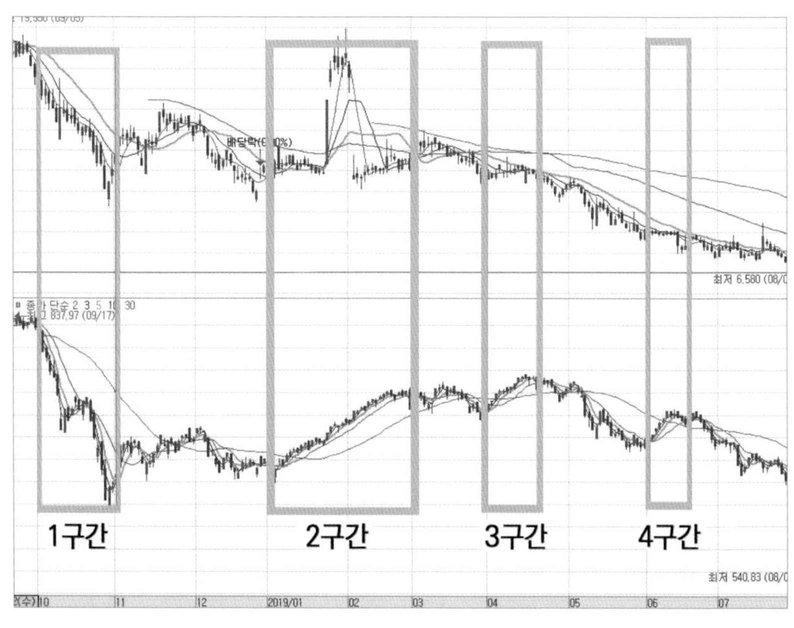


(그림5) 시장도 못 따라가는 종목

(그림5)는 위 종목 차트와 아래 시장 차트를 비교하여 볼 수 있도록 한 것이다.

1구간에서는 시장이 밀리니까 종목도 같이 밀렸다.

시장보다 약간 강하게 버틴 모습이다.

2구간에서는 시장이 좋았는데 못 따라가다가 호재가 나오면서 반짝 상승하다가 다시 악재를 만나 고스란히 밀렸다.

호재 아니었으면 시장도 못 따라간 것이며 그만큼 매수가 약하다는 것이다. 역시 3구간에서 매수가 약하다 보니 시장이 상승하는데 전혀 반응이 없다.

4구간에서는 시장이 반등하는데 종목은 조용하다.

**매물대도 없고, 따라서 팔 사람도 적은데 시장도 못 따라간다면 매수 세력이 약하다는 것이고 하락할 가능성이 아주 높다.**

**호재가 나왔는데 위꼬리 길게 남기고 밀렸다면?**

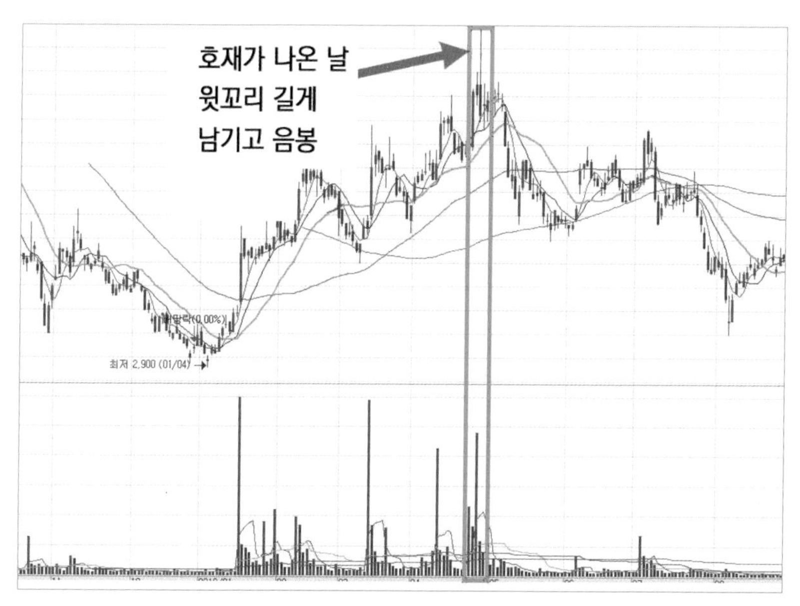


(그림6) 호재 이후 가격 하락의 예

(그림6)에서 박스 안을 보면 호재인데 위꼬리 길게 남기고 음봉이 나왔다.

비싸게 샀다가 고스란히 밀린 모습이다.

호재임에도 비싼 값에 안 사려 하는 것이고 사는 사람이나 보유하고 있는 사람도 그만큼 확신이 없다는 것이다.

이 날 시장이 좋았다면 더 문제가 심각하다.

**호재에 시장도 좋고 올라갈 조건이 충분한데 올라갔다 밀렸다는 것은 비싼 가격이 부담이 되었다는 것으로 이어서 상승하지 못하고 가격이 하락할 가능성이 높다.**

**신고가 돌파 시도 하는데 힘이 없다면? 시장도 좋은데?**

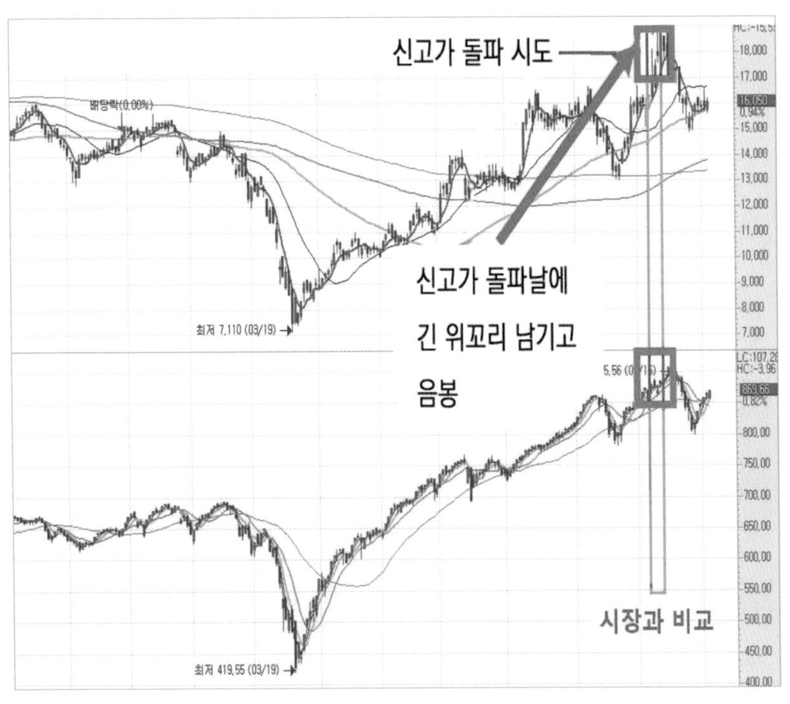


(그림7) 신고가 돌파 시도

(그림7)에서 보면 위 종목, 아래 시장의 일봉 모습이다.

박스 안에서 신고가 돌파 날에 위꼬리 남긴 음봉이었다.

신고가를 돌파하면 더 높이 올라갈 것이라는 기대심리가 높아지므로 매수가 강해져야 한다.

여기에 시장이 좋다면 두 배로 매수 심리가 자극되어야 한다.

이날 시장도 나쁘지는 않았고 신고가 돌파라는 기대감도 있어야 하는데 위꼬리 음봉으로 밀렸다면 신고가 돌파는 당분간 어렵다.

가격이 너무 비싸다는 생각인데 어떻게 올라가겠는가?

이후에 시장보다 먼저 빠진 모습을 보이면서 매수가 약함을 확인해 주었다.

### 전고점을 돌파하는데 힘이 없다?

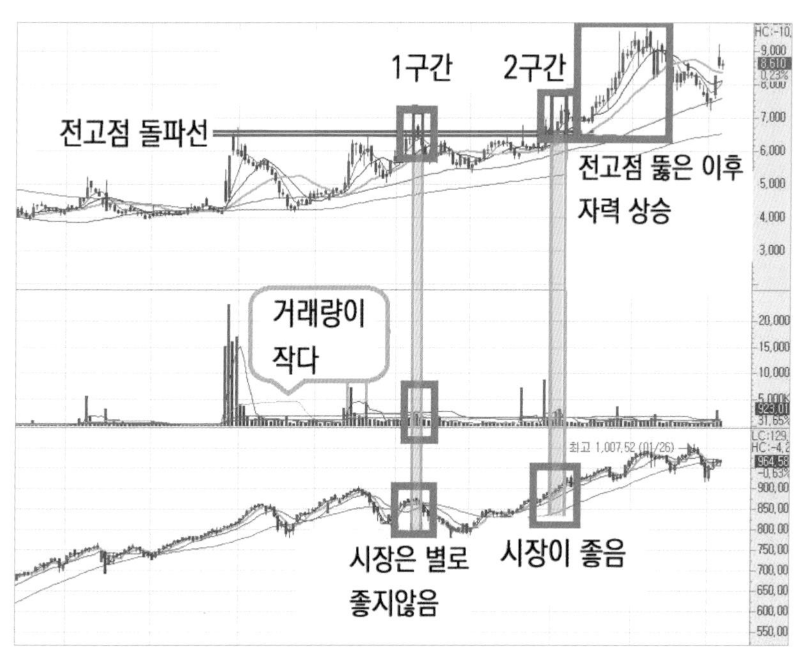


(그림8) 전고점 돌파

(그림8)은 위 종목, 아래 시장의 전고점 돌파의 모습이다.

1구간에서는 전고점 돌파를 시도하고 있다.

전고점을 돌파하면 매수 심리가 자극되면서 급한 매수 세력이 붙어야 한다. 지켜보고 있던 매수 대기자들도 '올라갈 줄 알았어' 하면서 추격 매수하며 더 올라가야 한다.

그런데 음봉으로 마감했다. 이 날 시장은 별로였지만 이전 모습을 보면 시장보다 매수가 강해지면서 상승하면서 올라왔었기 때문에 시장 탓은 아니다.

**왜 못 올라갔을까?**

거래량이 적은 것을 보면 이전 고점에서 물렸던 매물이 던져서 밀린 것은 아니다. **결국 매물이 없고 보유하고 있는 사람들은 안 파는데도 매수 심리가 자극이 되지 않았던 것이다.**

이 종목은 전에 시장대비 잘 올라왔고 시장 때문에 밀린 것 뿐이므로 매수만 강해지면 전고점을 충분하게 뚫을 가능성이 크므로 다시 전고점을 돌파할 때까지 기다릴 필요가 있다.

이후 시장 따라 지지부진하면서 하락했다. 그러다 다시 전고점 돌파를 도전하기 위해 올라오는 2구간에 도달했다.

역시 예상했던 대로 2구간에서 시장 따라 자력[8]으로 매수가 연속으로 강해지면서 전고점을 뚫고 상승하였고 이후에도 큰 녹색 박스 안에서처럼 시장이 받쳐주니까 시장보다 더 강하게 치고 올라가는 모습을 보여주고 있다.

---

8) 자력매수라 한다. 그 종목의 내재 된 가치에 의해 자연스럽게 형성되는 매수세를 말하며 일과성인 호재매수와 비교된다

**시장도 좋은데 약한 매물대도 못 뚫어?**

매물대는 매도 대기 물량이 많은 곳이므로 매수 세력이 강하게 들어오지 않으면 뚫고 가기 어렵다.

반면에 매물대가 약하다면 시장이 조금만 좋아도 쉽게 치고 올라가는 모습을 보여야 좋은 종목이다.

하지만 시장도 좋은데 약한 매물대도 못 뚫는다면 매수가 너무 약한 것이다.

특히 위꼬리도 없이 음봉이다?

그 날 하루 종일 비싼 값으로 사려는 시도가 없었다는 것으로 다음날도 그 가격 이상 살 가능성이 낮다.

이런 종목은 호재가 나오기 전까지 그 매물대를 뚫고 올라가기 어렵다.

지금까지 일봉, 거래량, 시장의 지표만으로 가격하락을 예측할 수 있었다.

대략적인 흐름 읽기만으로도 종목의 앞날을 들여다 볼 수 있음을 보여준 것이다.

더 자세하게 일, 월 단위로 각 지표 즉, 일봉, 분봉, 거래량, 시장, 이평선, 호가창 등을 비교하여 분석하면 그 종목의 과거, 현재 가격 추세와 매수자, 보유자의 성향 등을 파악할 수 있으며 그것으로 미래 투자 전략을 세울 수 있게 된다.

차트 심리 읽기는 종목의 증상을 가장 쉽게 파악할 수 있는 첨단 진단키드인 것이다.

## 4. 호재, 테마주, 급등주 심리 분석

호재나 테마주는 급등주라는 공통점이 있다.

반면에 언제 급락할지 모르는 리스크도 있다.

여기가 초보자들의 무덤이다.

불같이 뜨거운 상승에 불나방처럼 뛰어들다가 낭패를 보는 곳이다. 따라서 조심스럽게 다루지 않으면 안 된다.

급등주를 선호하는 것은 바람직한 모습은 아니다.

가격이 지루하게 움직이지 않고 역동적이므로 매력이 있어 보이지만 날카로운 바늘이 언제 찌를지 모른다.

**호재는 두 가지가 있다.**

**해당 종목에 국한된 호재가 있고 업종 호재가 있다.**

종목 호재는 그 종목만이 가지고 있는 이슈로 움직이며 대게 대량 거래량을 동반하고 크게 상승하는 경향이 있다.

초대형 호재는 장 시작 초반에 상한가로 끝내는 경우가 많다. 이때는 거래할 시간이 부족하므로 대량 거래가 안 터진다.

오히려 다음날 호재 때 못 산 사람들이 급하게 들어가기 때문에 호재 날보다 큰 거래량을 동반한 상승이 나오기도 한다.

단타하는 사람들이 즐겨 찾는 곳으로 다음날 들어가서 짧게 수익을 보고 나오는 곳이다.

업종 호재는 종목 호재에 비해 큰 상승을 동반하지 않는다.

중국특수란 호재로 화장품, 여행, 호텔 관련 주가 같이 반등하는 경우다. 외형상 자력으로 매수가 강하게 들어온 것처럼 보여서 호재인지 자력인지 구분하기가 어렵다.

호재를 맞추기는 어렵다.

회사 내부의 핵심 종사자나 그 호재를 창출하는 소수의 자가 아니면 불가능하다.

호재를 예측할 수는 없지만 예감할 수 있다.

**호재가 자주 나오는 종목은 이어서 또 터질 가능성이 높다.**

이런 종목을 모아 놓고 비중 적게 들어가는 방법도 있다.

테마주는 몇 가지 유형이 있다.

정치 테마주, 업종 및 계절 테마주, 대북 관련주 등이 있다.

정치 테마주는 특정인이 이슈화되면 그와 관련한 테마주가 주목받기 시작한다.

총선, 단체장 선거, 대선 때마다 후보가 되거나 후보로 거론되면 그와 관련된 기업의 주가가 요동친다.

업종 테마주는 업황에 따라 큰 상승을 가져오기도 한다.

반도체, 바이오, 전기차, 2차전지, 5G, 로봇, 자율주행, 수소전지, 화장품, 모바일, 게임 등이 있다.

한 번 주목을 끌면 급등하되 일반 종목처럼 고점이다 싶으면 조정을 거치고 다시 반등하는 모습을 보인다.

업종 테마주는 자기들끼리 비슷하게 움직이는 경향이 있으며 꾸준하게 우상하면서 등락을 하는 종목이다.

(그림9) 업종 테마주

(그림9)는 업종 테마주로 3개사의 주가 흐름이 거의 같은 패턴을 보이고 있다.

계절 테마주는 황사, 혹한, 혹서 등 계절의 변화에서 오는 가격 변동주를 말한다.

계절에 맞게 주기적으로 움직이며 과거의 경험 데이터가 있으므로 포착하기는 어렵지 않다.

뿐만 아니라 황사나 혹한은 일기예보가 사전에 알려 준다.

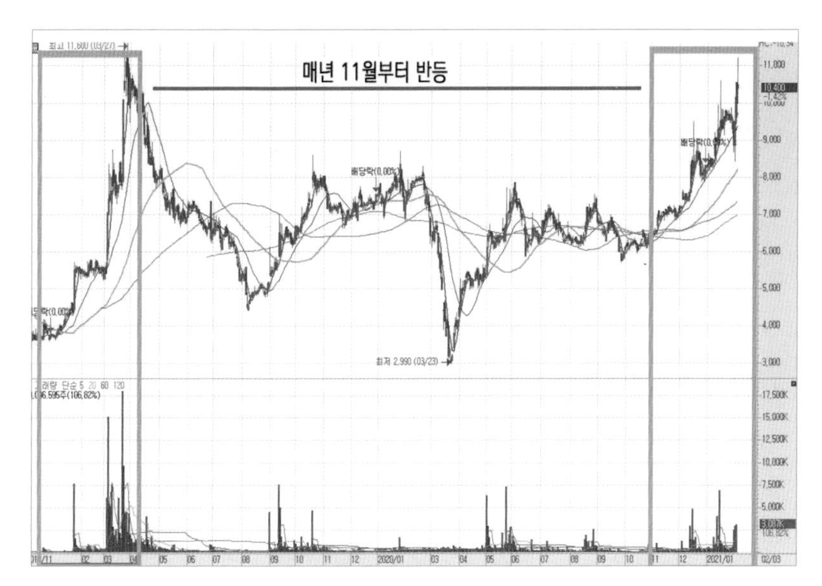


(그림10) 계절주 사례

(그림10)은 계절주 중 하나로 매년 11월이 되면 반등을 시작한다. 이 패턴은 특별한 경우 외에는 바뀌지 않는다.

한국만이 가지고 있는 독특한 테마주도 있다.

이른바 대북관련주다. 우스게 소리로 김정은이 큰돈을 벌 수 있는 방법이 있다고들 한다. 주가 하락 포지션을 걸고 다음날 미사일 한 방 날리면 대박을 칠 수 있다.

**호재는 미리 예측하기 어려우므로 아쉬워하지 말고 미련 없이 보내주는 것이 좋다.** 급해서 추격 매수 했다가 고점에서 물리는 경우가 많다.

굳이 들어가겠다면 손절의 폭을 정하고 들어가야 한다.

자주 나오는 호재나 계절주, 정치 테마주는 비중을 적게 하여 미리 자리 잡고 기다리는 편이 좋다.

테마주는 일시적인 이슈로 움직이기 때문에 단타 위주로 투자하는 것이 바람직하다.

업종 테마주는 예외다.

다른 테마주와 달리 오래 지속되는 경향이 있기 때문에 단타도 좋지만 장기적인 관점에서 투자하는 것이 좋다.

테마주는 예측하기 어렵지 않고 쉽게 수익을 낼 수 있으므로 보너스라고 하기도 한다.

급등주를 어떻게 다뤄야 하는가?

높은 가격대에서 움직이다보니 변동이 심하며 대응이 어렵다.

투자심리가 불안하고 충동적이며 일시적인 경우가 많다.

급등락을 반복하기 때문에 그 공포심을 다루기 쉽지 않다.

**급등주는 그 종목의 특성을 이해하는데 도움을 준다.**

급등 후 추이를 보면 투자자의 심리를 이해할 수 있다.

특히 호재는 중요한 판단 지표로서의 역할을 한다.

호재 당일과 이후의 모습을 보고 보유하고 있는 사람, 호재 때 들어간 사람, 호재에 관심을 가진 사람의 심리를 알 수 있다.

보유심리가 강한지, 종목에 대한 확신이 있는지, 쉽게 고점을 돌파할 수 있는지 등을 알 수 있다.

종목 차트 심리 읽기를 위해 없어서는 안 될 포인트가 된다.

# PART 2

# 차트 안에 부자가 되는 비결이 숨어있다

성공 투자의 길은 시각을 바꾸는데서 시작한다.

주가가 왜 상승하고 하락하는지에 대해 궁금해 하지 마라.

대신 사려고 하는 사람들 그리고 팔려고 하는 사람들의 심리가 녹아있는 차트를 주목하면 된다.

가격이 오르고 내린다면, 어떤 모습으로 등락을 하는지 차트를 보면 알 수 있다.

올라갈 때, 안 팔아서 올라가는지, 사려는 사람과 팔려는 사람이 치열하게 싸우면서 올라간 것인지, 또 시장이 안 좋은데 그 공포심을 이겨내면서 올라간 것인지, 시장이 좋아서 따라 올라간 것인지, 이평선, 전저점을 깼는데도 그 두려움을 이기고 올라간 것인지 등을 알아낼 수 있다. 가격이 내릴 때도 마찬가지다.

차트는 정직하며 요동치지 않는다.

매수·매도의 흐름 분석은 차트 심리 읽기 외에는 없다.

본 PART에서는 '누구나 스마트 개미가 될 수 있다'란 주제로 '실전 차트 심리 읽기'와 '차트 심리 읽기로 몸 풀기'에 대해 알아본다.

# 제 3장

# 실전 차트 심리 읽기

## 1. 시장과 일봉으로 하는 매수, 매도 차트 심리

차트 분석의 역사는 매우 깊다.

어딜 가도 교과서가 있으며 종류도 천차만별이다.

이동평균선을 이용한 매매법, 추세선 매매법, 박스권 매매법, 파동을 이용한 매매법 등 셀 수 없다.

그런데 어떤 것을 적용해도 20%의 확률을 넘을 수 없고 종목선정, 매수·매도 타임을 제대로 잡을 수 없다.

결정적인 결함은 차트 안에 숨어 있는 투자자의 심리를 외면한 채 객관적, 제3자의 입장에서 문제 풀이만 하고 있다.

**이런 고전적 차트 개념을 벗어 버리고 '차트 심리 읽기'라는 옷을 갈아입으면 누구나 스마트 개미로 변신할 수 있다.**

차트 안에 들어있는 투자자의 심리를 읽으면 남들이 보지 못하는 것을 볼 수 있기 때문이다.

"저는 누구이고 어떤 상태니까 이때 저를 사시고 저 때 저를 파시면 됩니다." 라고 친절하게 투자정보를 제공해 준다.

일과 월, 연, 심지어 분초 단위로 종목의 역사도 알려 준다.

시장의 변동을 신경 쓸 필요가 없다.

정보 부족, 공매도, 자전거래 등 더 이상 징징거리지 않아도 된다.

시장과 세력들과 싸워서 이길 수 있다.

앞을 볼 수 없는 사람들과 싸우는데 무엇이 두려운가.

**차트 심리 읽기는 어떻게 하는가?**

차트 안에 있는 매수자, 매도자의 투자심리를 읽는 것이다.

어떤 종목을 선정하고 언제 사고 언제 팔면 된다는 정보를 얻어낼 수 있는 보물 지도다.

(그림11) 일봉 차트 심리 읽기

(그림11)의 차트를 보면 많은 내용을 읽을 수 있다.
전체적으로 가격이 우하향을 하고 있음을 알 수 있다.
이 말은 가격이 흘러내리고 있다는 의미다.
매수자는 여기서 어떤 모습이었을까?
흘러내리고 있는 중에도 떨어지면 낮은 가격이라고 생각하고 사기는 하지만, 빨간줄을 그은 70,000원 이상 가격에서 안 살려고 한다.
그 이상은 비싸다고 생각하고 있다. 그러니 제대로 된 반등 없이 내려가고 있다. 매수자가 도망 다니고 있는 형국이다.

반대로 매도자는 계속해서 싼 가격에 팔고 있다.
가격이 더 떨어질 것이라고 생각하고 있다는 증거다.
즉 보유심리가 약하고 종목에 대한 확신이 없다.
이 정도의 정보만 가지고도 매수자 매도자의 입장에서 투자 판단을 할 수 있다.

매수자의 입장을 보자.
먼저, 누가 봐도 좋은 종목은 아니다.
**계속 가격을 낮추면서 하락하고 있기 때문에 더 하락할 가능성이 많으므로 매수하면 안 된다.**
다만, 저점[9]이라고 판단하면 매수해도 좋지만 저점인지 아닌지는 시장, 호가창, 분봉, 이평선, 호가창 분석을 동원해야 한다.
저점 분석이 안 된 채 막연하게 너무 떨어졌다는 이유만으로 매수하면 위험하다.
또 더 떨어질 수 있다는 공포감을 이기고 살 수 있는 사람은 없다.

---

9) 저점 판단은 **제5장 제1절 떨어져도 올라올 종목에 투자하면 부자가 된다**에서 다룬다.

매도자의 입장은 어떤가.

보유심리가 약해서 싼 가격에 팔려는 사람들이 많아 여기서 더 떨어질 가능성이 많으므로 매도를 검토한다.

특히, 시장상승에도 역행하면서 하락한다면 더 심각하므로 즉시 매도한다.

지금까지 단순하게 시장과 일봉차트만을 보고 심리 읽기를 해 본 것이다.

여기에 분봉, 거래량, 이평선, 매물대, 호가창 등의 지표를 더하면 더 많은 정보를 얻을 수 있으며 투자 판단을 할 수 있는 거의 모든 해답을 얻을 수 있다.

물론 종목에 대한 경영지표, 거시지표 등이 추가되면 더 확실한 결론을 얻을 수 있다.

경험이 많은 사람들이 차트 심리 읽기가 어려울 수 있다. 그간의 지식과 확신이 고정관념이 되어 오히려 방해가 된다.

처음에는 다 비우고 겸손하게 배울 필요가 있다.

차트읽기가 완벽하게 갖춰지면 그 때는 다른 지식도 유용할 때가 온다.

차트 심리 읽기의 지표는 무궁무진하다.

일봉, 분봉, 매물대만으로 충분한 투자 결정을 할 수 있다.

거래량이 추가되면 돋보기의 도수가 더 높아진다.

이평선이 추가되면 현미경이 된다.

호가창이 더해지면 광학 현미경이 된다.

종목에 대한 거시지표까지 더해지면 우주를 관찰하는 망원경이 된다.

**성공적인 차트 심리 읽기를 위해 명심할 것이 있다.**

**먼저, 종목을 볼 때 '이 종목 올라갈까?', '왜 안 올라가지?' 란 관점에서 바라보지 마라. 빨리 결론을 내려 하는 조급함이 생기면 진짜 봐야할 것을 놓치기 때문이다.**

대신 마음을 비우고 그 차트에 들어가 투자자의 심리가 어떨까를 생각하라.

예를 들면, '여기서는 매수가 관심이 없구나.', '슬슬 조급해 지겠는데', '팔고 싶어 안달인데' 이렇게 스토리텔링을 하다보면 원하는 답이 하나씩 그려지게 된다.

**다음, 공식화 하지 마라.**

천태만상으로 변하는 차트를 고정화하면 그 때부터 분석이 흐려지고 엉뚱한 결론에 도달하게 되고 슬럼프에 빠진다.

종목이 가지고 있는 고유의 심리를 읽어내려고 해야 한다.

시장이 폭락할 때 거래량이 늘면 나쁘다?

많이 파니까 안 좋은 것이라고 속단하면 안 되며 오히려 가격이 하락할 때가 좋은 기회라 생각해 매수가 늘었을 수 있다.

골든크로스가 올 때 상승한다?

지지부진했던 종목은 골든크로스도 영향이 없다. 반면에 활기찼던 종목은 골든크로스 이전에도 얼마든지 반등한다.

**세 번째, 그러나 포인트를 잊어서는 안 된다.**

차트 흐름을 보면서 호재나 시장폭락, 매수가 강해지는 시점, 안파는 시점, 저점 등을 찾아 물고 늘어져야 한다.

호재가 나와야 확신이 있는 종목인지를 쉽게 알 수 있다.

시장이 폭락하면 그 종목의 보유심리가 어떤지 알 수 있다.

**네 번째, 차트를 최소한 1년 이전까지 거슬러 올라가 매크로하게라도 파악을 해야 한다.**

눈에 보이는 단기적 지표만을 가지고 결론을 내려하면 숲을 놓치는 우를 범하기 쉽다.

모든 해답은 과거와 현재에 있다는 확신을 잊어서는 안 된다.

그래야 전체적인 흐름 속에 있는 팩트를 놓치지 않는다.

남의 이야기를 하듯이 객관적 입장에서 분석하다 보면 건질 것이 하나도 없는 빈 깡통만 남게 된다.

항상 투자자인 나의 입장에서 바라보고 결론이 나야 한다.

**마지막으로, 100% 다 맞춰서 결론을 내려하지 마라.**

그러면 좋겠지만 항상 그럴 수 없다는 걸 인정하라.

성에 안 차는 날이 있어도 막연한 확신이 아니고 팩트가 전제된 결론이면 그 때는 전략으로 커버하면서 비중 조절로 해결하고 넘어가라.

## 2. 일봉, 분봉은 종목의 뼈와 살이다

일봉이란 종목의 하루 거래 상황을 알 수 있도록 봉으로 표시한 것이다. 일봉을 모아 놓은 것이 일봉차트다.

일봉은 양봉, 음봉으로 나뉜다. 양봉은 시작한 가격보다 높게 마친 경우이고 음봉은 반대로 시작한 가격보다 낮게 마친 경우다.

(그림12) 일봉

(그림12)의 일봉 차트를 보면 현재 가격대와 언제 가격상승과 하락이 있었고 낮은 가격 수준이 어디고 이평선은 어떤 형태로 진행되는지 등 표면적인 정보를 얻을 수 있다.

하지만 눈에 보이는 것이 다가 아니다. 더 깊이 들어가면 훨씬 많고 심오한 정보를 얻을 수 있다. 그러기 위해서는 기본적으로 일봉을 구성하는 봉의 모습을 읽고 해석할 수 있어야 한다.

가장 기본적인 지식은 양봉과 음봉을 보고 시초가가 어디서 시작했고 종가가 어디인지 아는 것이다. 그래야 하루의 가격변동이 어땠는지 상승으로 마감했는지, 아니면 하락으로 끝났는지, 매수·매도의 세기가 어떠했는지를 읽어낼 수 있다.

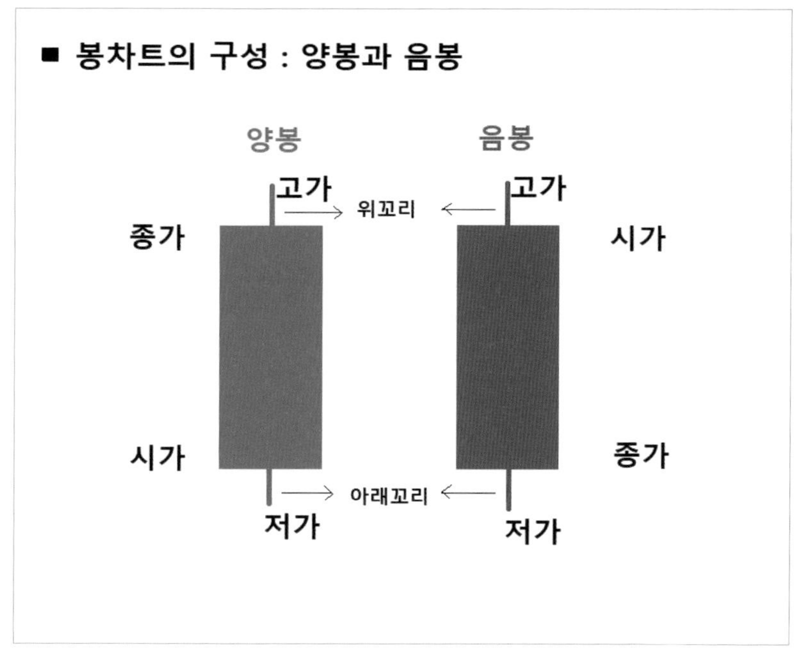


(그림13) 양봉과 음봉

(그림13)은 양봉과 음봉의 그림이다. 양봉의 시가와 종가, 음봉의 시가와 종가가 반대인 사실을 잘 인지하는 게 중요하다.

일봉 차트는 매일의 가격변동 상황[10]을 나타낸다.

일봉의 길이로 그날의 상승·하락폭의 정도를 알 수 있다.

---

10) 가격 변동 상황을 보려면 증권회사 거래시스템의 차트 일봉에 마우스 커서를 대면 그날의 시가, 고가, 저가, 종가가 숫자로 나타난다.

1주당 가격이 큰 종목은 주당 가격이 적은 종목보다 일 변동 폭이 적으므로 일봉 길이가 작게 나타나는 특성이 있다.

따라서 해당 종목의 변동폭을 알려면 반드시 일봉을 클릭해서 몇 퍼센트의 변동이 있었는지를 확인해 보는 것이 좋다.

**봉의 길이에도 심리가 들어있다.**

봉의 길고 짧음에 따라 그 날 많이 상승했는지 많이 하락했는지를 알 수 있다. 양봉이 긴 날은 매수 심리가 강하게 자극되었고 음봉이 긴 날은 매도 심리가 강한 날이다.

종목에 따라 상승폭 하락폭에 비해 작게 보이는 것도 있기 때문에 몇 퍼센트 상승 하락했는지 꼭 확인해 보아야 한다.

**봉에 있는 꼬리의 모습도 정보를 품고 있다.**

일봉에 위꼬리만 있는 경우도 있고 아래 꼬리만 있는 경우, 둘 다 있는 경우도 있다.

**위꼬리는 비싼 값에 산 매수가 있었다가 밀려서 낮은 가격으로 하락했다는 의미다.**

**반대로 아래 꼬리는 싼 값에 판 사람이 있었지만 더 높게 매수가 붙어서 가격을 올리고 마감이 되었다는 것이다.**

꼬리의 길이에 따라 해석이 달라진다. 긴 위꼬리는 비싸게 샀다가 크게 밀렸다는 것이고, 긴 밑꼬리는 크게 밀렸다가 많이 회복했다는 의미다.

꼬리를 가지고 응용해 보자.

어떤 종목이 신고가를 돌파하다가 위꼬리 없이 음봉으로 밀린 경우와 위꼬리를 남기고 음봉으로 밀린 경우 중 어떤 것이 다음날 올라갈 가능성이 높을까?

위꼬리 남긴 경우다.

위꼬리가 없다면 그날 시가보다 비싼 값으로 사려는 시도가 한 번도 없었다는 것이고, 반면에 위꼬리 남겼다면 신고가에 대한 기대로 비싼 값으로 사려는 시도가 있었다는 것이므로 다음날도 비싼 값에 사려는 시도가 있을 가능성이 크다.

**한편 일봉 외에도 분봉차트가 있다.**

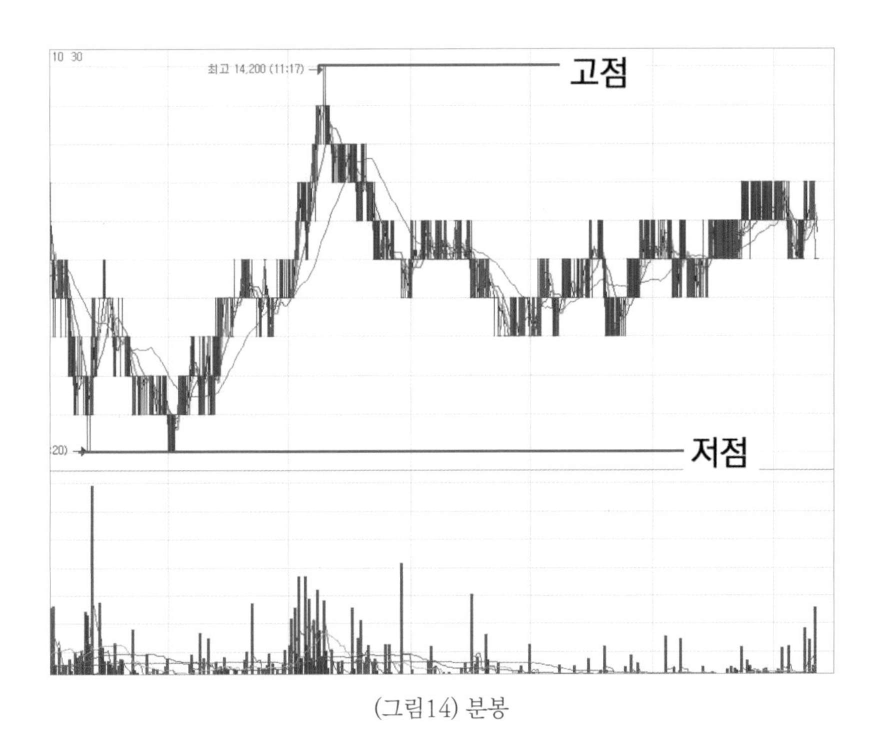


(그림14) 분봉

분봉이란 일 거래를 분단위로 쪼개 봉으로 표시한 것이다.

(그림14)의 분봉을 보면 종일 거래한 결과가 나타나 있다.

언제가 저점이었고 고점이 어디며 거래량은 몇 시 몇 분에 많이 터졌는지 전반적으로 확인할 수 있다.

하루의 투자심리를 읽을 수 있는 중요한 지표다.

**장 시작하고 30분 이내에 하루 거래량의 70% 이상 거래가 터지는 게 일반적이다. 그만큼 투자자들이 급하다는 반증이다.**

어떤 사람들은 장 시작하고 30분 이후에 거래를 하는 사람도 있다. 그러면 급하게 들어가서 물리는 경우가 별로 없다.

일봉과 분봉은 차트 심리 읽기의 기본이다.

**일봉으로 종목의 저점이 어디인지, 보유심리가 강한지, 뚫기 어려운 가격대가 어딘지, 급한 사람들이 있는지, 더 크게 갈 수 있는지, 어디가 매수할 시점인지, 어디가 매도할 시점인지 등을 알 수 있다.**

**분봉에서도 언제 매수하고 언제 매도할 것인지, 계속 보유하고 가야 하는지, 시장대비 잘 버티는지, 호재로 올라가는지 아니면 자력으로 올라가는지 등 많은 정보를 얻을 수 있다.**

일봉과 분봉을 같이 놓고 분석하면 더 정확하고 다양한 판단을 할 수 있다.

일봉, 분봉 외에 같은 원리로 거래량, 이평선, 시장차트, 호가창을 더해서 볼 수 있다.

일봉에 시장차트를 추가하면 일봉 분석에서 얻은 정보를 검증하고 확증할 수 있으며 추가적인 결과를 얻을 수 있다.

여기에 거래량, 이평선, 분봉, 호가창 등을 추가하면 할수록 확률을 높여 나갈 수 있으며 매수·매도를 위한 투자 결정을 분명하게 할 수 있다. 이것이 실전 차트 심리 읽기다.

명심하라. **모든 지표에는 수익을 낼 수 있는 정보가 있고 그 정보를 읽어내는 능력이 많을수록 큰 성공의 과실을 얻을 수 있다.**

또 명심하라. **차트 심리 읽기는 최적의 의사결정을 하는데 부족함이 없다는 사실을 믿어야 한다.**

## 3. 매물대는 매매의 방향키다

매물대란 무엇인가?

고점에서 물렸는데 그 가격에 팔 기회가 없이 오래 물려 있다 보니 본전에라도 팔고 싶어 하는 몰려 있는 구간을 말한다.

팔려는 사람들이 많이 대기하고 있기 때문에 매수 가격으로 오면 던질 가능성이 높다.

아무래도 이 가격대를 돌파하기 어렵다.

매물대는 다양하게 생긴다.

시장이 하락하다 반등하고 횡보하다가 다시 하락할 때 그 횡보구간에서 만들어진다.

등락을 거듭하면서 고점에서 매수한 구간에서도 생긴다.

전고점을 돌파하다가 못 뚫고 횡보할 때도 생긴다.

호재가 나와서 급등하는 경우 고점에서 가장 많이 거래한 때 역시 매물대가 형성된다.

**차트는 고점이나 저점 등 다양한 관점에서 관찰할 수 있지만 항상 매물대 위주로 보는 것이 좋다.**

'상승 중에 매물대를 만나면 주춤하고 조정을 거치다가 다시 매수가 강해지면서 그 매물대를 뚫고 상승하고, 다시 다음 매물대를 만나면 주춤하다가 강해지면서 뚫고 올라간다.'는 식이다.

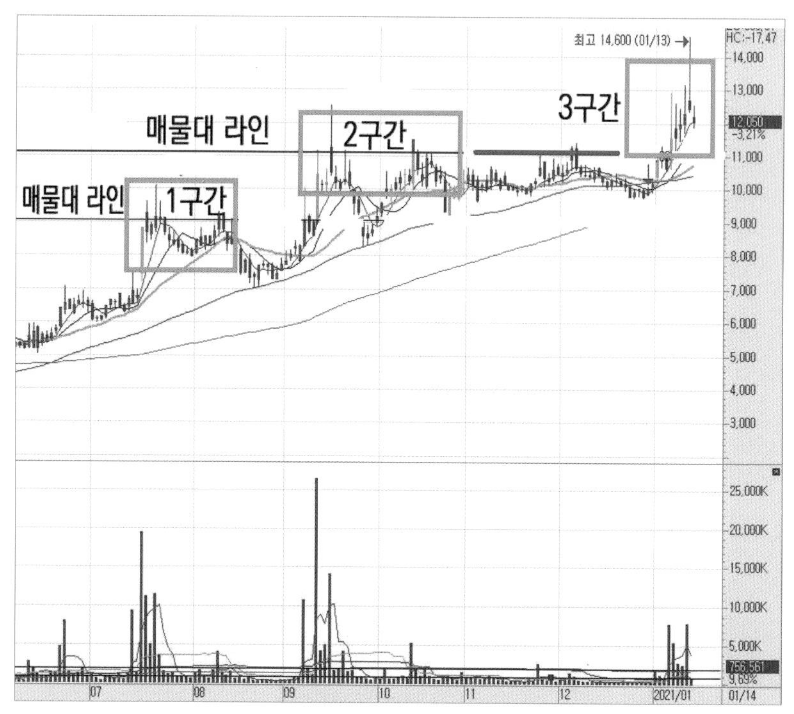

(그림15) 매물대를 뚫고 상승하는 모습

(그림15)를 보면 1구간에서 생긴 첫 번째 매물대는 2구간에서 어렵지 않게 뚫고 갔다.

하지만 2구간에서 생긴 두 번째 매물대는 쉽게 뚫지 못하고 3구간에 와서야 뚫으면서 상승하는 모습을 보여주고 있다.

매물대는 물려있는 수량과 기간, 보유심리에 의해 강매물대, 약매물대로 구분된다.

**강매물대는 물려 있는 사람들이 많고, 오랜 기간 물려 있었고 팔고자 하는 심리가 매우 높은 가격대이다.**

강한 호재가 나올 때 고점에서 물렸거나, 물리고 난 후 기간이 오래 될수록 강하다.

물린 후에 크게 하락했거나 매수 가격이 다시 왔는데 못 판 상황에서 다시 크게 빠지면 강한 매물대가 된다.

또 보유심리가 약할수록 강매물대가 된다.

공포심이 클수록 매수가격이 오면 쉽게 던지게 된다.

**약매물대는 물려있는 사람들이 적고, 공포심이 적어 팔려는 의지가 약한 자리다.**

물린 사람이 적은 경우 무조건 팔고 싶어 하더라도 매물이 적기 때문에 가격에 영향을 많이 주지 않는다.

또 물린 기간이 적은 경우이거나 물리고 난 후에 크게 떨어지지 않을 때에도 던지려 하는 사람들이 적다.

아무리 매물대가 층층겹겹 있다고 해도 보유심리가 강해지면 그 매물대는 약 매물대로 바뀌게 된다.

매물대를 알면 종목의 가격이 어떻게 움직일지 예측이 가능하다.

언제 사고 언제 팔아야 하는지 판단을 쉽게 할 수 있다.

시장도 좋은데 잘 올라가다가 멈칫한다?

대부분 매물대를 만난 경우다.

반대로 그 구간을 돌파한다?

매물대를 통과한 매수세라면 강하다는 반증이니 더 치고 올라갈 수 있다.

매물대는 고점이든 저점이든 정체 중에 생기기 때문에 차트상으로 쉽게 구분할 수 있다.

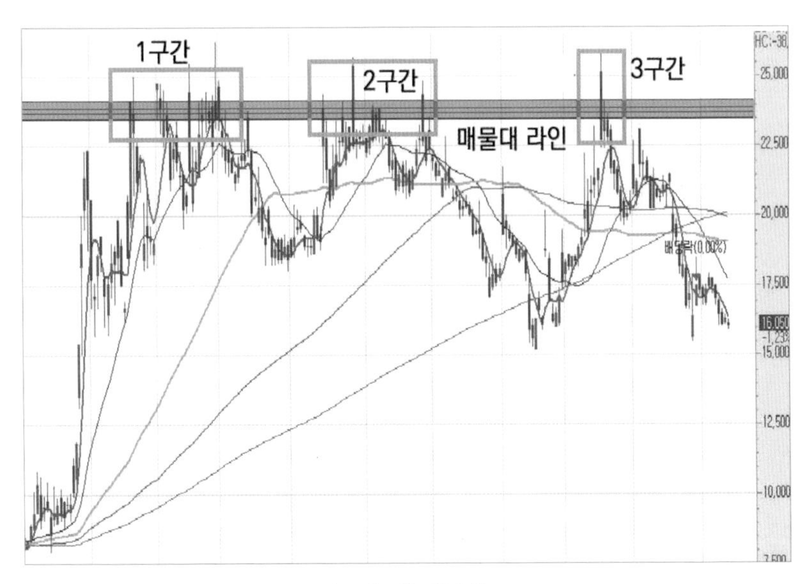


(그림16) 매물대

(그림16)에서 파란 줄로 표시된 구간이 매물대이다.

고점가격대에서 물린 사람들이 줄줄이 대기하고 있다.

누가 봐도 물린 사람들이 많고 기간이 오래 지났으므로 강매물대임을 알 수 있다.

이 가격대를 뚫기가 매우 어렵다는 것을 시사한다.

반대로 철옹성을 뚫는다면 그 매수세는 엄청 강하다는 것이고 따라서 더 쎄게 치고 올라갈 수 있다.

매물 1+1보다 1+1+1을 뚫으면 반등이 더 쎄다.

(그림16)의 1구간, 2구간, 3구간은 강한 매물대이며 3개의 매물대를 돌파하기 위해 엄청난 매수의 힘이 필요하다.

반대로 약한 매물대도 못 뚫는 매수세라면 그 힘으로는 더 상승 못한다.

매물대로 저점을 잡을 수도 있다.

떨어지는데 매물대를 만들지 않고 쭉쭉 일자로 하락하는 경우가 있다. 이 때는 올라갈 때 매수가로 금방 반등할 가능성이 높다.

바로바로 떨어졌기 때문에 매물대가 없으며 올라올 때 급하게 팔 사람이 없으므로 매수가까지 쉽게 올라온다.

코로나사태로 시장이 급락해서 떨어진 경우 시장이 회복되면서 반등이 쉽게 올라온 경우가 그 예다.

매물대를 이용해 매수 타임을 잡을 수 있다.

**떨어지면서 매물대를 만든 경우 다시 올라올 때 그 매물대 구간을 돌파하는 시점이 매수 타임이다.**

매물대가 없으면 반등이 나왔더라도 매수 시점이 되지 않는다.

**종목이 상승하려면 매수세가 강해야 하며 그 세기는 매물대가 있어야 확인할 수 있기 때문이다. 그 매물대를 돌파하면 매수세가 강하다는 반증이며 더 올라갈 가능성이 높다.** 약한 매물대인지 강한 매물대인지에 따라 비중을 조절하면 된다. 즉 약한 매물대를 뚫었다면 매수가 강하다고 속단할 수 없으므로 비중 적게 매수하고 강한 매물대를 뚫었다면 비중 크게 해도 된다.

매물대를 응용해 실전에 적용해 보자.

**종목 시세가 시장도 못 따라가면 매수세가 약한 것이고 이렇게 만든 매물대는 무시해도 된다.** 그런데 이 매물대를 뚫었는데 거래량이 엄청 많다면? 이때는 해석을 잘해야 한다.

약한 매물대를 뚫었다면 던질 매물이 없으므로 매도물량이 많지 않아야 한다.

하지만 그렇지 않았다면 많은 거래량이 매물에 의해 생긴 것이 아니라 그날의 매매에서 결정되었다는 의미다.

**매수가 약한 상태였다는 점을 감안하면 이제 매수세가 강해진 것이 분명하며 강한 매수가 이어질 가능성이 크다.**

잘 못 이해하면 매물대를 뚫으면서 거래량이 많이 터진거니까 매수세력이 많이 소진되어 크게 못 간다고 판단할 수 있다.

**가짜 매물대도 있다.**

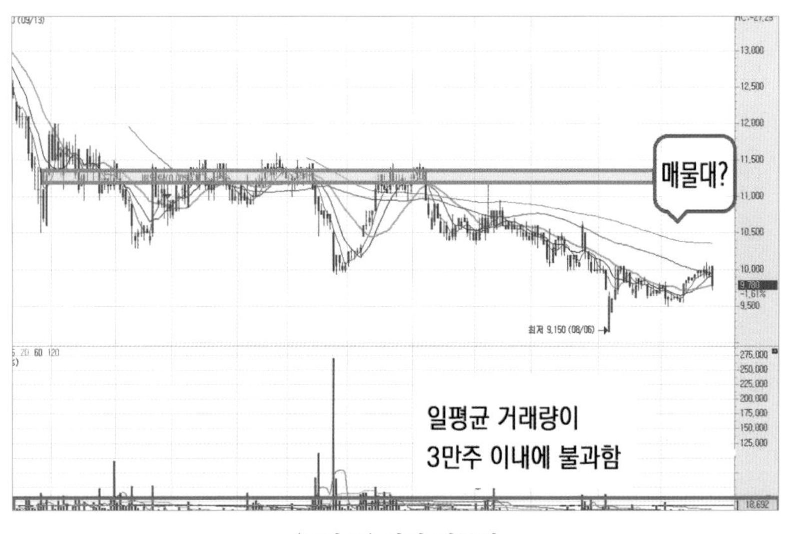


(그림17) 가짜 매물대

가짜 매물대란 외견상 매물이 많이 있을 것 같은데 실제로 매물이 없는 경우다.

(그림17)처럼 평소에 거래량이 적은 종목은 이 종목을 잘 아는 사람들 위주로 거래하고 있고 따라서 많이 물린 사람도 없고 매물대가 있더라도 거의 무시해도 된다.

가짜 매물대는 차트 심리 읽기를 세밀하게 해야 드러난다.

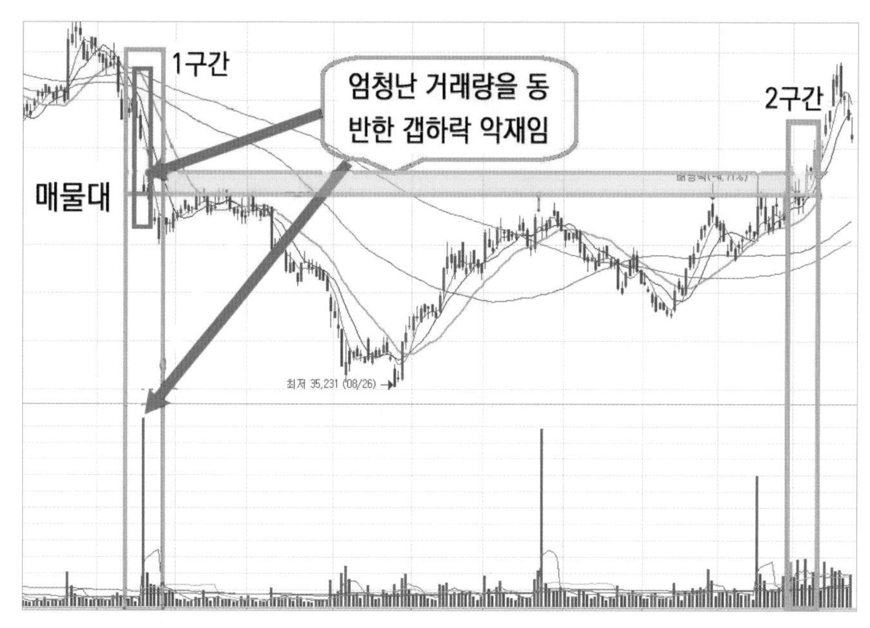


(그림18) 가짜 매물대

그러나 초심자는 구별해 내기 쉽지 않다.

(그림18)을 보면 1구간에서 갑자기 갭 하락[11] 하면서 크게 밀렸고 거래량도 어마어마하다.

누가 봐도 악재다. 실망 매물이 엄청나게 나왔다.

그 와중에도 평소에 관심을 갖던 사람들이 가격 하락을 이용해 매수도 많이 했다. 누군가 실망 매물을 받아준 것이다.

여기서 물린 사람들은 심정이 어떨까?

악재에 매수를 했고 이후 폭락도 겪었고 기간이 오래 되었기 때문에 매수가에 오면 던지려 할 것이다.

외견상 누가 봐도 강매물대이므로 같은 가격대인 2구간에 오면 무조건 매물을 정리해야 한다.

11) 갭 하락이란 전일 종가보다 간격을 두고 크게 하락한 상태로 시작하는 경우를 말한다.

과연 그랬을까? 그 결과는 2구간에서야 확인할 수 있다.

2구간 노란 박스 안의 며칠 동안 일봉과 그 하단의 거래량을 주목해 보자. 위꼬리 남긴 음봉도 있지만 전반적으로 자력으로 매수가 강해지면서 상승하고 있는데 거래량을 보면 그렇게 크게 늘지 않은 모습이다.

큰 거래량 없이 무난하게 상승하고 있다는 것은 1구간 악재 때 매물이 쏟아지지 않았다는 것이다.

따라서 1구간에서 생긴 매물대는 웬만한 공포에도 보유심리가 흔들이지 않는 가짜였음을 알 수 있다.

**그렇다면 1구간에서의 엄청난 거래량의 실체는 뭔가?**

악재가 나오면서 실망매물이 많이 나왔고 하락할 때 단타하는 사람들이 그날 사고팔고를 반복하면서 거래량이 크게 늘었던 것일 뿐이다. 수 없이 사고팔고를 반복한 결과 거래량이 많아진 것이고 실제로 그날 물린 사람들은 그다지 많지 않았던 것이다.

이렇게 세밀하게 매물대의 성격을 파악했다면 이 종목의 이후 움직임도 예측할 수 있다.

이후 더 높은 가격으로 올라가도 매물 걱정 없이 더 갈 수 있음을 알 수 있다.

## 4. 선발매매는 위험한 불놀이다

**거래할 때 항상 '선발매매' 혹은 '추격매매'의 개념을 염두에 두어야 한다.**

선발매매란 무엇인가?

선발매매는 급하게 먼저 나와 사거나 파는 행태를 말한다.

가격이 상승할 때의 선발매매가 있고 하락할 때의 선발매매가 있다.

전자를 '선발매수'라하고 후자를 '선발매도'라 한다.

시초가 대비 3% 상승을 기준으로 선발매매 여부를 판단한다.

**왜 3%인가?** [12]

심리적으로 3%에 접근하면 '올라가는 거 아니야' 혹은 '떨어지는 거 아니야' 하면서 매수·매도심리를 자극한다.

시초가의 3% 상승을 이끄는 매수 세력 또는 시초가의 3% 하락을 이끄는 매도 세력이라면 추가로 종목에 대한 가격을 변동시킬 수 있는 영향력이 있다고 판단하는 것이다. 3% 미만은 관심을 유발하지 않고 매매심리가 자극되는 수준은 아니라고 본다.

선발매수에 의해 3% 이상 올라가면 추가로 매수가 자극되어 6~8% 수준으로 올라가는 경우가 많다.

선발매수에 이어 6~8% 수준으로 따라 매수하는 경우를 '추격매수'가 나왔다고 한다.

---

12) 여기서 제시하는 비율은 평균적인 투자자가 가지는 심리를 말하는 것으로 개개인의 판단기준을 저마다 다를 수 있으므로 민감하게 따질 필요는 없다.

8% 이상이면 너무 높이 올랐다는 생각에 매수를 포기하고 추격매수로 이어지지 않는다.

매도의 경우, 선발매도 즉, 3% 이상 매도에 의해 가격이 하락하면 보유자는 불안감이 자극되어 6~8%까지 팔 가능성이 높다.

선발매도에 이어 6~8% 수준으로 따라 매도하는 경우를 '추격매도'가 나왔다고 한다.

8% 이상이 되면 더 이상 비싼 값으로 안 팔겠는 생각으로 매도를 포기한다.

**종합하면, 선발매매가 나오면 추격매매가 나올 가능성이 높으며 선발매매 없이 추격매매가 이어질 수 없다.**

추격매매에 대해 더 설명해 보자.

추격매매는 선발매매의 뒤를 이어 사거나 또는 파는 사람들을 말한다. 상승할 때 선발매매를 이어 사는 추격매매가 있고 하락할 때 선발매매를 이어 파는 추격매매가 있다.

전자를 '추격매수', 후자를 '추격매도'라고 한다.

추격 매수세란 가격이 상승할 때 시초가의 6~8% 이상 올라가는 수준의 매수 세력을 말한다.

그 종목에 관심을 가지고 있는 사람들이 '올라갈 줄 알았어' 하면서 조바심에 샀다는 것이다.

추격매도세란 가격이 하락할 때 시초가의 6~8%이상 하락하는 수준의 매도 세력을 말한다.

보유하고 있는 사람들이 '더 내려가면 어떡하지'하면서 공포심에 팔았다는 의미다.

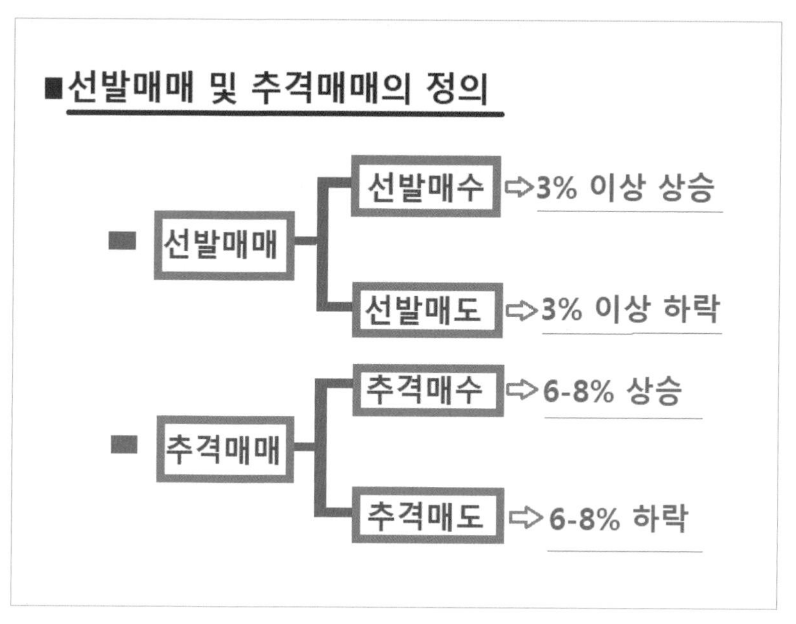


(표2) 선발매매 및 추격매매의 정의

시초가 대비 3%~6% 범위에서 머무는 경우는 뭔가?

선발매매에 이어 추격매매는 안 나온 것이다.

선발매수만 나오고 추격매수가 안 들어왔다면 매수가 관심은 생겼지만 이어서 큰 매수까지 이어지지 않았다는 것이다.

한편 선발매도에 이어 추격매도가 안 들어온 경우는 이어서 큰 매도세까지 이끌지 못한 것이다.

선발매매와 추격매매를 매매에 어떻게 적용할 것인가?

이들을 매매심리를 자극하는 지표로 이용하여 다양하게 투자자의 심리를 파악할 수 있다.

(그림19) 전고점 돌파시 선발매수가 안 들어온 경우

**시장과 선발매수를 이용하여 전고점을 돌파할 수 있는지 알 수 있다.**

(그림19)는 위는 종목, 아래는 시장의 차트로 전고점 돌파날과 그 다음 날의 일봉과 시장의 모습이다.

전고점을 돌파 시도 한 날은 시가 1% 높게 시작하고 2%까지 올랐다가 밀려서 -1%까지 갔다가 전일 종가로 마감하며 위 아래꼬리 음봉으로 마쳤다.

전고점을 뚫지도 못했고 선발매수도 안 들어온 모습이다.

이날 시장은 양봉으로 나쁘지 않았다.

전고점 돌파 시도 기대감에 매수가 자극되어야 함에도 선발매수도 못 나온 실정이다.

**시장도 괜찮고 전고점 돌파 기대감에도 선발매수조차 안 나왔다면 매수가 약한 것이고 당분간 전고점 뚫기가 어렵다.**

역시 다음날 음봉으로 밀린 모습이다.

**시장을 제외하고 단순하게 일봉만 보고 분석을 해 보자.**

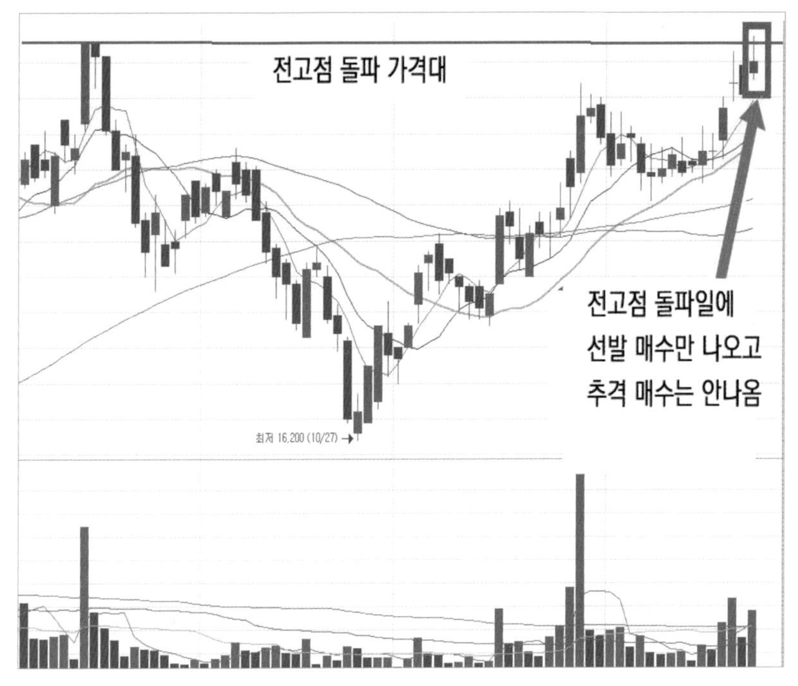


(그림20) 전고점 돌파시 선발매수 이후 추격 매수 안 나온 경우

(그림20)은 전고점 돌파 시 1% 높게 시작하고 3.8%까지 오르다가 밀려서 -1%까지 하락하고 2%에 마감한 모습이다.

선발매수가 들어오면서 전고점을 살짝 돌파하다 추격 매수가 나오지 못하고 밀린 것이다.

(그림19)와 다른 점은 전고점을 돌파했다는 것이다.

전고점을 돌파했고 선발매수가 들어왔다면 추가 상승에 대한 기대감이 두 배로 커져야 함에도 추격 매수가 안 들어오고 밀렸다면 매수가 약한 것으로 다음날 전고점 돌파할 가능성이 적다.

(그림19)과 (그림20)중 어느 것이 매수의 세기가 강할까?

전자는 시장도 좋았음에도 선발매수도 안 들어왔다는 점, 전고점 돌파도 못 한데 비해 후자는 선발매수가 나왔고 전고점을 돌파했다는 점에서 후자가 훨씬 매수가 강함을 알 수 있다.

**선발매매와 매물대만 응용해도 매수·매도 전략을 수월하게 세울 수 있다.**

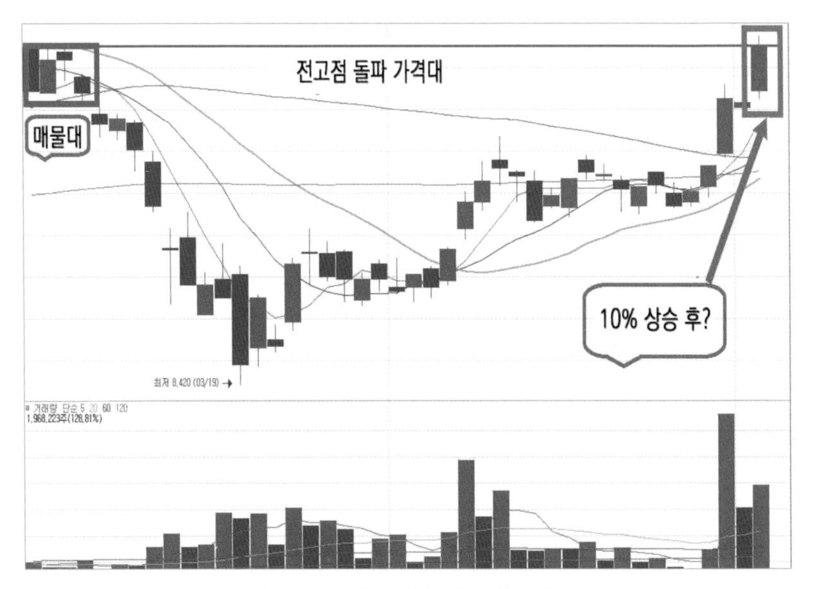


(그림21) 매물대와 전고점 돌파

(그림21)은 매물대와 동시에 전고점을 뚫는 날의 모습이다.

선발매수에 이어 추격 매수도 들어와 10% 상승을 보였다.

그런데 매물대와 전고점을 살짝 뚫고 위꼬리 남기고 밀렸다.

왜 못 올라갔을까? 매물대가 강한가? 매수가 약한가?

매수가 약한 것은 아니다. 추격 매수까지 나온 10% 상승이 있었기 때문이다.

거래량을 보면, 그렇게 많이 나오지 않았으므로 매물대에서 매물이 쏟아지지는 않았다.

지금까지 분석을 종합하면, 매수는 강하고 매물은 약하며 따라서 안 판다는 것이기 때문에 다음날 선발매수 확인하고 들어가면 된다.

투자할 때 절대 선발매수나 선발매도의 위치에 있으면 안 된다.

선발매수조차 안 나오거나 선발매수가 살짝 나오고 추격 매수까지 안 나오는 경우가 많기 때문이다.

그러므로 항상 선발매수 또는 선발매도를 확인하고 여유 있게 매매하는 습관을 들여야 한다.

**매수를 할 때 선발매수를 보고 매수세가 강해지는 것을 확인하고 들어가면 상승 추세를 탈 수 있다.**

파는 경우도 같다.

가격이 하락한다고 해서 급하게 선발매도가 되면 안 된다.

선발매도가 나오는 것을 확인하는 습관을 갖는다.

그러다 선발매도가 나왔다?

그때 매도를 검토해도 늦지 않다.

## 5. 거래량은 친절한 안내원이다

거래량이란 하루 매도·매수 총수량을 말한다.

거래량을 잘 분석하면 그 종목을 더 멀리 바라볼 수 있다.

오를지, 내릴지, 더 올라갈지, 못 갈지를 예측할 수 있다.

거래량을 분석할 때 가장 먼저 해야 할 일은 해당 종목의 일일 거래량이 어느 정도인지를 본다.

**하루 총 거래량이 5만주 내외라면 이 종목을 거래하는 사람들이 많지 않다는 의미다. 극히 일부 투자자만 관심을 가지고 매매하고 있다.** 10,000주 내외인 경우도 있다.

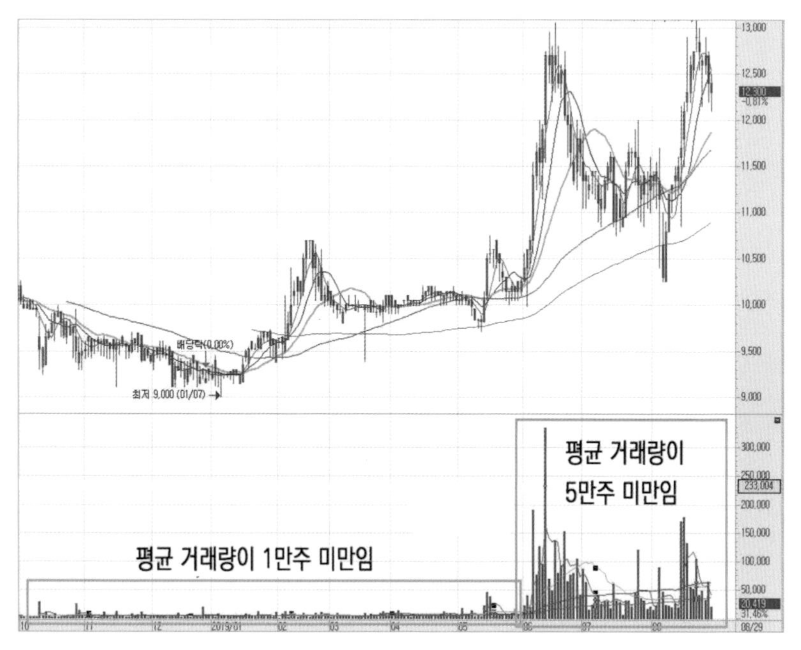


(그림22) 거래량이 적은 종목

(그림22)는 거래량이 적은 종목의 모습이다.

평균거래량이 10,000주 정도이고 엄청나게 늘었어도 평균 5만 주 내외다. 차트모습이 바코드[13]로 나타나며 시장과 무관하게 오르거나 내리는 경우가 많다. 이런 종목은 거래량을 무시하고 일봉으로 매수·매도의 세기만으로 분석하므로 그만큼 정확도가 떨어진다.

호재 또는 일반인의 관심이 늘어나면서 거래량도 늘어 일반 차트 모습으로 바뀌기도 한다.

**거래량이 평균 5만주 이상의 종목이면 거래량을 중요지표로 삼아도 무방하다.**

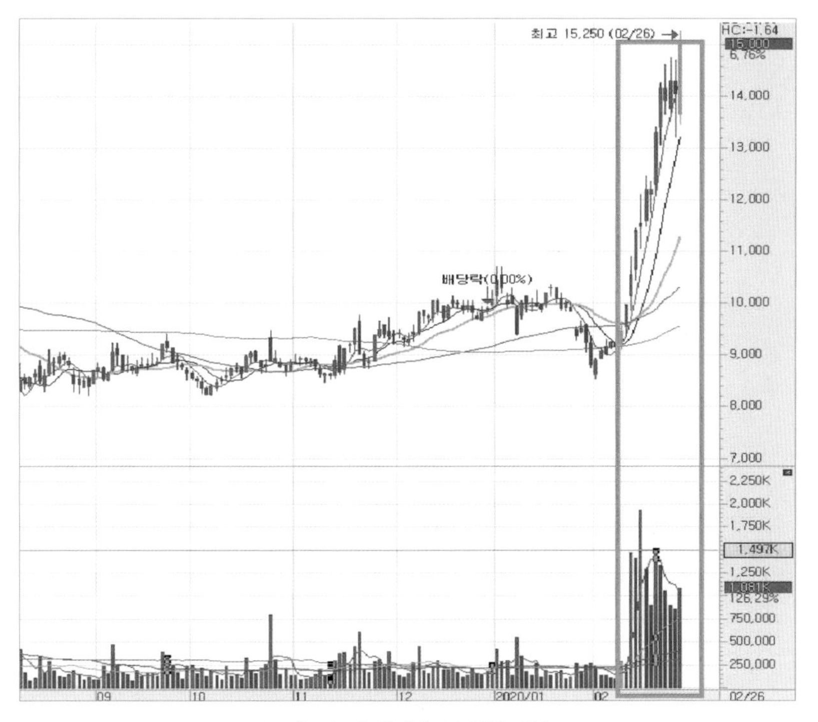


(그림23) 거래량을 동반한 상승

13) 차트모습이 바코드와 같다고 해서 붙여진 이름이다.

(그림23)의 박스는 거래량을 동반한 큰 폭의 상승을 하는 모습이다. 좋은 뉴스나 업황이 좋아지면서 갑자기 관심이 많아졌다는 것이다.

관심이 많은 것은 좋지만, 사고 파는 사람이 많았다면 매수·매도가 치열하게 싸웠다는 것이므로 매수 여력이 소진되었다는 점, 파는 사람도 많았으므로 확신이 부족한 면이 있다는 점에서 이후 모습은 추가적인 분석이 필요하다.

**떨어져도 거래량이 평상시 거래량과 비슷하고 올라가도 평균 거래량과 다르지 않은 경우가 있다.**

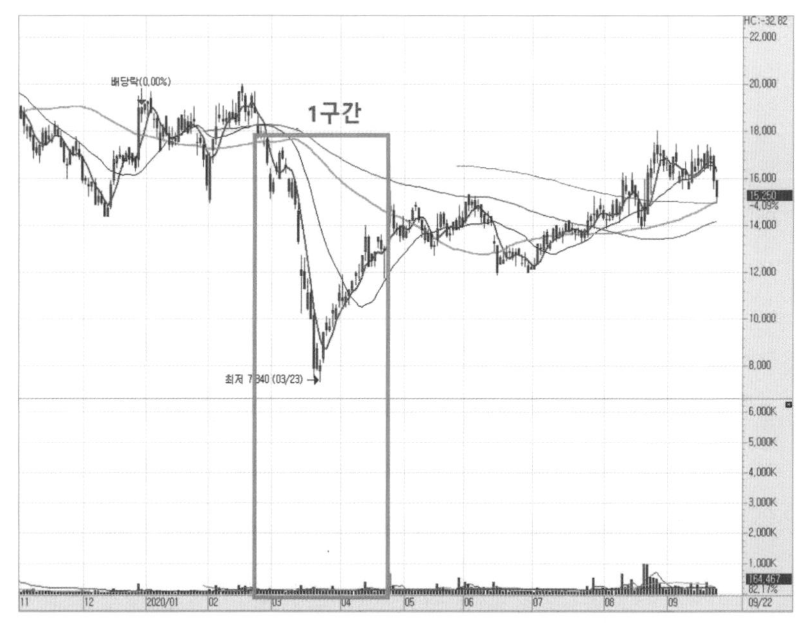


(그림24) 보유심리가 강한 종목

(그림24)의 1구간을 보면 가격이 하락할 때와 상승할 때의 거래량이 차이가 없다. 떨어지는데도 안 팔고 올라가도 안 판다는 것이다.

즉 떨어질 때 안 파는데 매수가 도망간 모습이고 올라갈 때는 안파니까 매수가 조금만 붙어도 쉽게 올라 간 것이다.

대부분 보유심리가 강한 경우 이런 모습을 보인다.

**거래량이 삐쭉삐쭉 튀어나왔다면 관심이 많다는 것으로, 떨어지면 낮은 가격에 매수하려고 덤비기 때문에 바로 반등한다.**

(그림25) 거래량의 변동이 큰 종목

(그림25)는 호재가 없는데 드문드문 거래량이 크게 늘어나는 모습을 보여주고 있다.

평소에도 매수의 관심이 많다는 것으로 떨어지면 바로 반등하는 역동성을 보여 준다.

거래량을 다양하게 응용할 수 있다. 거래량을 보고 더 갈 수 있는지 밀릴 것인지 예측이 가능하다.

**관심이 별로 없던 종목이 갑자기 거래량이 늘면서 상승을 시도하면 이후 매수가 강해지면서 크게 올라갈 수 있다.**

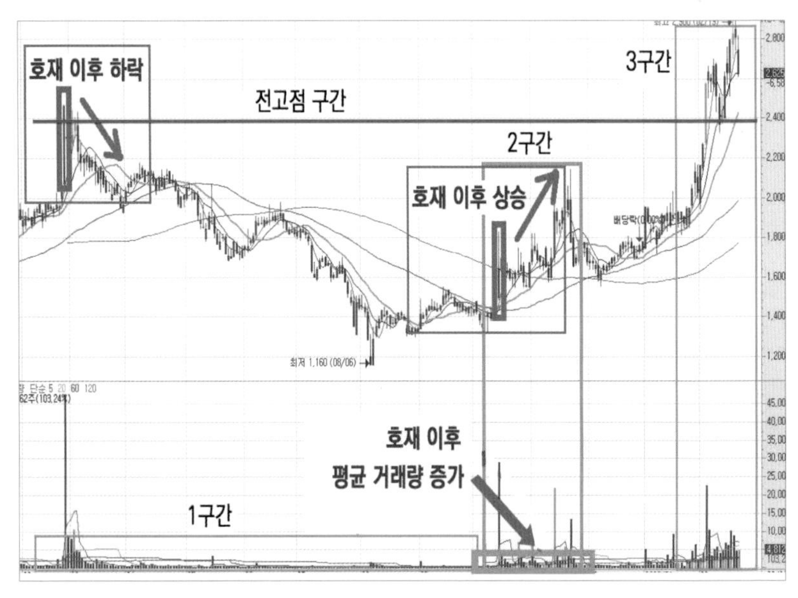


(그림26) 거래량이 늘어나면서 상승하는 종목

(그림26)의 1구간 거래량을 보자. 호재 이후 거래량이 급격하게 줄어들면서 쭉 줄어있는 상태로 유지하고 있다.

일봉의 모습도 이후 계속 흘러내리고 있다. 호재 이후 관심이 사라진 경우다.

그러다 2구간에서는 호재가 나온 후에 1구간의 거래량 보다 훨씬 많은 양이 터지면서 일봉도 크게 상승하는 모습이다.

1구간과 2구간의 차이는 거래량이다. 2구간에서는 1구간의 호재 이후 모습하고 다르게 거래량도 늘면서 더 이상 하락하지 않고 상승하고 있다.

3구간을 보자. 여기서는 호재 없이 자력으로 큰 폭의 거래량 증가를 동반한 가격 상승을 보여주고 있다.

거래량의 증가 없이 관심이 식었다가 갑자기 거래량이 늘어나면서 상승을 이끄는 종목은 이후 잠시 주춤하더라도 관심이 크게 늘어있는 상태이므로 큰 폭의 가격상승 할 가능성이 높다.

**전고점을 뚫고 갈 때 전고점에서 물린 사람들이 안판다면 전고점을 쉽게 돌파하면서 올라갈 수 있다.**

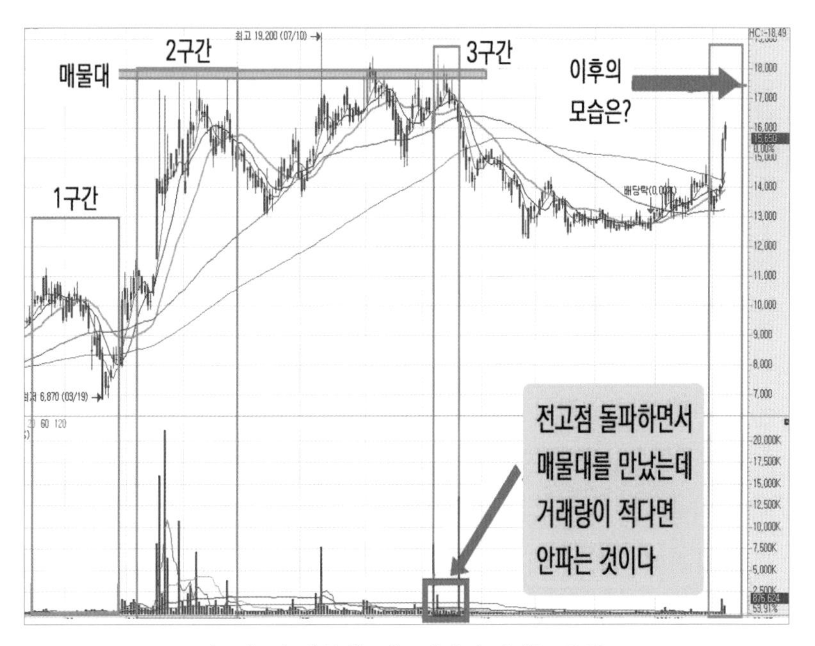


(그림27) 매물대, 전고점에서 안파는 종목

(그림27)에서 1구간은 거래량이 거의 없는 상태에서 떨어지고 있다. 안 파는데 매수가 약해서 떨어지고 있는 모습이다.

2구간에서 거래량이 증가하며 호재와 자력으로 상승했다.

3구간은 전고점을 돌파하고 있는데 거래량이 거의 증가하지 않았다면 매물대에서 물린 사람들이 안 팔았다는 증거다.

2구간에서 호재 이후 큰 관심을 보였고 그 구간 고점에서 물린 사람들이 안 팔았다면 자기들이 매수한 가격보다 앞으로 더 오를 것이라고 믿고 있음을 보여준 것이다.

그런데 3구간 이후 왜 빠져?

거래량은 거의 미미한 수준이다. 일봉상 가격이 하락하는 모습을 보이는 것은 보유하고 있는 사람들이 많이 팔아서가 아니라 사려는 사람들이 적었기 때문이다.

이 종목이 전고점을 뚫고 갈 수 있을까?

이 종목은 원래 안 팔았고, 2구간에서 크게 관심을 보였던 매수 세력이 전고점을 돌파하면 아까워할 것이고 매수만 살아나면 전고점과 매물대를 뚫고 올라갈 가능성이 크다.

이 종목은 언제 매수하는가? 현재는 매수세가 약하므로 전고점 돌파할 때 매수하는 전략을 세울 수 있다.

**평소 거래량보다 평균 거래량이 늘면 관심이 늘어난 것이다.**

일단 관심이 늘어났다는 것은 매우 좋은 현상이며 이후 크게 반등할 가능성이 높다.

**특히 가격이 하락할 때 거래량이 늘면 이상 징후가 발생한 것으로 주의깊게 관찰해야 한다.**

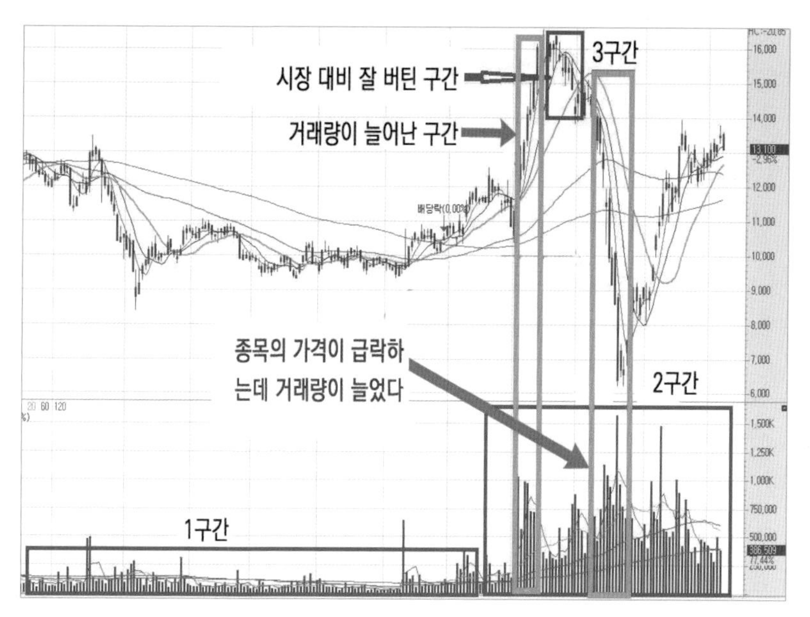


(그림28) 평균거래량이 늘어난 종목

(그림28)의 거래량부터 보자. 1구간의 거래량은 2구간의 거래량보다 훨씬 적은 모습이다. 갑자기 2구간 초입에서부터 대량거래를 동반한 급격한 가격상승을 했다. 이전보다 관심이 엄청나게 늘어나면서 급등했다.

그러다 급한 상승을 멈추고 고점에 도달하면서 하락하고 만다. 코로나 사태로 시장이 폭락하기 시작한 때다. 하락 중에도 시장대비 잘 버티고 안 떨어진 모습[14]이다. 고점인데도 안 팔겠다는 것으로 보유심리가 강하다는 반증이다.

노란 박스로 표시된 3구간을 주목하자. 가격이 폭락하고 있다. 그런데 오히려 거래량이 더 늘어났다. 일반적으로 시장이 폭락하면서 같이 가격이 급락하면 거래량도 위축된다. 하락할수록 거래량이 늘어나는 이상한 현상이 벌어졌다. 왜 그랬을까?

떨어지면서 거래량이 늘어나면 두 가지 중 하나다.

14) 차트에는 없으나 이 구간에서 시장은 일봉의 모습보다 더 크게 폭락했다.

**첫째, 실망 매물이 쏟아진 경우다.**

보유하고 있는 사람들이 시장이 폭락하니까 겁이 나서 던진 경우다. 이 종목은 어느 경우에 해당하는가?

먼저, 이 종목은 3구간 이전 고점에서도 시장이 떨어지는 것 대비 안 팔고 잘 버틴 모습을 보였다. 고점에 대한 부담이 있음에도 시장하락의 공포를 이기면서 안 팔고 있었다면 굳이 더 떨어진다고 팔까? 안 팔 가능성이 높다.

다음, 3구간대에서는 이미 많이 떨어졌고 가격이 급락하고 있는 중이기 때문에 심리적으로 포기상태에 도달한다. 공포심에 팔지 못하고 '더 빠지려나?' 하면서 지켜볼 수밖에 없다.

보유하고 있는 사람들이 더 이상 비싼 가격에 안파는 포기 가격대에서 매물이 크게 나온다는 것은 상식에 안 맞는다.

따라서 이렇게 거래량이 터진 것은 실망매물 때문이 아니다.

**둘째, 기대감이 높아서 떨어질 때 매수한 경우다.**

결론적으로 이 종목은 둘째의 경우다.

먼저, 폭락 전에 엄청난 관심의 증가와 거래량의 상승을 동반한 급상승을 했기 때문에 아직 더 높은 가격으로 상승할 것이라는 기대가 높아 있는 상태다. 이들은 웬만해서는 안판다.

다음, 가격이 급락할 때 시장대비 잘 버텼다. 고점에서도 안 팔겠다는 심리가 강하다.

마지막으로, 폭락이 끝나고 저점을 찍고 반등할 때 거래량이 1구간의 평균 거래량보다 여전히 많았다. 이는 관심이 식지 않았고 저점에서 매수 기회라고 생각하는 사람들이 많다는 반증이다.

**이런 종목은 폭락 후 시장이 회복하면 훨씬 빠르게 반등한다.**

## 6. 이평선은 등대지기다

이동평균선(이평선)은 주식가격 기간 평균값을 계산하여 만든 선이다. 일수에 따라 5일, 20일, 60일, 120일, 200일 등이 있다.

이평선으로도 가격의 등락 여부를 판단한다.

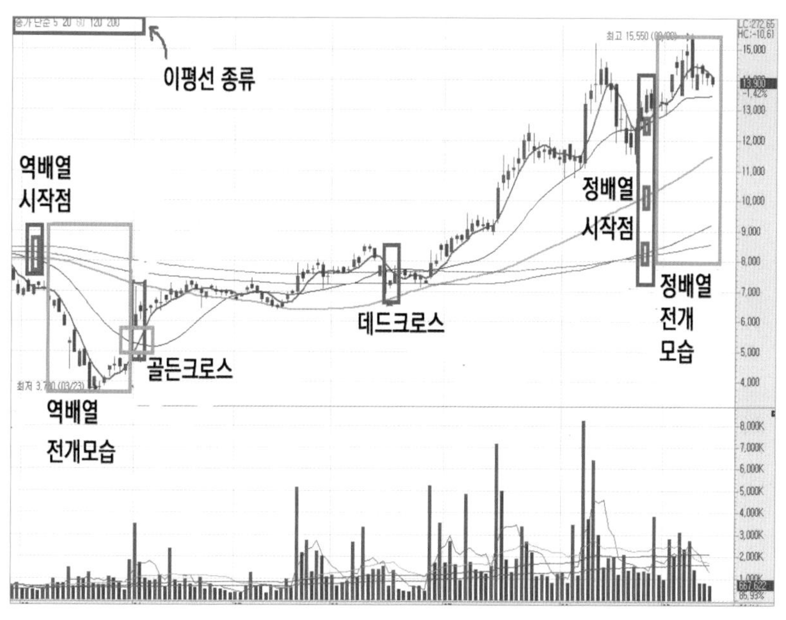


(그림29) 이평선 일반

(그림29)는 일봉과 이평선의 다양한 조합을 보여준다.

왼편 노란 박스의 역배열 전개 모습에서 하락 중 일봉이 5일 이평선 아래에 있는 모습이다.

오른편 녹색 박스의 정배열구간에서는 상승 중에 일봉이 5일 이평선 위에 놓여 있다.

일반적으로 이평선 아래에 일봉이 있다면 매수가 약해 하락하고 반대로 위에 있다면 매수가 강해 상승한다고 한다.

이를 착안하여 일봉이 이평선 밑에 있다가 위로 올라가면 매수 타임, 일봉이 위에서 밑으로 가면 매도 타임이라고 한다.

그러나 모두 사후분석 결과이며 언제 일봉이 5일 이평선 위나 아래로 변동될지 사전에 알 수 없는 것이 흠이다.

다음, 골든크로스와 데드크로스가 있다.

골든크로스란 (그림29)에서처럼 기간이 짧은 이평선, 즉 5일 이평선이 기간이 긴 이평선 아래에 있다가 더 긴 이평선을 상향 돌파하는 것을 말한다.

데드크로스는 반대로 (그림29)의 기간이 짧은 이평선이 긴 이평선 위에 있다가 하향으로 깨는 시점을 말한다.

골든크로스를 반등 시점으로 보고 매수 타임이라 하고 데드크로스를 하락 시점으로 보아 매도 시점이라 한다.

그러나 이것도 역시 사후의 모습을 보고 그렇게 해석하는 것일 뿐 누구도 미리 알 수 없다.

마지막으로, 정배열, 역배열이란 개념이 있다.

정배열이란 (그림29)와 같이 기간이 짧은 이평선부터 긴 순서대로 위에서 아래로 배열된 상태를 말한다.

반대로 역배열은 (그림29)에서처럼 위로부터 아래로 200일, 120일, 60일, 20일, 5일 순으로 배열된 모습을 말한다.

정배열로 들어서면 대세 상승기이므로 매수하고 역배열로 들어서면 대세 하락기이므로 매도해야 한다고 한다.

이 원리가 맞는 경우는 20% 확률도 안 된다.

그밖에 다양하게 조합하여 여러 기법이 소개되고 있으나 80% 이상 안 맞는 게 더 많고 따라서 실전에 적용하면 낭패를 본다.

그렇다면 이평선을 어떻게 활용해야 하는가?

**주식투자를 하는 사람들은 이평선을 의지하는 경향이 있어 투자심리에 영향을 받는다.**

5일 이평선을 회복한다던가, 골든크로스, 혹은 정배열이 되면 사람들은 가격이 더 오를 것이라고 생각한다.

반대의 경우, 5일 이평선을 깨거나 데드크로스, 역배열이 되면 가격 하락에 대한 불안감이 더 커지게 된다.

이렇게 이평선으로 사람들의 투자심리가 자극된다면 이를 활용하여 차트 심리분석을 용이하게 할 수 있다.

투자자의 심리를 읽어낼 수 있는 하나의 지표로 사용하는 것이다.

이평선으로 투자에 활용하면 낭패를 보지만 이평선을 투자심리 보조 지표로 활용한다면 훨씬 분석의 정확도를 높일 수 있고 확률이 올라가게 된다.

이평선을 이용하여 심리분석의 예를 들어보자.

**5일 이평선을 깼는데 가격이 더 안 떨어진다면 보유한 사람들이 팔지 않는다는 것으로 보유심리가 강하다.**

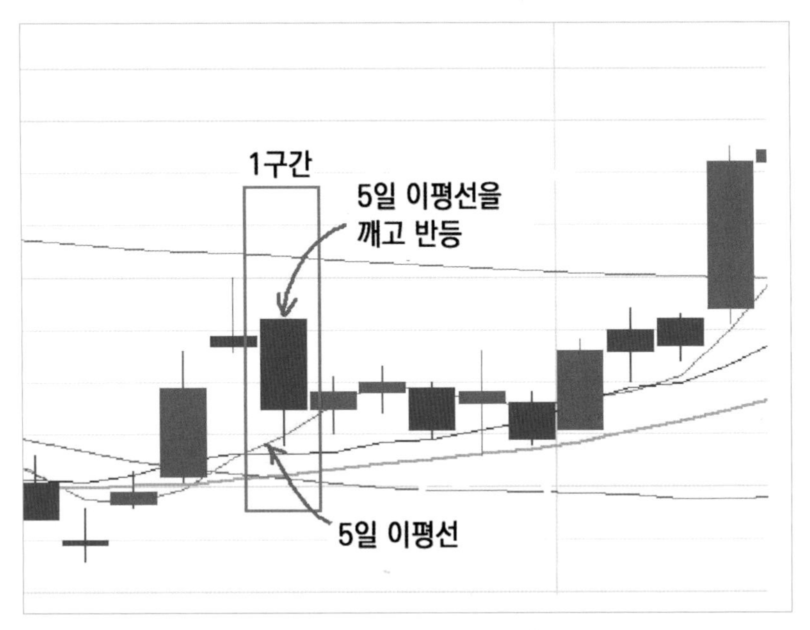


(그림30) 5일 이평선을 깨고 반등한 모습

(그림30)의 1구간은 당일 일봉이 5일 이평선을 살짝 깨고 마이너스 4%까지 빠졌다가 다시 반등한 모습이다.

5일 이평선을 깨면 불안한 심리가 자극되어 팔고 싶은 사람은 매도하려고 한다. 하지만 5일 이평선이 깨졌음에도 동요 없이 추격매도가 안 나오고 반등했다면 안 팔려는 심리가 강하게 작용한 것이다.

그 가격대에서 불안감을 주었는데 안 판다는 것을 확인했으므로 그 가격 위로 상승할 가능성이 높다.

**또 일봉이 5일 이평선을 회복하면서 올라가는데 계속 위꼬리가 생기면서 횡보하거나 아래로 밀린다면?**

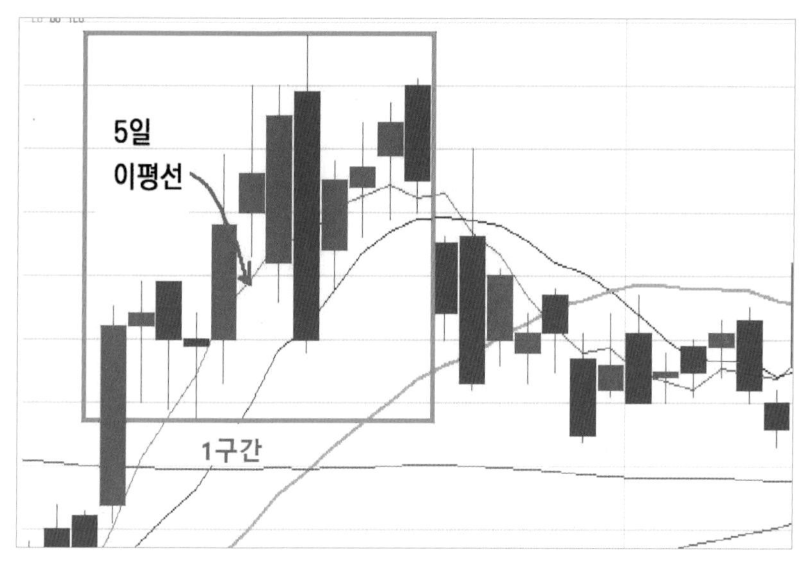


(그림31) 5일 이평선과 일봉

(그림31)의 1구간은 5일 이평선을 타고 올라가긴 하는데 장중에 5일 이평선을 깨고 위꼬리가 계속 발생하고 있다.

5일 이평선 위로 올라가면 심리적 안정감을 느끼면서 올라가야 함에도 계속 깨고 다시 회복하면서 올라가고 있다.

더군다나 위꼬리도 거의 매일 남기고 있다.

5일선 위에 안착하지 못한 것은 불안해하는 사람이 있는 것이고 파는 사람이 나온다는 것이므로 그 이상 가격으로 못 가거나 더 떨어진다.

**골든크로스가 만들어지면서 올라가는데 밀렸다면?**

골든크로스는 누구나 상승할 것이라 기대하고 있다.

그런데 올라가지 않고 밀렸다면 사람들이 골든크로스에 대한 기대감이 없다는 뜻이다. 매수세가 골든크로스임에도 안 들어간다면 더 이상 못 올라갈 가능성이 크다.

매수 심리가 자극되는 구간을 만들어주었는데도 불구하고 매수세가 약하다면 매수가 강해지면서 들어올 때까지 당분간 지지부진 할 가능성이 높다. 다음에 선발매수가 들어오더라도 그 다음날 한 번 더 매수가 이어지는 것을 보고 매수해야 한다.

이평선을 이용하여 매수 타임을 잡을 수도 있다.

**5일 이평선 아래를 타고 떨어지다가 갑자기 5일 이평선을 깨면서 선발매수가 들어오면 매수가 강해지고 있다는 것이다.**

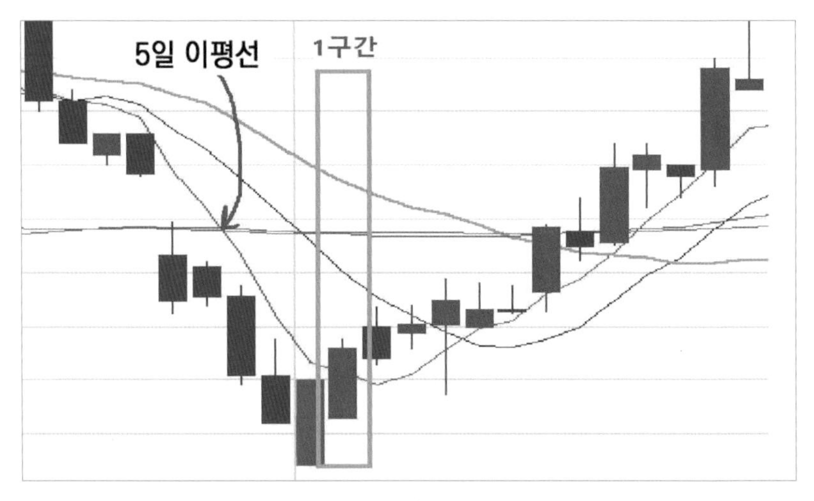


(그림32) 5일 이평선을 돌파하는 모습

(그림32)는 5일 이평선을 따라 하락하다가 갑자기 반등하면서 5일 이평선을 깨고 상승하는 모습이다. 떨어지다가 5일 이평선을 깨고 올라가면 매수 심리가 자극되어 더 이상 안 떨어지고 올라갈 가능성이 크다.

5일 이평선을 아래에 있다가 위로 깼음에도 불구하고 다음날 선발매수도 안 들어온다면 매수가 너무 약한 것이다.

(그림32)는 다음날 5일 이평선 위로 반등하긴 했지만 선발매수도 못 들어온 상태로 매수가 약한 모습이다. 이런 종목은 강하게 반등하지 못하고 올라가더라도 힘이 없이 올라갈 가능성이 크다.

이평선을 응용하여 매도 타임을 잡을 수 있다.

**5일 이평선을 따라 상승하는 종목이 갑자기 하락하며 5일 이평선을 깨거나 깨질 징조를 보이면 매도를 고려한다.**

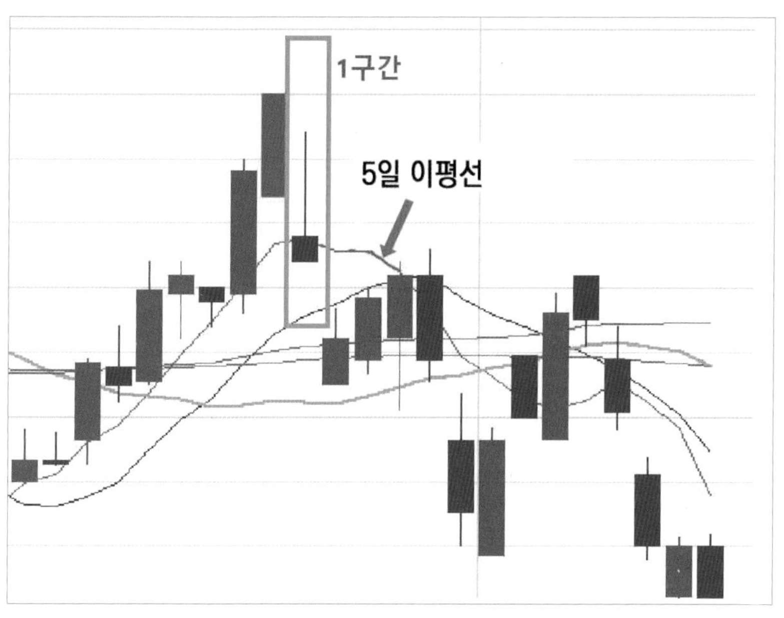


(그림33) 5일 이평선을 깨는 모습

(그림33)의 1구간에서 5일 이평선을 잘 타고 상승하다 갑자기 5일 이평선을 깨고 위꼬리 길게 남기면서 하락하는 모습이다.

상승하던 종목이 5일 이평선을 깨면 불안심리가 자극되어 흔들린다. 초보자는 매도를 하는 것이 좋다.

# 7. 호가창은 영양제다

호가창이란 가격대별로 매수 수량과 매도 수량이 걸려있는 창을 말한다.

리얼 타임으로 매수·매도호가가 나타나고 체결가도 나온다.

호가는 매도가·매수가 각각 10호가로 나뉘어 보여진다.

만 원 이하의 종목은 10원, 만원부터 10만원까지는 50/100원, 10만원 이상은 100/500/1,000원 단위로 호가단위가 정해진다.

| 15,350 ▼ | 450 | -2.85% | 961,897 | 128.85% |
|---|---|---|---|---|
| 증감 | 15,400 | 15,350 | 15,090 | 1.60% |
| | 3,783 | 15,850 | KOSPI | 투 |
| | 16,767 | 15,800 | 15,650 시 | 거 |
| | 4,333 | 15,750 | 16,100 고 | |
| | 6,916 | 15,700 | 15,350 저 | 외 |
| | 1,989 | 15,650 | 15,800 기준 | 일 |
| | 7,532 | 15,600 | 20,500 상 | 차 |
| | 2,214 | [illegible] | 11,100 하 | |
| | 1,988 | [illegible] | 41 비용 | 뉴 |
| | 5,546 | 15,450 | 15,350 예상 | 권 |
| | 4,313 | 15,400 | 43,717 수량 | |
| | | | ▼ 450 -2.85% | 기 |
| 15,350 | 29 | 15,350 | 8,198 | |
| [illegible] | 16 | 15,300 | 17,049 | |
| 15,350 | 383 | 15,250 | 8,412 | |
| 15,350 | 92 | 15,200 | 10,404 | |
| 15,350 | 8 | 15,150 | 1,746 | |
| 15,350 | 89 | 15,100 | 3,214 | |
| 15,350 | 575 | 15,050 | 11,432 | |
| 15,350 | 1 | 15,000 | 11,773 | |
| 15,350 | 1 | 14,950 | 1,584 | |
| 15,350 | 1 | 14,900 | 926 | |
| | 55,381 | 16:00:00 | 74,738 | |

매도호가 / 시장가 / 채결창 / 매수호가

(그림34) 호가창

(그림34)는 호가창의 구성이며 '매수호가'는 사려는 사람들, '매도호가'는 팔려는 사람들이 걸어놓은 가격이다.

'시장가'는 매수·매도 가격으로 사려는 가격과 팔려는 가격이 일치하는 가격이다.

'체결창'은 시시각각으로 가격별 체결 수량이 표시되며 파란색 수량은 매도 수량이고 붉은색 수량은 매수 수량이다.

현재 매수 총수량이 74,790주이고 매도 수량은 55,381주가 대기 중이고 시장가는 15,350원임을 알 수 있다.

매수하려는 수량이 매도하려는 수량보다 많은 상태다.

| 15,350 ▼ | | 450 | -2.85% | 961,897 | 128.85% |
|---|---|---|---|---|---|
| 증감 | | 15,400 | 15,350 | 15,090 | 1.60% |
| | | 43,783 | 15,850 | KOSPI | 투 |
| | | 16,767 | 15,800 | 15,650 시 | 거 |
| | | 44,333 | 15,750 | 16,100 고 | 외 |
| | | 66,916 | 15,700 | 15,350 저 | 일 |
| | | 989 | 15,650 | 15,800 기준 | 차 |
| | | 532 | 15,600 | 20,500 상 | 뉴 |
| | | 214 | 15 | 11,100 하 | 권 |
| | | 988 | 15,--- | 41 비용 | 기 |
| | | 546 | 15,450 | 15,350 예상 | |
| | | 313 | 15,400 | 43,717 수량 | |
| | | | | ▼ 450 -2.85% | |
| 15,350 | 321 | | 15,350 | 8,198 | |
| 15,350 | 43 | | 15,300 | 17,049 | |
| 15,350 | 812 | | 15,250 | 8,412 | |
| 15,350 | 435 | | 15,200 | 10,404 | |
| 15,350 | 812 | | 15,150 | 746 | |
| 15,350 | 32 | | 15,100 | 214 | |
| 15,350 | 456 | | 15,050 | 432 | |
| 15,350 | 213 | | 15,000 | 773 | |
| 15,350 | 761 | | 14,950 | 584 | |
| 15,350 | 2135 | | 14,900 | 926 | |
| | | | 16:00:00 | | |



(그림35) 호가창

(그림35)에서 보면, 걸려있는 매수가가 높은 호가에 많고 낮은 호가로 갈수록 적고 매도호가는 낮은 호가에는 적고 낮은 호가 뒤로 갈수록 수량이 많다.

급하게 사려고 하는 선발매수는 있는데 그 이하의 가격에서는 사려고 하는 사람이 없는 것으로 추격 매수는 약하다는 것을 볼 수 있다.

반면에 매도는 급한 사람이 없고 높은 가격에 여유 있게 걸어놓고 기다리는 사람은 많아 가격이 급락할 염려는 없다.

호가창 자체만으로는 제대로 된 투자정보를 얻을 수 없다.

**하지만 일봉, 분봉, 이평선, 매물대, 시장 등의 지표를 추가해서 보면 보석을 낳는 투자정보가 된다.**

호가창을 활용하는 기초에 대해 살펴보자.

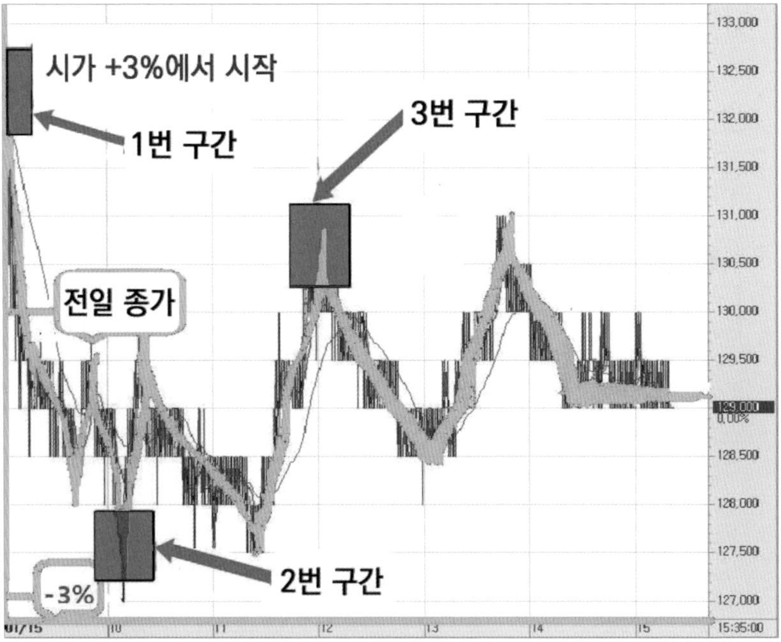

시가 +3%에서 시작
1번 구간
3번 구간
전일 종가
2번 구간
-3%

(그림36) 분봉

(그림36)은 하루 분봉의 모습이다.

1번 구간에서처럼 전일 종가보다 3% 높이 시작해서 2번 구간의 마이너스 3%까지 떨어졌다가 다시 3번 구간까지 올라오고 이후 등락을 거듭하는 모습을 보여주고 있다.

장 시작하고 3% 높이 올라 시작하는 1번 구간의 상황일 때 호가창의 모습은 어떨까?

장 시작하고 3% 높이 시작하면 보유하고 있는 사람들은 높은 가격이므로 '팔아볼까' 심리가 커진다.

그럼 호가창에 매도물량을 걸어놓을 것이고 호가창의 매도물량이 많이 걸려 있게 된다.

매수하려는 사람들은 높은 가격이니까 사지는 않고 지켜본다.

따라서 호가창에 걸어놓은 매수물량은 적다.

이때의 상황은 매도물량이 매수물량보다 많다.

시간이 지나도 더 이상 오르지 않으니 떨어질까에 대한 불안심리가 작용하면서 매도가 매수보다 급해진다.

낮은 가격으로 던지기 시작하고 매도물량이 줄어들면서 가격이 하락하기 시작한다.

매수 수량이 적다보니 조금만 매도물량이 나와도 쭉쭉 쉽게 2번구간까지 하락하게 된다.

2번 구간까지 하락하면 매도하던 사람들도 이제 너무 가격이 낮다고 생각하여 매도를 멈추게 된다.

'너무 가격이 내려간 거 아냐. 이 이상 싸게는 못 팔아' 하면서 매도물량이 그친다.

호가창의 모습은 매도 수량은 적고 매수하려는 사람은 '가격이 낮으니까 사볼까' 하면서 호가창에 물량을 걸기 시작하게 되므로 매수 수량이 증가한다.
그러면서 저점을 형성하게 된다.
호가창의 모습은 매도 수량=매수 수량 상태가 된다.

저점인가 싶으면 '저점인가? 오르기 전에 살까' 하면서 매수가 매도보다 급해진다.
슬슬 호가창의 매수 수량이 늘어난다.
시간이 지나면서 걸어둬도 못살 것 같다고 생각하는 사람들이 많아지면서 걸어놓고 있던 매수 물량이 즉시 체결로 옮겨지면서 매도 물량을 잡아먹으면서 올라간다.
호가창은 매수물량이 줄어들고 매도물량도 같이 줄어든다.
급한 매수세가 즉시 체결을 위해 저가 호가에서 체결가능 호가로 대체하면서 일시적으로 매도물량보다 매수물량이 적어지는 모습을 보여주기도 한다.
여기서 이해가 부족하면 '파는 사람이 많은데 왜 올라가지' 이렇게 잘 못 판단할 수 있다.
하지만 가격 상승시에 일어나는 일시적 현상일 뿐이다.
가격이 급하게 올라갈 때까지이며 가격이 멈칫하고 머물게 되면 매도 수량과 매수 수량이 균형을 이루게 된다.
이때가 분봉상 3번 구간의 가격대이다.
여기서 상승을 멈추고 매수가 멈칫하면 상승을 기대했던 매도가 실망하면서 팔려는 심리가 자극되면서 하락하기 시작한다.
조금만 더 가면 시초가인데 더 못 올라간다면 매수가 약한 것이다. 더 상승할 가능성이 적다.
그러니 이후 하락하고 다시 반등하면서 3번 가격도 돌파하지 못하고 밀린다.

3번에서 밀리는 모습을 보면 이 종목은 매수가 약하므로 이후 3번 가격을 못 뚫을 것이라 미리 예측할 수 있다.

호가창의 기본을 잘 익히면 다양하게 응용하면서 투자에 활용할 수 있다.

호가창을 통해서도 저점을 확인할 수 있다.

일봉상 가격이 계속 하락하고 있다면 어디가 저점일까?

떨어지는 중이므로 호가창의 모습이 매도 수량이 매수 수량보다 많거나 비슷해야 한다.

**하지만 매도 수량=매수 수량 이라면 더 이상 매도하려는 사람들이 늘어나지 않는 것이므로 저점일 가능성이 높다.**

더 나아가 매도 수량보다 매수 수량이 더 많아졌다면?

매도는 더 이상 싼 값으로 안 팔겠다는 것이고 매수는 저점이라고 생각하고 살 생각이 있다는 의미다.

더 떨어지지 않고 오를 가능성이 높으며 여기가 저점이다.

분봉과 호가창을 가지고도 저점과 추가 상승 여부를 알 수 있다.

분봉상 계속 가격이 떨어지고 있다면?

파는 사람이 줄고 저점이라고 생각하는 사람들이 많아져야 하므로 매도 수량이 줄고 매수 수량이 늘어나야 한다.

어느 시점에서 '더 이상 싼 값으로 못 팔아'하는 생각이 많아지면 매도 수량이 줄고 매수 수량이 낮은 호가부터 증가하기 시작하고 급하게 매수하려는 사람들이 많아지는 것으로 저점을 찍고 반등할 가능성이 높다.

그러나 여전히 매도 수량은 많고 매수 수량이 적다면 더 떨어진다.

분봉상 가격이 상승하고 있다면?

더 올라갈 것으로 기대하니까 매도 수량이 적어져야 하고 매수는 급해서 더 사려고 하니까 매수 수량이 많아져야 한다.

이때 매수 수량이 호가별로 짱짱하게 걸려있으면 이들이 추격 매수가 되어 더 치고 올라간다.

하지만 매도 수량이 많고 매수 수량이 적다면 더 이상 못 올라가고 떨어질 가능성이 높다.

체결창을 보고 종목의 투자심리를 이해할 수 있다.

체결창은 리얼 타임으로 체결되는 내역이 빠르게 지나가므로 콘트롤바를 눌러서 뒤로 가면서 어떻게 체결이 되었는지를 돌려 볼 수 있다.

**만약 붉은색 수량이 푸른색 수량보다 월등하게 많다면 시장가로 매수가 급하게 사고 있는 것[15] 이다.**

**또 큰 금액의 붉은색 수량이 많이 나오면 매수가 강한 것으로 크게 상승할 수 있다.**

반면에 푸른색 수량이 붉은색 수량보다 월등하게 많다면 시장가로 매도가 급하게 팔고 있는 것이다.

큰지막한 푸른색 수량이 많이 나오면 매도가 강한 것으로 크게 하락할 가능성이 높다. 매도가 터져 나온다면 걸어놓고 팔 여유가 없이 던지는 것이므로 더 떨어질 가능성이 높다.

반대로 매수가 터져 나오면서 오르고 있다면 급하게 매수하려는 세력이 강하다는 것이고 더 올라갈 가능성이 크다.

**호가창은 단독으로 분석하여 결론을 내려고 하면 오류가 생길 수 있**

15) (그림34)의 호가창의 체결창을 보면 붉은색 수량이 크게 크게 나타나고 있으며 파란색 수량보다 월등하게 많다.

다.

**반드시 일봉, 분봉, 거래량, 이평선, 시장 등의 지표를 활용해 어느 정도 결론이 난 상태에서 최종적으로 확증하는 수단으로 활용하는게 좋다.**

어떤 종목이 쭉쭉 크게 상승하고 있다. '더 올라가려나?'

평소보다 거래량이 큰 폭 증가 없이 가파르게 오르는 것은 엄청나게 안 판다는 의미다.

이 모습을 호가창으로 본다고 하자.

매도·매수 수량이 빵빵하게 걸려있는 채[16]로 급하게 매수가 매도 수량을 잡아먹으면서 올라간다.

체결창에 거의 붉은 글씨의 수량만 보이게 된다.

다만 매도 수량이 너무 많이 걸려 있는 게 걸린다.

'매도 수량이 너무 많은데 더 올라가려나'

호가창만 보면 매도물량이 너무 많이 걸려 있으니까 더 이상 올라가기 힘들다고 판단할 수 있다.

일봉, 거래량의 분석으로 안파는 것을 확인했는데 뭐지?

호가창의 매도 수량은 평소의 매도 수량일 뿐 과도한 매물이 아님을 확인 할 수 있다.

따라서 매도 수량은 걱정할 필요가 없다.

높은 호가에 걸어놓기만 하고 시장가로 던지지 않고 있으니 매도는 급하지 않다. 이런 경우 매물대도 쉽게 돌파한다.

---

16) 매수 수량과 매도 수량이 비슷하게 걸려 있거나 매도 수량이 더 걸려있을 수 있다.

## 8. 호재·악재는 에피타이저다

**호재 또는 악재는 차트 심리 읽기에서 그 종목의 현상을 읽을 수 있는 중요한 지표로 활용된다.**

호재는 그 종목의 가능성이다.

**호재가 많다는 것은 그만큼 성장할 여지가 있다는 의미다.**

가격이 낮은 종목의 경우 간혹 세력의 장난으로 호재가 나오는 경우가 있다.

이슈나 테마로 호재나 나온다면 주의해야 한다. 일시적인 관심으로 올라갔기 때문에 곧 소멸될 가능성이 크고 다시 원위치로 돌아오는 경우가 많다.

이런 경우를 제외하고 호재는 바람직하다.

반면에 악재는 그 종목이 위험하다는 신호다.

단, 일시적인 뉴스나 업종에 대한 악재인 경우는 크게 염려하지 않아도 된다. 바로 회복하거나 좀 시간이 지나면 결국 회복된다.

하지만 치명적인 경영상의 문제나 그 기업의 존립에 관한 경영환경이 나쁜 쪽으로 변한 경우는 심각하게 다뤄야 한다.

**호재나 악재를 잘 활용하면 종목의 성향을 더 알 수 있다.**

지표가 하나 더 생겼기 때문이다.

차트를 읽기 위해서는 지표가 많을수록 좋다.

일봉, 시장, 분봉, 이평선, 호가창 등을 보며 투자자의 심리를 읽을 수 있다.

호재나 악재도 종목의 성격을 파악하는 바로미터다.

호재나 악재가 나오면 그 변수를 바라보는 매수자의 심리와 매도자의 심리가 노출된다.

예를 들어보자.

호재가 나오면 일봉의 모습이 여러 형태로 나온다.

**위꼬리 아래꼬리 없이 긴 양봉으로 25% 이상 나온다면?**

대형 호재이며 장 시작하고 꾸준하게 고점을 향해서 올라갔고 최고점에서 한 번도 밀린 적이 없다는 것으로 매우 좋은 모습이다.

그런데 별로 길지 않게 12% 양봉으로 나온다면?

호재가 나왔지만 너도 나도 매수하지 않았다는 것으로 별로 기대감이 크지 않음을 알 수 있다. 추가로 상승하기 쉽지 않다.

호재가 나오면 평소에 관심이 없었던 일반인의 관심이 커지는 것이 좋다.

이들이 들어오면서 가격이 크게 뛸 수 있기 때문이다.

**20% 상승했다가 위꼬리 길게 남기고 10% 보통 길이의 양봉으로 나온다면?**

위꼬리 길게 남겼다면 비싼 값에 살려고 시도했다가 다시 많이 밀렸다는 것이다. 호재가 나왔는데도 확신이 부족해 보유하지 않고 많이 팔았다는 의미다.

별로 안 좋은 모습이며 계속 이어가기 어렵다.

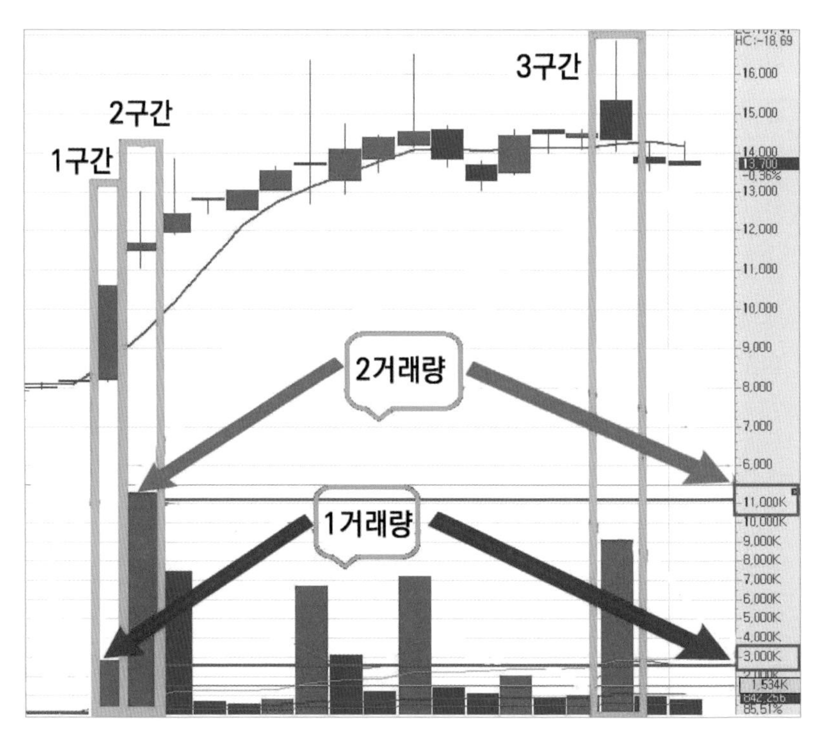


(그림37) 호재와 거래량

호재가 나오면 항상 거래량을 놓고 비교하는 게 좋다.

(그림37)은 호재와 거래량을 비교한 것이다.

보통 호재가 나오면 평소 거래량보다 많이 터진다.

거래량의 봉이 엄청나게 길고 수량이 클수록 관심이 많은 사람들이 들어와 매도·매수를 했다는 것이다. 좋은 모습이다.

**그런데 일봉의 모습은 장대양봉인데 거래량이 평소 거래량에 비해 크게 늘지 않았다면?**

(그림37)의 1구간이 그렇다. 30% 상한가를 갔는데 거래량이 300만 주를 못 미친다. 대형 호재임에도 왜 이런 현상이 벌어지는가?

두 가지 경우가 있다.

하나는 호재 때 적은 거래량만으로도 가격이 크게 올랐다는 것으로 파는 사람이 엄청나게 없다는 의미다.

또 다른 하나는 장 시작하고 짧은 시간 안에 상한가를 돌파하는 바람에 거래할 시간이 충분치 않을 경우다.

**이때는 반드시 분봉을 보고 맞는지 확인해야 한다.**

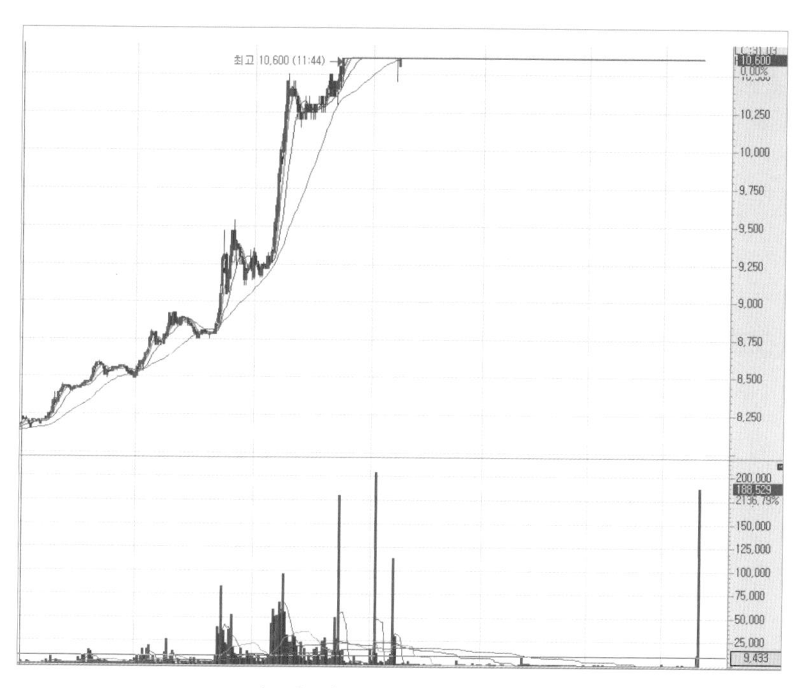


(그림38) 호재 때 분봉의 모습

(그림38)은 분봉이며 장 시작하고 오전 중에 상한가를 돌파했다. 호재 당일 장 시작하고 얼마 지나지 않아 급하게 상한가를 치는 바람에 거래를 많이 못한 모습이다.

이런 종목은 흔하지 않지만 단타 매매하기 좋은 기회다.

다음날 호재 때 못 샀던 급한 매수 세력이 다음날 덤비면서 일시적으로 급등하면서 거래량이 크게 터지는 경우가 많다.

(그림37)의 호재 다음날인 2구간의 모습을 보자. 위아래 꼬리 홀쭉한 양봉이고 호재 터진 날보다 거의 3배인 1,100만 주를 기록했다. 이

때 들어가서 짧게 수익을 보고 나올 수 있다.

**호재 때 양봉의 길이도 20% 이상 길고 거래량도 최대치를 경신했다면?**

양면성이 있다.

먼저, 일반인의 관심이 높아져서 많은 사람들이 호재를 보고 기대감에 매매를 했다는 것으로 이후에도 반등할 수 있다.

다음, 호재 당일 매수 세력이 많이 소진되었기 때문에 추가로 매수가 강해지려면 호재에 대한 기대가 더 커진다거나 더 큰 호재가 나와야 한다. 그렇지 않다면 상승을 이어가기 어렵다.

**호재가 나왔는데 15%만 올랐다?**

'상한가가 30%인데 왜 못 갔지?'

약한 호재일 수 있지만 어쨌든 매수가 약한 것이고 호재에도 관심이 적은 것이다. 더 이상 크게 못 간다.

**호재가 나왔는데 매물대도 못 뚫는다?**

호재로 못 뚫는 매물대라면 매물대가 엄청나게 강하던가 아니면 약한 호재인 경우다.

전자라면 더 기대해 볼 수 있지만 후자의 경우라면 이 종목은 더 이상 상승하기 어렵다. 호재로도 약한 매물을 못 뚫었다면 무엇으로 뚫을 수 있겠는가?

**호재가 나왔는데 몇 번을 도전해도 못 뚫었던 한계가격대[17]를 돌파하지 못했다면 호재로 인한 매수가 약하는 것이다.**

이후에 더 치고 못 올라갈 가능성이 높다.

17) 몇 번 돌파를 시도하다 실패하고 힘들어하는 가격대를 말한다.

**호재가 나왔는데 위꼬리 만들고 밀렸다?**

(그림37)의 3구간에서도 호재가 터졌다. 호재가 나왔는데 20%까지 올라가다가 밀려서 긴 위꼬리 음봉을 만들었다. 거래량도 많다. 이날 치열하게 매수·매도가 있었다는 것이고 위꼬리 길게 남긴 것으로 보아 호재에 대한 확신이 부족했기 때문에 불안해서 파는 사람이 많이 나왔다는 것이다. 더 상승할 수 있을까?

호재 때도 못 갔는데 다음에 더 올라갈 이유가 없다.

**만약, 다음날에 전날 생긴 긴 위꼬리를 꽉 채우면서 6% 이상 올라간 양봉이며 거래량이 적다면?**

전날 호재 때 물린 사람들이 안 팔았다는 것이다.

여기서 호재 때 긴 위꼬리 생기면서 터진 거래의 정체가 탄로 난다.

그날 호재 때 들어와 큰 거래량을 만든 것은 확신 없이 단타 친 사람들이었다는 것이다. 따라서 단타 치고 나가면 물린 사람이 없고 위꼬리 채운 날 팔 매물이 없었던 것이다.

**호재 이후에 자력으로 강해진다?**

보통 호재가 나오면 단발성으로 이후 지지부진 호재 이전의 가격으로 돌아오는 경우가 많다. 그런데 호재 이후에 더 빠지지 않고 횡보하거나 바로 자력으로 강해지면서 상승하는 경우가 있다.

기대감에 관심이 더 커지면서 매수세가 들어오고 있다는 것이므로 좋은 현상이며 더 올라갈 가능성이 높다.

**차트 심리 읽기를 할 때 매수세가 자력으로 강해지는지 아니면 호재로 강해지는지를 잘 구분해야 한다.**

왜냐하면 더 강하게 갈 수 있는 종목인지 아니면 다시 밀릴 수 있는 종목인지를 구분할 수 있기 때문이다.

만약, 호재로만 상승하면서 올라가는 종목이 있다면 이 종목은 연이어 호재가 나오지 않는 이상 더 크게 못 간다. 호재는 일시적인 재료이므로 곧 사라질 것이기 때문이다.

**한편 자력으로 올라가면 관심이 자연스럽게 높아지면서 매수세가 들어오고 있다는 것이므로 꾸준히 올라갈 가능성이 높다.**

**악재도 좋은 분석 툴이 된다.**

악재는 기업의 경영상 큰 문제가 생기거나 이슈 테마주가 갑자기 사라졌다거나 하면서 발생한다.

종목이 악재로 인해 큰 폭으로 하락하면서 거래량이 어마어마하게 많다면 당일 많이 팔고 많이 샀다는 것이다.

이때 많은 거래량의 원인이 무엇인지 파악해야 한다.

'실망 매물?', 아니면 '단타 기회라 생각하고 치열하게 싸웠나?'

실망 매물이라면 그 매물을 받아준 매수 세력은 악재임에도 가격이 올라갈 것이라고 믿고 산 경우다. 그렇더라도 이하로 더 가격이 떨어지면 불안해 지면서 매물대로 작용할 가능성이 높다.

단타물량이라면 물린 사람 없고 매물대가 없다.

둘 중 어느 것인지는 사전에 알 수 없고 떨어졌다가 다시 이 구간을 회복할 때의 거래량을 보고 확인할 수 있다.

**만약 거래량이 엄청나게 많다면 실망 매물을 소화한 매도 물량이며 더 올라가기 어렵다.**

**거래량이 많지 않다면 단타 물량이었고 물린 사람들이 없다는 반증이며 더 올라갈 가능성이 높다.**

## 9. 시장은 심리 읽기의 참고서다

시장의 변동과 종목의 가격변동은 싱크로율이 90%다.

시장이 투자심리에 엄청난 영향을 미친다는 뜻이다.

시장이 좋으면 종목도 올라가고 반대로 시장이 나쁘면 빠진다.

나머지 10%는 시장을 극복할 정도의 호재나 악재가 나와 시장과 무관하게 움직이는 경우다.

또 종목을 아는 사람들끼리만 소수가 거래하는 종목, 소위 바코드 종목[18] 은 거래량이 적고 거의 변동이 없는 것으로 시장의 움직임에 신경 안 쓰는 경향이 많다.

그 종목을 잘 알아 가능성을 보고만 투자하기 때문에 하루하루의 시장 움직임에 대해 영향을 크게 받지 않는다.

물론 이런 종목 중에도 시장에 민감한 경우 즉 시장따라 움직이는 경우도 있다.

시장은 심리를 분석하는데 없어서는 안 될 중요한 지표다.

투자자의 심리에 미치는 영향이 크기 때문이다.

예를 들어보자. 시장이 좋으면 보유심리가 강해진다.

그럼에도 판다면 수익실현을 위해서 팔거나 오랫동안 손실 중이었다가 본전 된 사람이다.

반대로 시장이 안 좋으면 보유심리가 약해진다.

---

18) 차트 안에 일봉의 모습이 바코드처럼 보이는 것으로 하루 거래량이 몇 만주도 안 되는 종목이 대부분이다.

수익 중이거나 손실 중인 사람도 매도하고 싶어진다.

파는 사람은 수익 중인 경우 수익확보를 위해서 팔거나 손실 중인 사람이 불안해서 손절하는 경우다.

오랫동안 손실이었다가 본전 된 사람은 공포심에 던진다.

**시장 상황에 따라 종목의 분석도 달라진다.**

**시장이 상승 중인데 개별 종목은 안 오른다면?**

사려는 매수세가 약한 것으로 더 오르기 어렵다.

고점이면 가격이 오른데 대한 피로감으로 주춤하는 경우로 매도를 고려해야 한다. 다만 크게 치고 올라간 고점에서 이런 상황을 만난다면 너무 가격이 올라서 잠시 멈칫하는 경우가 있기 때문에 단기 고점[19]이라 판단하되 더 지켜볼 필요가 있다.

시장이 상승중인데 보유종목이 안 오른다고 다 나쁜 것은 아니다.

시장에서 이슈나 테마 열풍으로 관심이 특종 업종에 몰려 있을 때가 있다. 코로나 이슈가 커지면 바이오 제약주에 몰리는 경우다.

관심이 일시적으로 그쪽으로 몰리기 때문에 다른 개별 종목까지 관심이 미치지 못한다. 이런 이유라면 관심이 다시 회복될 때까지 기다려야 한다. 열풍이 식으면 올라가야 할 종목에 다시 몰리면서 개별 종목이 올라가기 때문이다.

**저점인지 아닌지를 판단할 때 시장지표가 긴요하게 쓰인다.**

일봉이 전저점을 깨고 내려가고 있고 그날 시장이 몹시 안 좋았다. 전저점을 깨면 보유하는 사람과 매수하려는 사람이 공포심을 느낀다.

---

19) 단기 고점이란 일시적인 조정일 뿐 더 상승할 수 있는 가격대를 말하며 매도하지 않아도 된다. 한편, 고점은 더 상승 여지가 없는 가격대로 매도해야 한다.

여기에 시장이 안 좋다면 공포심은 두 배가 된다.

**선발매도가 나왔지만 추격 매도가 이어서 안 나온다면 공포심에도 안 팔았다는 거다. 이런 경우는 이 종목의 저점일 가능성이 높다.**

계속 5일 이평선을 타고 올라가는데 시장이 엄청나게 떨어졌다고 가정해 보자. 시장이 폭락하면 보유하고 있는 사람이나 매수하려는 사람이 공포심을 느낀다.

보유한 사람은 팔려고 할 것이고 사려는 사람은 위축되어 안 사려고 할 것이다. 여기에 5일 이평선까지 깨진다면 공포심이 두 배가 된다. 그런데 5일 이평선이 안 깨지고 양봉이 나온다?

두 배의 공포심에도 팔려는 사람보다 사려는 사람이 더 많았다는 것이므로 더 올라갈 수 있다.

**시장이 폭락하는 날에 잘 버티거나 상승한다면? 거기에 매물대를 뚫고 간다면?** 여기가 저점일 가능성이 높다.

시장이 폭락하면 매도심리는 커지고 매수 심리는 공포심에 가격이 하락한다. 거기에 매물대가 있으면 또 매수가 위축되어 더 약해지므로 못 뚫는다.

그런데 반대로 매물대를 뚫고 간다면 시장폭락의 공포심을 이기고 사려는 매수세가 강해졌다는 의미다.

이 종목은 시장폭락의 공포와 매물대라는 이중 고지를 쉽게 넘었기 때문에 더 가격이 올라갈 가능성이 높다.

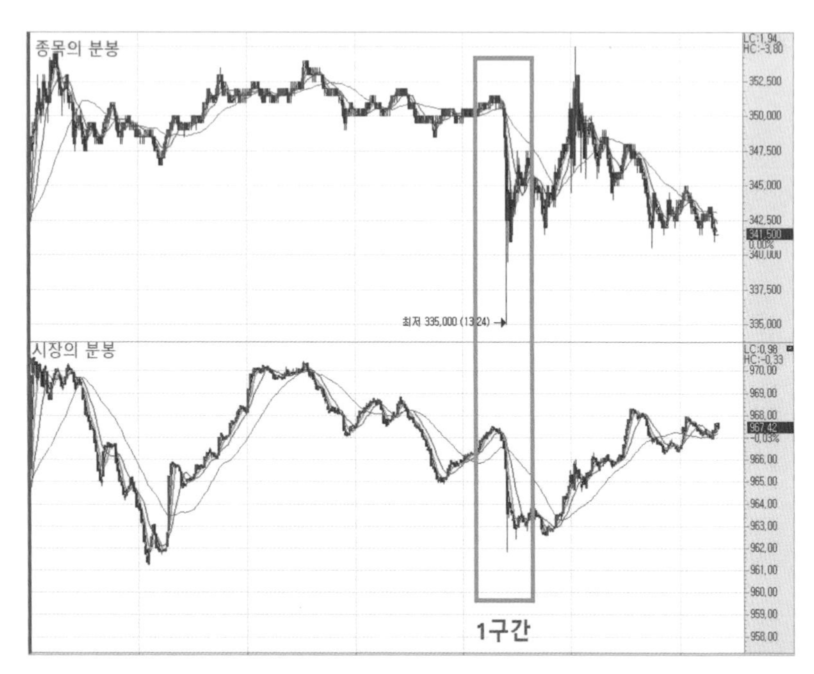


(그림39) 시장과 종목의 심리 비교

**시장이 폭락할 때 분봉을 보면 그 종목이 시장대비 잘 버티고 있는지 보유자가 불안해하는지 한 눈에 알 수 있다.**

(그림39)는 아래는 시장 분봉, 위는 종목 분봉의 모습이다.

시장이 갑자기 급락하면서 밑꼬리를 길게 남기고 빠지자 종목도 같이 빠지고 있다. 전에는 시장이 하락해도 종목은 시장보다 잘 버티면서 왔는데 갑자기 시장이 큰 폭으로 하락하니까 크게 흔들리는 모습을 보여주고 있다. 보유심리가 매우 불안하다는 증거다.

살얼음판을 걷고 있는 느낌이고 역시 이후에 요동치면서 시장을 역행하며 빠지고 있다.

**시장이 큰 폭으로 하락하는 날에 종목의 호가창을 보니 매도물량은**

**적고 매수물량은 꽉 차 있다면? 또 체결창에 계속해서 즉시 체결로 큰 수량이 빨강색으로 나오면서 가격이 올라간다면?**

시장 하락은 매도세를 자극하고 매수세를 위축시킴에도 불구하고 호가창에 매수물량이 꽉 차 있다면 시장의 위축에도 불구하고 비싼 값으로 사겠다는 사람이 많다는 것이다.

뿐만 아니라 매도 물량이 적은데다 즉시 체결로 높은 값으로 계속 사고 있다면 급한 매수세가 계속 나온다는 의미다.

좋은 신호이며 시장이 나빠도 더 가격이 오를 가능성이 높다.

시장을 응용한 매매 방법을 살펴보자.

**시장 역행 또는 시장보다 강하게 상승하면서 크게 오르다 시장 때문에 떨어진다면? 시장회복 시 다른 종목보다 빠르게 상승한다.**

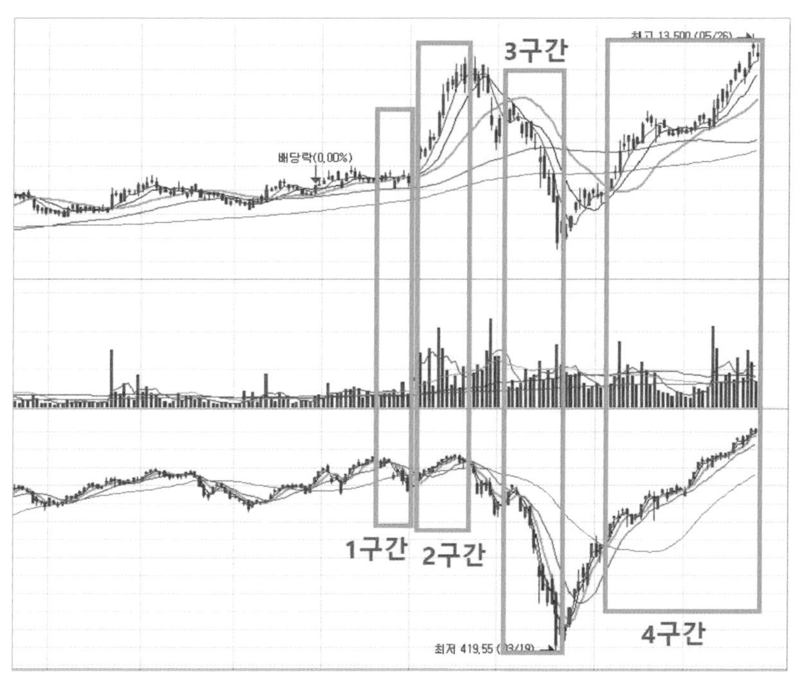


(그림40) 시장보다 강한 종목

(그림40)은 위는 종목, 아래는 시장의 일봉이다.

1구간을 보면 시장이 떨어질 때 시장보다 잘 버티면서 떨어지지 않았다.

거래량이 이전과 큰 차이가 없는 것으로 보아 매수만 약할 뿐 안 판다는 것이다.

2구간에 오면서 시장이 상승하는데 시장보다 엄청나게 강한 매수가 들어오면서 크게 가격을 끌어올렸다.

3구간은 시장이 폭락하면서 떨어지자 종목도 같이 떨어지고 있다.

**이 종목이 시장폭락 후에 어떻게 될까?**

**떨어지더라도 저점 찍고 시장보다 빠르게 회복할 가능성이 높다.**

왜냐하면 폭락 이전에 관심이 늘면서 들어온 사람들이나 사려고 하다가 못 산 사람들이 지켜보고 있다가 막상 상승하면 아까우니까 들어오면서 추격 매수가 되기 때문이다.

또 고점 돌파를 시도하던 때 사려고 했던 사람들이 못 산 경우 고점을 다시 돌파한다면 '올라갈 줄 알았는데' 하면서 급하게 들어온다.

4구간을 보면, 시장이 회복되면서 시장보다 급하게 상승하면서 폭락 이전 가격대를 쉽게 회복한 모습을 보여 준다.

여기서 전고점 돌파를 시도하면 더 치고 올라갈 수 있다.

지금까지 분석한 각 지표는 하나하나가 모두 중요하다.

**하나의 지표로 투자 판단이 서야 하며 또 하나의 지표로 확률을 높이고 다른 지표로 더 큰 확률에 도전하는 것이다.**

하나의 지표에서 결론을 못 낸 상황에서 다른 지표를 들이댄다고 해서 문제가 해결되는 것은 아니다.

또 상황에 따라 지표마다 선순위 후순위는 달라진다.

예를 들면, 하락장에서는 저점 확인이 가장 중요하다.

상승장에서는 저점을 확인하는 것도 중요하지만 보유심리가 어떻게 변하는지가 더 중요하다.

저점이나 전저점, 매물대를 뚫을 때 선발매수는 가장 우선시 할 지표지만 상승 중일 때는 선발매수보다 시장지표나 분봉, 호가창이 더 우선 고려할 사항이 된다.

# 제 4장

# 차트 심리 읽기로 몸 풀기

## 1. 안전한 종목, 위험한 종목 구분하기

주식투자의 기본은 안전이다.

**안전한 종목은 무엇인가?** 보유심리가 강한 종목, 즉 안파는 종목이다. 하락 중에 거래량이 일정하다면 안파는 종목이다.

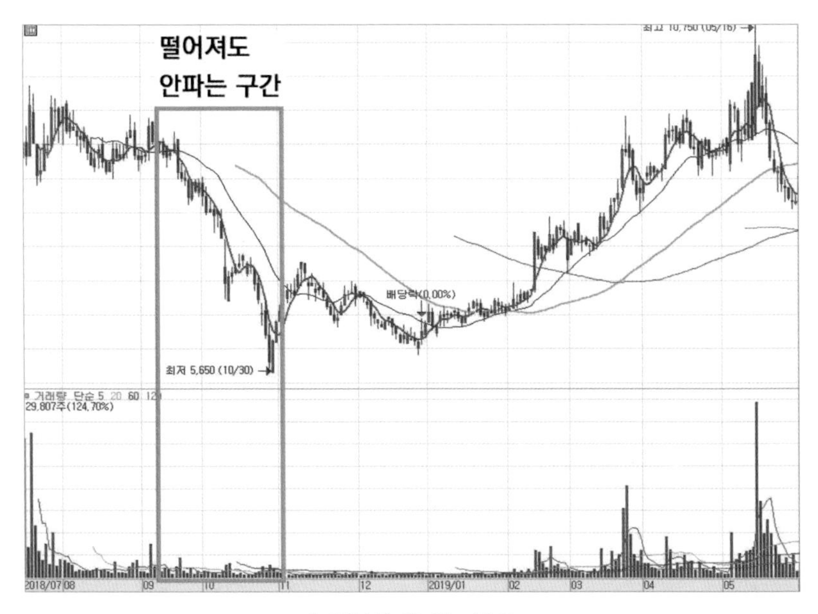


(그림41) 안파는 종목

(그림41)에서 보면 시장이 폭락하면서 떨어지고 있는데 거래량은 평상시와 같고 변동이 거의 없다.

일거래 총량이 100인 상태를 유지하면서 떨어졌다는 말이다.

시장이 폭락하면 보유자는 팔려고 하고 매수자는 안사고 관망한다. 가격이 떨어졌다면 파는 사람이 사는 사람보다 많았어야 한다.

예를 들면 하루 거래량의 총량이 100이라면 파는 사람 60, 사는 사람 40의 비율이 되었다는 것이다.

가격이 계속 떨어지고 있는 상황이라면 가격 하락에 대한 공포심이 더 커지기 때문에 파는 사람이 갈수록 더 늘어야 하며 거래량도 같이 증가해야 한다.

하지만 그래프에서는 거래량 총량은 거의 늘지 않고 총량 100으로만 유지되면서 떨어지고 있다. 이 말은 파는 사람의 절대량은 증가하지 않고 100 안에서 비율만 변동되면서 떨어지고 있다는 것이다.

즉 총량은 100인데 비율은 매도 70, 매수 30, 그 아래 가격은 매도 80, 매수 20, 또 그 아래 가격은 매도 90, 매수 10의 모습으로 떨어지고 있는 것이다.

따라서 하락하면서도 파는 사람이 100의 범위 안에서 최소한의 자연 하락분 매도만 증가하고 총량을 벗어날 만큼의 과도한 매도가 나오지 않으면서 하락하고 있다는 것이다.

이런 모습은 정상적이지 않다. 떨어지는 상황이라면 거래량의 총량이 증가하면서 떨어지는 것이 자연스러운 모습이다.

결국 하락하고 있음에도 안 팔고 있으며 매수가 안사면서 떨어지고 있다는 결론이 나온다. 시장하락의 공포심에도 팔 생각이 없으며 가격이 하락하는 것은 매수가 후퇴하고 있기 때문이다.

이 부분을 이해하는 것이 차트 심리 읽기에서 매우 중요하기 때문에 위 내용을 더 응용해 보자.

종목이 하락할 때 거래량이 일정하게 유지하면서 떨어지다가 다시 상승할 때도 거래량이 하락할 때의 거래량처럼 거의 일정하다면 보유 심리가 강하다는 의미다.

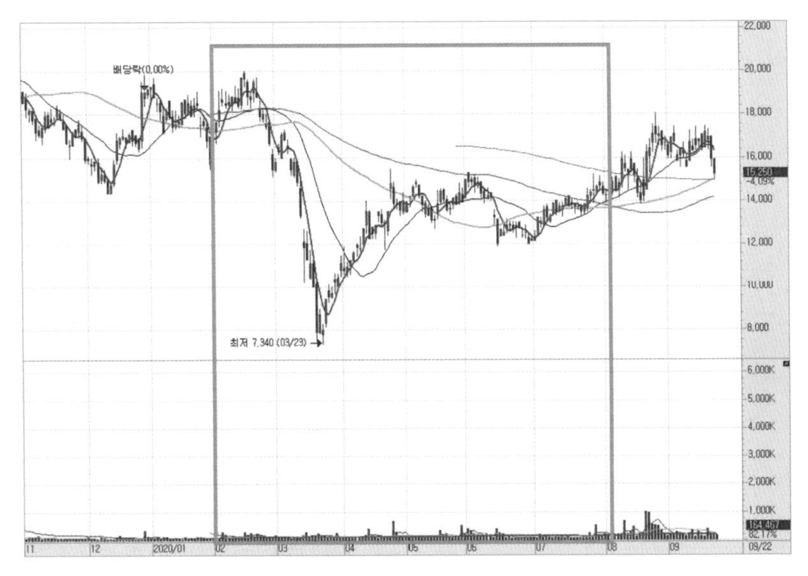


(그림42) 보유 심리가 강한 종목

(그림42)에서 보유심리가 강하다는 것을 바로 알 수 있다.

붉은 박스 안의 일봉을 보면 가격의 등락이 심한데 거래량을 보면 거의 변화가 없다. 무슨 말인가? 가격이 떨어질 때의 거래량과 상승할 때의 거래량이 일정하다는 것이다.

이 말은 떨어질 때나 올라갈 때 사고파는 사람들의 총량이 같았다는 의미다. 즉 내려갈 때 매수·매도자의 합이 100이라고 하면 매도 60, 매수 40이니까 가격이 내려간 것이고, 올라갈 때 총 합 100중에서 매도 40, 매수 60이니까 올라갔다는 것이다.

종합해서 (그림42)를 분석하면 시장 폭락 중에도 파는 사람은 없이 매수가 위축되어 내려간 것이고, 올라갈 때는 매수가 강해서 올라간 것이 아니라 파는 사람이 없기 때문에 평소의 매수만으로도 쉽게 반등한 것이다.

**호재 또는 강한 매수로 거래량이 많이 터진 후에 다시 그 가격대에 왔는데 거래량이 줄었다면 안파는 것이다.**

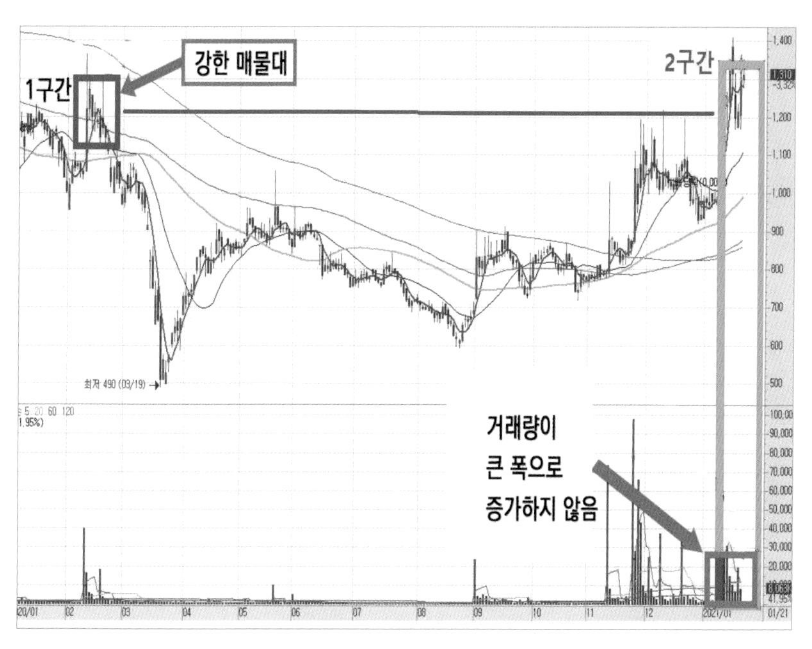


(그림43) 보유 심리가 강한 종목

(그림43)에서 보면 1구간 매물대에서 물린 사람들이 2구간까지 오면서 공포스러운 하락과 기간도 오래 지났기 때문에 무조건 던지려 할 것이다. 그런데 2구간 거래량을 보면 실제로 그렇지 않았다는 것을 알 수 있다.

만약 매물대에서 매물이 많이 나왔다면 거래량이 지금보다 훨씬 많았을 것이다.

2구간에서는 당일 상승할 때 거래량에다 1구간 매물까지 추가되면 적어도 1구간 거래량의 2배 이상이 나와야 한다. 그날 1구간 매물대에서 파는 사람이 없었다는 것이다.

뿐만 아니라 박스 안에 있는 고점에서 갑자기 가격이 급락했다가 다시 그 가격대에 왔는데 오히려 거래량이 줄었다.

이것은 고점임에도 불구하고 안 판다는 것이다.

**종합하면, 두 번이나 안파는 것을 확인할 수 있었고 따라서 보유심리가 강하며 더 올라갈 가능성이 큰 종목이 된다.**

시간이 지날수록 동일한 고점가격대에서 거래량이 줄어들면 이전고점 에서 물린 사람들이 안 팔고 있다는 것이고 종목에 대한 확신이 점점 강해진다.

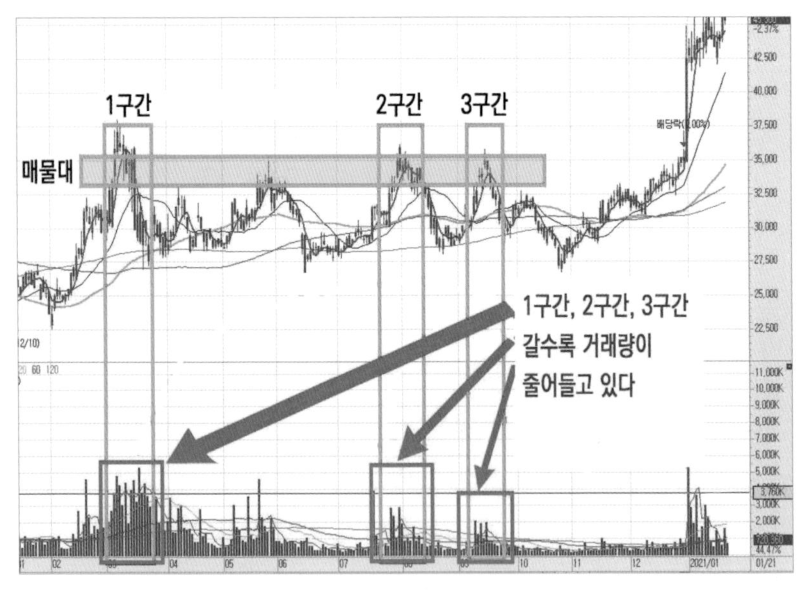


(그림44) 시간이 지날수록 안파는 종목

(그림44)에서 보면 1구간에서 물린 사람들은 오래 기다렸기 때문에 팔고 싶어 안달이 날 것이다.

그러나 거래량을 보니 2구간에서도 안 팔았고 3구간에서 안 팔았다.

주목할 것은 2구간 거래량과 3구간 거래량을 보면 거래량이 점점 줄어들고 있다는 것이다.

팔 기회가 2번이나 있었음에도 안 팔았다는 의미이며 점점 갈수록 안 팔겠다는 의지가 확고하다.

**이것은 보유심리가 강하며 높은 가격대에서도 안 판다는 것이며 따라서 더 올라갈 가능성이 높은 안전한 종목이다.**

마지막으로, 시장이 폭락하는데 종목은 횡보하거나 반등한다면 보유심리가 강한 종목이다.

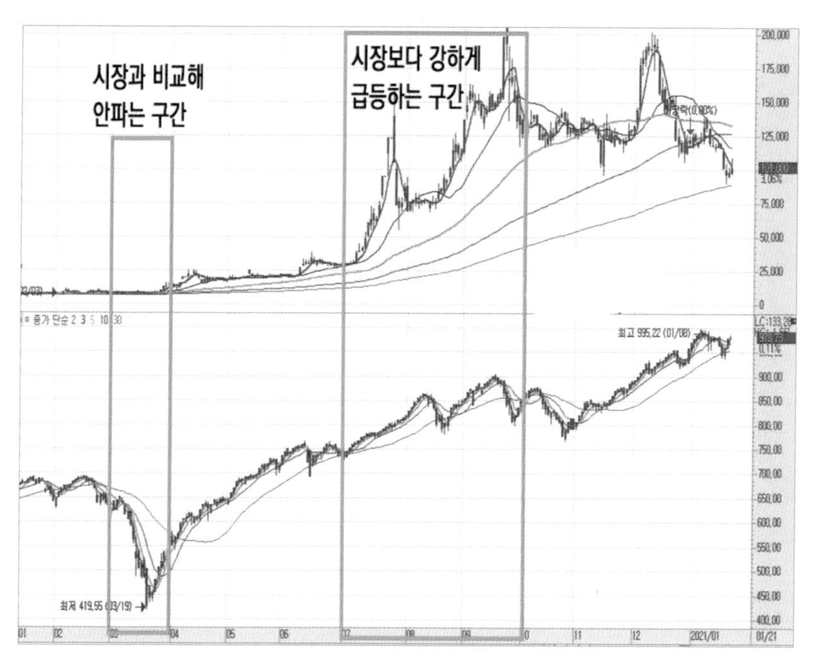


(그림45) 시장대비 강한 종목

(그림45)는 위의 종목과 아래 시장의 일봉을 나란히 놓고 비교한 모습이다.

왼쪽 박스 안에서는 시장이 폭락하고 있는데 종목은 아무런 반응이 없다. 시장이 폭락하면 종목을 보유하고 있는 사람들은 공포심에 너도나도 팔려고 한다.

사려는 사람은 더 떨어질 것을 기대하고 관망하고 있다.

따라서 공급은 많아지고 수요는 적어지므로 가격은 떨어져야 한다. 하지만 이 종목은 가격변동이 거의 없다.

그렇다면 팔지 않았거나 많이 샀다는 말이다.

이렇게 시장이 폭락하는데 사려는 사람이 많아진다는 것은 상식에 안 맞는다.

파는 사람이 없었기 때문에 가격의 변동이 없었던 것이다.

**시장폭락의 공포에도 파는 사람이 없다면 보유심리가 강한 것으로 더 이상 떨어질 일이 없는 안전한 종목이 된다.**

매수만 강해지면 크게 반등할 수 있으며 역시 이후에 박스 안에서처럼 크게 반등한 모습을 보여주고 있다.

**위험한 종목은 어떤 종목인가?**

지금까지 본 모습을 반대로 생각하면 된다.

즉 보유심리가 약한 종목이 위험하다.

가격이 하락하는 국면에서 거래량이 많다면 가격하락 위험을 피하려고 막 던진다는 말이다.

반대로 거래량이 평소 거래량보다 많다면 불안해서 파는 사람이 많이 나왔다는 것이다.

호재로 들어갔다가 물린 사람들이 호재에 대한 기대감이 사라졌거나 더 이상 오를 것이라고 믿지 않기 때문에 팔아 버린 것이다.

시간이 지날수록 동일한 고점가격대에서 거래량이 늘어나면 이전고점에서 물린 사람들이 팔고 있다는 것이고 종목에 대한 확신이 점점 약해졌다는 말이다.

마지막으로, 시장이 폭락하는데 종목도 같이 폭락하거나 더 빠진다면 보유하고 있는 사람들이 시장보다 더 흔들린다는 말이며 언제든지 팔 수 있는 불안한 종목이다.

## 2. 더 올라갈 수 있는 종목 찾는 법

종목을 고를 때 안전한 종목이 가장 좋다.

하지만 안전하다고 다 좋은 것은 아니다.

저점에서 시장이 좋아도 안 움직이고 있으면 언제까지 기다려야 할지 모른다.

**안전하면서 더 갈 수 있는 종목이 이상적이다.**

더 갈 수 있는 종목을 어떻게 고르는가?

**먼저, 고점에서 보유하고 있는 사람들이 안 팔면 더 올라갈 수 있다.**

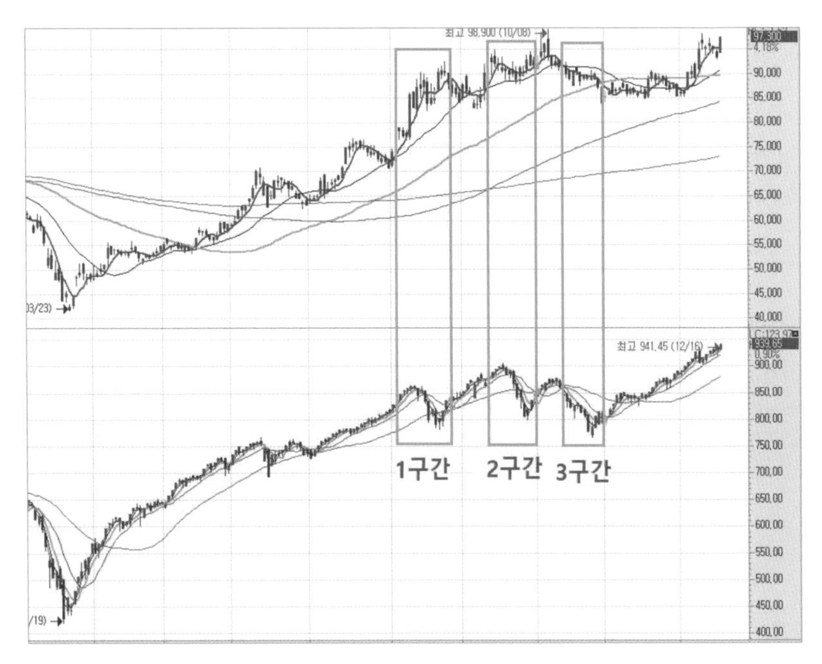


(그림46) 더 올라갈 종목

(그림46)은 위는 종목차트를 아래는 시장의 차트와 비교한 것이다.

1구간을 보면 시장은 하락하는데 종목은 반대로 시장을 역행하면서 상승한다.

이전보다 고점인데도 보유하고 있는 사람이 안 팔고 사려는 사람은 더 사겠다는 것이다.

2구간도 시장은 하락하는데 종목은 거의 하락하지 않고 있다.

3구간은 시장이 하락하는데 종목은 약간 움츠렸다.

이렇게 고점돌파를 하면서도 시장대비 잘 버티면서 올라가면 매우 좋은 종목이며 더 크게 올라갈 가능성이 크다.

**또 저점을 높이면서 올라가는 종목이 더 크게 간다.**

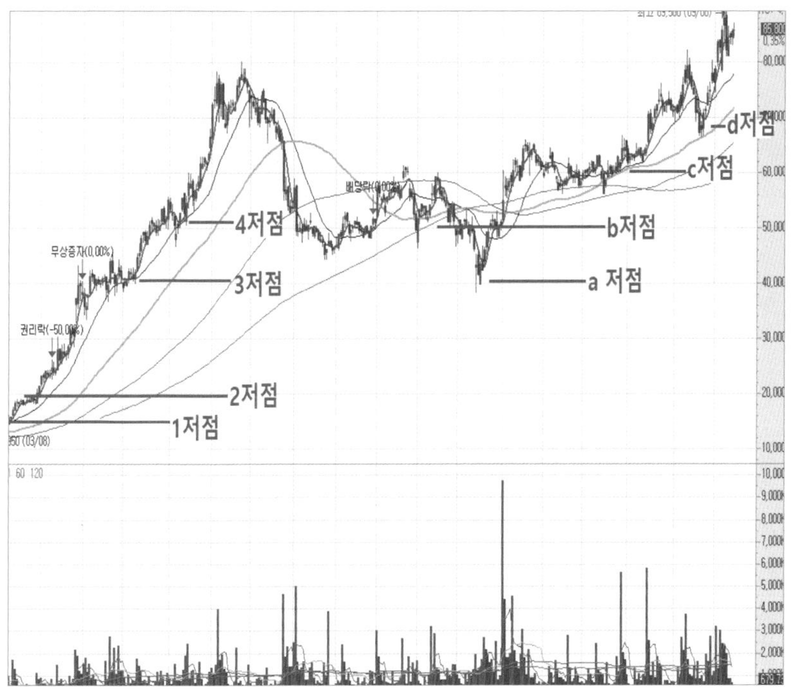


(그림47) 저점을 높이면서 올라가는 종목

(그림47)은 저점을 꾸준하게 높이면서 올라가는 모습이다.

1,2,3,4저점 순으로 높이면서 올라간 후 고점에서 다시 밀리고 난 후에도 반등하면서 올라갈 때 a,b,c,d저점을 높이면서 올라간다.

보유심리가 강하고 종목에 대한 확신이 많아서 앞으로도 더 크게 올라갈 가능성이 많다.

### 전고점을 깨고 올라가는데 거래량이 적고 안 팔면 더 크게 간다.

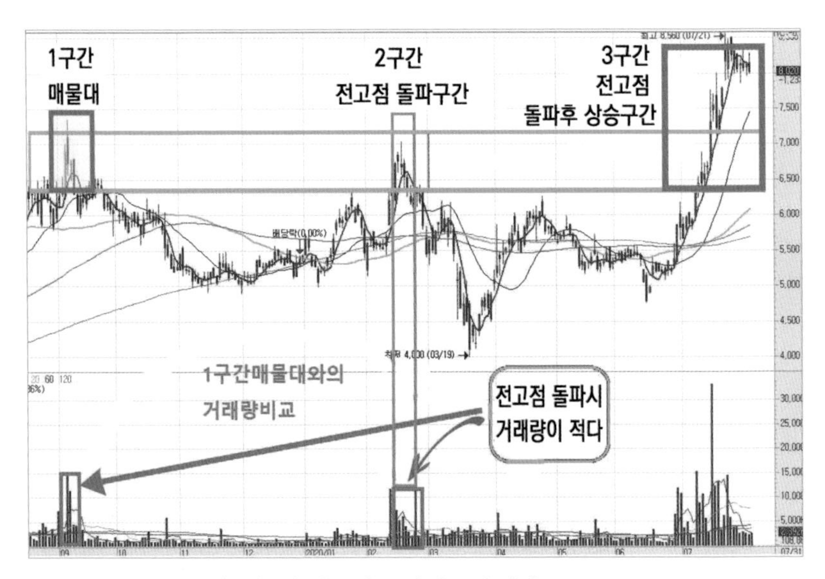


(그림48) 전고점 돌파하는데 안파는 종목

(그림48)은 1구간 매물대를 2구간에서 돌파하려는 모습이다.

비록 전고점을 뚫지 못했지만 이 날 거래량을 보면 전고점에서 터진 거래량보다 적다.

만약 이날 전고점 돌파하는 중에 전고점에서 물린 매물대 보유자들이 팔았다면 거래량이 훨씬 더 많았을 것이다. 하지만 거래량이 적은 것을 보면 이전 매물대 보유자들이 같은 가격에 왔는데도 불안해하지 않고 보유하겠다는 심리를 가지고 있음을 알 수 있다.

이후 급락한 것은 시장 폭락으로 어쩔 수 없이 빠진 것이다.

고점 돌파를 시도했던 급하고 아까워하는 매수세가 있고 보유심리가 강하므로 시장만 회복하면 쉽게 올라올 수 있다.

또 다음에 이 가격을 돌파할 때 1, 2구간에서 매물을 던질 가능성이 적었기 때문에 매수만 강하면 돌파할 수 있다.

이후 3구간을 보면 1,2구간의 매물이 크게 작용하지 않으면서 전고점을 뚫고 쉽게 올라 간 모습을 확인할 수 있다.

## 아까워하는 사람들이 많으면 더 크게 갈 수 있다.

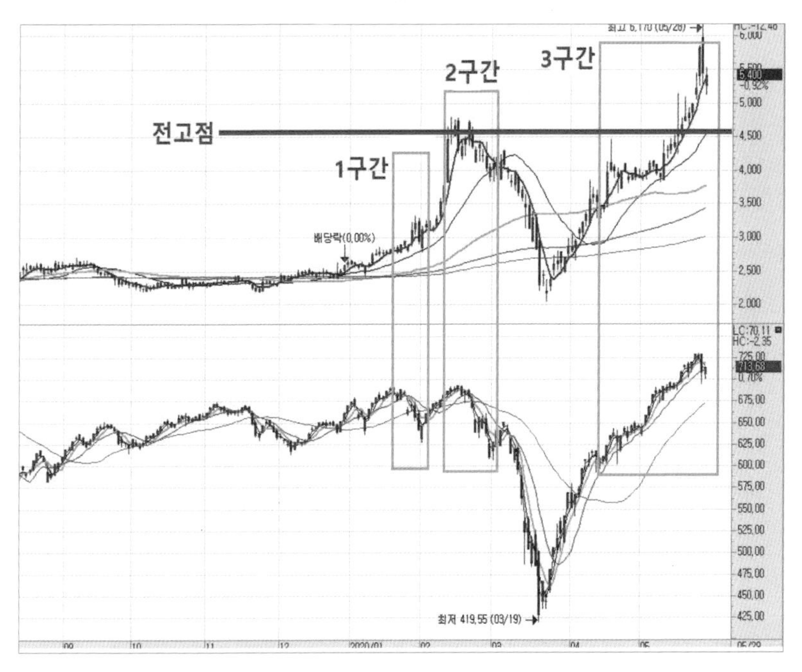


(그림49) 아까워하는 사람들이 많은 종목

(그림49)는 위 종목 아래 시장 차트 모습이며 1구간에서 시장이 하락하는데 종목은 오히려 역행하면서 강한 매수로 상승했다.

2구간에서 매수가 강해지면서 올라가다 시장이 안 좋아지면서 같이 밀렸다. 밀리면서도 시장의 하락폭에 비해 적게 밀렸다. 시장 하락의 공포에도 안 팔고 버텼다는 것이다. **시장만 좋았다면 더 상승할 여력이 충분함을 알 수 있다.**

2구간에서 고점 돌파를 시도하던 매수세나 여기서 못 산 사람들은 '더 올라갈려나'하면서 지켜보고 있다. 이들이 아까워하는 세력들이며 이 고점을 돌파하면 무섭게 추격 매수 할 매수세가 된다.

3구간에서 시장보다 강하게 회복하면서 전고점을 돌파했다.

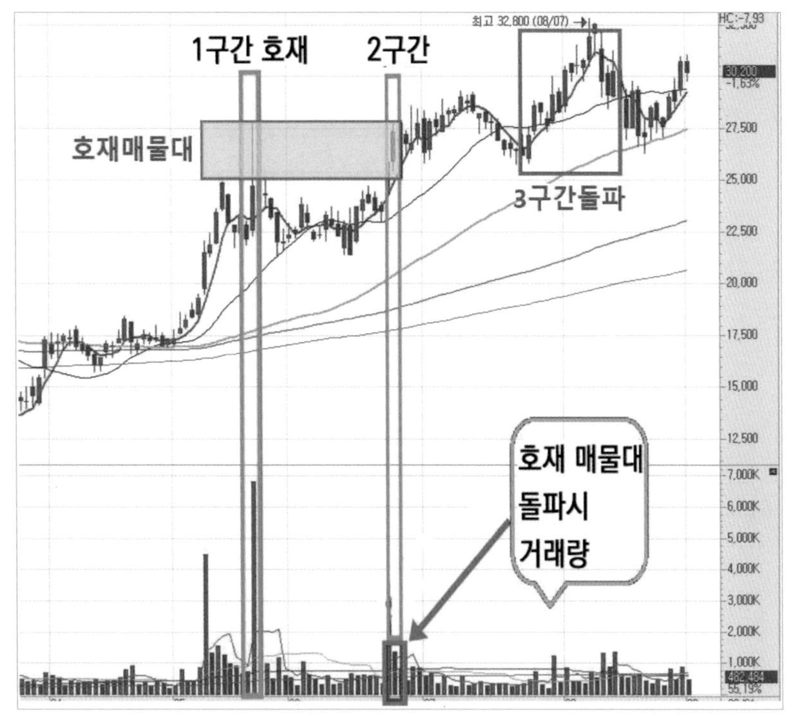


(그림50) 호재에 물린 매물대에서 안 판 경우

호재로 물린 사람들이 그 가격대에 왔는데 안 판다면 더 올라갈 수 있는 종목이다.

보통 호재가 나오면 엄청난 거래량의 증가와 긴 양봉 또는 위꼬리 긴 양봉의 모습을 보여준다. 호재 때 들어갔다가 물린 경우를 호재매물대라고 한다.

(그림50)을 보면, 1구간에서 호재 날 위꼬리 길게 남기고 양봉으로 마감했다.

이날 고점에서 물린 사람들이 가격하락의 공포심을 경험하고 팔고 싶어 안달 난 채 대기하고 있다.

하지만 2구간 그 가격대에 왔음에도 불구하고 매물대로 작용을 하지 않았다. 그날 거래량을 보면 평상시 거래량과 크게 차이가 없음을 보고 알 수 있다.

1구간에서 물린 보유자들이 그 가격에서도 불안해하지 않고 보유하겠다는 심리다.

그 가격보다 더 갈 것이라는 확신이 있다는 말이다.

따라서 이하로 떨어질 가능성이 적고 설사 더 떨어지더라도 쉽게 회복할 수 있다.

3구간에서 무난하게 전고점을 돌파하고 올라가고 있다.

## 3. 매수·매도 시점 찾기

안전한 종목과 더 갈 수 있는 종목을 찾았다면 매수·매도 타임을 잘 잡아야 한다.

언제가 매수 타임인가?

아무리 좋은 종목이라도 매수하고 안 올라가면 낭패다.

바람직한 투자는 매수하고 나면 일시적으로 가격이 떨어지더라도 빠르게 매수가 이상으로 올라와야 한다.

그러기 위해서는 무엇보다 매수가 강할 때 들어가야 한다.

**매수가 강할 때가 언제인가?**

먼저, 연속으로 매수세가 강해질 때다.

한 번의 강한 매수는 일시적일 수 있고 다시 원래대로 약해질 수 있지만 두 번 강해졌다면 이제부터 본격적인 매수세가 들어오기 시작했다는 의미다.

보통 전일 종가 대비 3~4% 이상 들어오면 선발매수가 들어온 것으로 강해지는 시점이라고 본다.

**첫 날 선발매수가 들어오고 다음날 4%이상 상승하면 이어서 갈 가능성이 높다.**

(그림51)의 1구간에서 연속으로 매수가 들어오고 있는 모습이다. 전에 지지부진하다가 갑자기 거래량이 늘면서 10%, 3.8% 상승한 가격으로 이틀 연속 들어왔다.

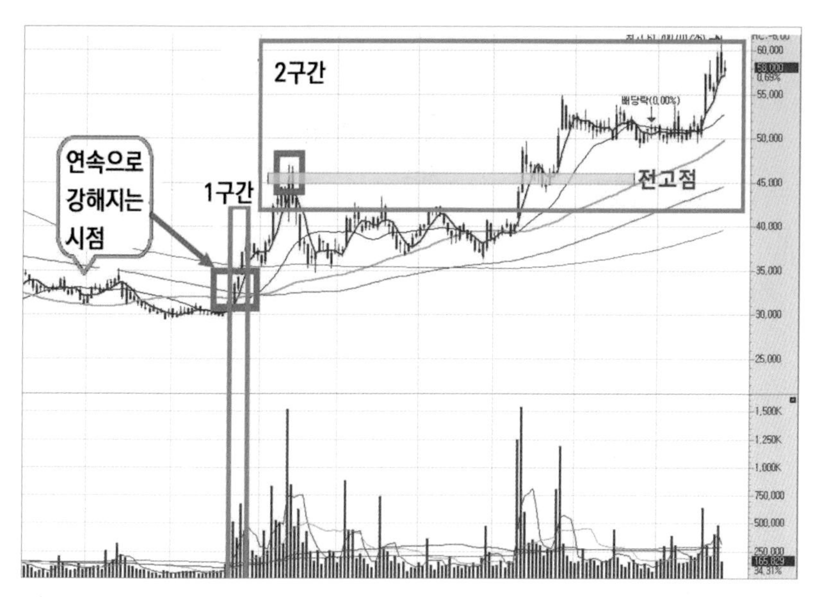


(그림51) 연속으로 강해지는 시점

매수도 강해지고 거래량도 늘었다면 이전의 모습과 확연한 차이를 보이는 것으로 이 종목의 변화 포인트다.

다시 이전으로 하락할 수도 있으므로 다음날 선발매수가 들어오면 비중 적게 매수하는 것도 괜찮다.

2구간을 보면 이후 평균거래량이 늘면서 크게 상승하는 모습을 나타내고 있다.

다음, 전고점을 호재가 아닌 매수의 힘만으로 뚫을 때다.

호재는 갑자기 뉴스로 인해 가격이 급등하는 경우이므로 자연스러운 상승이 아니다.

호재빨이 끝나면 다시 하락할 수 있기 때문에 본격적인 가격상승의 매수세라고 볼 수 없다.

(그림52) 전고점을 뚫고 매수가 강해지는 시점

(그림52)는 오랫동안 돌파를 못하던 전고점을 호재가 아닌 자력으로 매수가 강해지면서 돌파하는 모습이다.

연속으로 이틀 강해지면서 돌파를 시도한다면 여기가 변화가 생기는 시점이므로 다음날 선발매수를 보고 매수해도 좋다.

셋째, 계속해서 고점돌파를 시도하다 실패한 구간을 강하게 뚫을 때가 매수가 강해진 때다.

몇 번 도전했다가 실패했다는 것은 매수가 그만큼 약하다는 반증이다. 그 구간을 돌파했다면 매수가 훨씬 강해졌다는 거다.

(그림51)의 2구간 모습과 (그림52)도 같은 맥락이다.

넷째, 호재 이후 하락하다 다시 자력으로 강해지면서 호재가격대를 뚫을 때다.

호재가 나온 뒤 하락한다면 그 호재에 대한 기대감이 사라지고 있다는 것이다. 그런데 여기서 다시 호재 가격까지 올라간다면 매수의 힘이 강해졌다는 의미다. 자력으로 강해지면서 올라간 것이다.

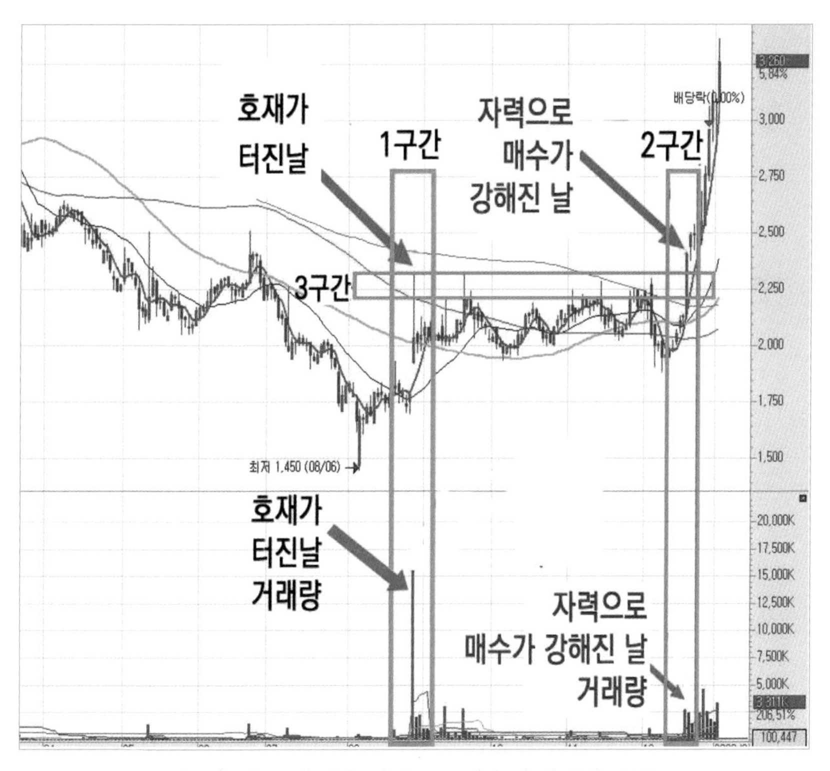


(그림53) 호재 이후 자력으로 매수가 강해진 종목

(그림53)은 1구간에서 호재가 터진 후 위꼬리 길게 남기는 모습이다.

호재가 터졌지만 확신은 없다.

그러다 보니 다음에 그대로 밀려서 원위치로 왔다.

이후 등락을 거듭하다가 2구간에서 갑자기 1구간 호재가 터진 날의 고점 구간을 뚫고 10% 이상의 강한 매수가 들어왔다.

3구간의 호재가 터질 때 물렸던 사람들이 2구간에서 물린 가격을 돌파할 때 많이 팔아야 하는데 안 판 것이다.

많이 팔았다면 10% 이상 상승분과 함께 거래량이 크게 증가해야 한다.

호재 터진 날 물렸던 사람들이 더 상승할 것이라는 확신이 있으며 자력으로 전고점의 호재구간을 뚫었다는 점, 고점에서 안 판다는 점에서 크게 갈 종목임을 알 수 있다.

다음날 선발매수까지 확인할 필요 없이 들어가도 좋다.

**다섯째, 관심이 없이 움직이던 종목이 갑자기 거래량이 늘면서 연속으로 올라갈 때가 매수가 강해지는 때다.**

오랫동안 가격이 지지부진하던 종목이 갑자기 상승을 한다면 외부 관심세력이 매수를 하기 시작했다는 것이다.

(그림50)의 1구간 시작점 이전 차트가 좋은 사례다.

매도는 언제 하는가?

**언제 매도할 것인가의 문제는 거의 신의 영역이다.**

매수 타임은 위에서 설명한 바와 같이 적용되는 규칙이 있다면 매도 타임은 사람마다 선택이 다를 수 있다.

매도는 객관적 분석의 결과와 별개로 각자가 처한 상황에 따른 심리에 의해 결정이 다른 경우가 많기 때문이다. 즉 분석과는 별개로 개별적으로 움직일 가능성이 높다.

예를 들면, 돈이 당장 필요해서 팔아야 하는 사람이라면 손절가임에도 매도해야 한다.

고점 가격이라도 매수가격에 따라 어떤 사람은 안 팔고 계속 간다.

보유심리에 따라 매도 시기가 달라지기도 한다.
어떤 사람은 더 갈 것이라 믿고 다른 사람은 이 정도면 됐다고 판단할 수 있다.
투자 경력이나 경험이 부족하면 공포심을 못 이기고 판다.
고이율로 차입하거나 신용 등으로 투자를 하면 쉽게 불안해지고 오래 보유하지 못한다.
자금의 규모가 크면 손실금이 크므로 불안하기 쉽지만 반대로 규모가 큰 만큼 더 여유를 가질 수 있다.
**그래서 '불안하면 팔아라'라는 말이 정설이 되었다.**

차트 심리 읽기의 꽃은 고점 매도 영역이다.
수준이 높을수록 고점에서 매도할 수 있다.
일봉, 이평선, 거래량, 호가창, 시장, 매물대 등 가능한 지표를 모두 동원해서 판단을 해야 하는 것으로 많이 공부해야 한다.

# PART 3

# 차트 심리 응용, 돈 버는 스마트 개미의 성공 노하우

본 PART에서는 '실전 성공하는 주식투자'란 주제로 '종목 찾기'와 '매수·매도 타임 잡기'에 이어 '실전 단타', '전략'에 대해 알아본다.

명심하라. 지금까지 배운 각 지표는 각각 하나의 것으로도 수익을 낼 수 있는 강력한 무기이다. 예컨대 매물대 하나만 잘 습득하고 응용할 수 있으면 돈을 잃지 않고 투자할 수 있다.

일봉에 분봉과 이평선을 더하면 그만큼 더 투자 기회가 많아지고 더 큰 수익을 창출할 수 있다.

하나에 하나를 더할수록 강력한 도구가 되지만 각각의 하나를 완벽하게 이해하고 소화하지 못한다면 무용지물이 된다.

차트 분석의 강점은 하나로 확정하고 둘로 그 확정을 추가해서 확률을 높이고 셋으로 더해 더 높은 확률로 가져가는 것이다.

이하에서는 지금까지 배운 차트 분석의 기본을 완벽하게 이해했다는 것을 가정하고 실전에 응용하는 방법을 기술할 것이다.

한 단계 업그레이드 했다고 생각하면 된다. 따라서 이하에서 나오는 각각의 주제별로 충분히 소화하고 응용할 수 있어야 하며 각 내용을 더하고 곱하고 나누면서 자기만의 투자기법을 갖게 되길 바란다.

# 제 5장

# 종목 찾기는 보물찾기와 같다

## 1. 떨어져도 올라올 종목을 고르면 부자가 된다.

주가가 올라가 주면 좋은데 더 떨어진다면 어떻게 할 것인가?
매수한 가격으로 올라올 때까지 기다리는 수밖에 없다.
그러다 매수가로 올라가면 서둘러 팔기 바쁘다.
가격하락에 대한 위험을 어떻게 분산할 것인가?
**떨어져도 반등할 종목을 고를 수 있다면 해결된다.**
**매수 이후에 예상대로 올라가면 좋고 시장이 안 좋아서 부득이하게 떨어져도 다시 올라올 테니까 올라오는 과정에서 단타를 하면서 수익을 내면 된다.**
**떨어져도 올라올 종목은 어떻게 고르는가?**

저점이 확인된 종목이어야 한다.

모든 종목은 보유하는 사람들이 어떤 가격 이하로 절대 안 팔겠다는 수준이 존재한다. 이런 가격대를 저점이라 한다.

물론 어떤 상황에서도 팔려는 사람은 있다. 다만 평균적, 대체적으로 팔려는 사람이 없다는 의미다. 차트 심리 읽기는 보편적 상식을 전제로 하는 것이므로 예외적인 상황이나 변수에 대해 일일이 민감하게 따지면 제대로 된 결론을 얻을 수 없다.

아무리 저점이 확인되었다 하더라도 시장이 안 좋으면 같이 떨어질 수밖에 없다. 저점이 확인된 종목은 시장 때문에 밀린 경우 대부분 저점까지 쉽게 반등한다.

**어떻게 저점을 확인할 수 있는가?**

**저점신호, 즉 팔려는 사람이 없다는 정보는 전저점을 뚫고 하락해도 안 팔고, 시장이 더 빠져도 안 팔고, 이평선을 깨도 안파는 모습으로 나타난다.**

먼저, 전저점을 뚫었는데 안판다면 저점일 가능성이 높다.

전저점을 뚫으면 공포심이 작용한다. 이때는 누구나 팔고 싶은 심리가 자극된다.

(그림54) 저점이 확인된 종목

(그림54)에서 저점으로 그은 선을 보자.

2구간에서 보면 전저점인 1구간을 깨려다 못 깨고 반등을 한 모습이다. 전저점을 깨면 보유하고 있는 사람들은 불안감이 더 커지면서 매물을 던지려 한다.

하지만 전저점이 깨지는 공포심을 극복하고 팔지 않았다.

어떻게 아는가?

2구간에서 거래량을 보면 이전에 비해 큰 변동이 없다.

파는 사람들이 많이 나왔다면 거래량이 증가했을 것이다.

또 전저점을 깨는 날 선발매도만 나오고 추격 매도 세력이 안 나왔다. 선발매도가 나오면 저점 깨는 공포심에 추격매도가 나와야 한다. 하지만 안 나왔다는 것은 전저점 깨는 불안심리, 선발매도가 나온 공포심을 이기고 안 팔았다는 것이므로 매도 세력이 크게 증가하지 않은 것이다.

따라서 2구간의 시점에서 보면, 여기가 저점일 확률이 60% 정도라 할 수 있다.

거의 90% 저점이라고 확신할만한 구간은 3구간이다.

3구간에서도 전저점을 또 깼음에도 불구하고 더 이상 파는 사람이 없었다. 이렇게 전저점을 깨는 두려움을 이기고 보유하고 있는 사람들이 안파는 가격대라면 그 이하로는 빠질 가능성이 없다.

불가피하게 시장이 하락한다면 같이 빠지겠지만 다시 시장이 좋아지면 그 가격대까지는 손쉽게 올라올 수 있다.

**다음, 시장이 폭락하는데 안 판다면 저점일 가능성이 높다.**

시장이 빠지면 보유하는 사람들은 불안해진다.

더군다나 폭락하는 상황에서는 누구나 팔고 싶어 한다.

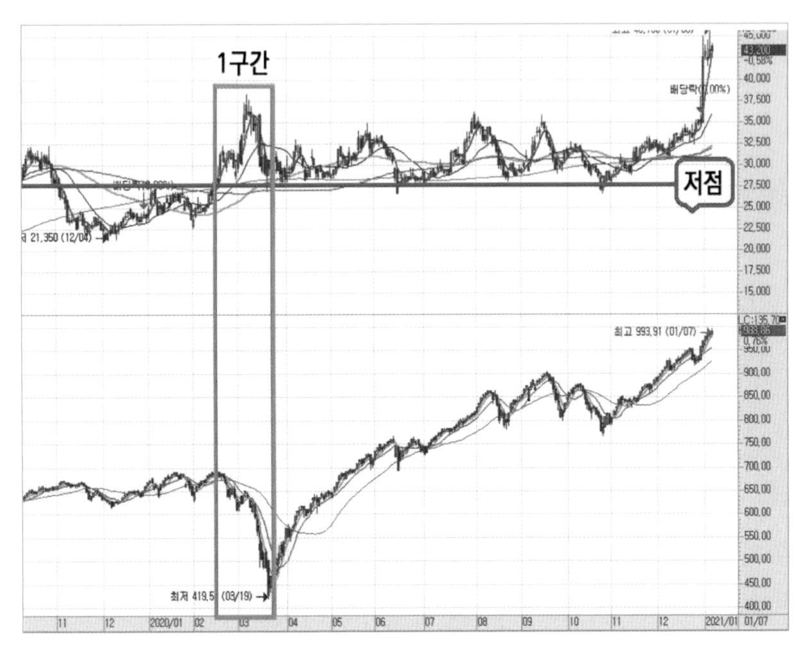


(그림55) 시장 폭락 시 저점 확인

(그림55)에서 보면, 1구간에서 시장은 엄청나게 폭락했는데 이 종목은 오히려 역행하면서 반등하다가 빠졌다.

시장이 공포스럽게 빠지고 있는데 역행하면서 크게 상승한다면 그 가격대 이하로는 절대 안 팔겠다는 강한 의지를 보여주고 있다.

따라서 여기가 저점일 확률이 높다.

시장폭락 때 안 팔았던 사람들이 어떨 때 팔겠는가?

실제로 그 전이나 이후에 그 이하로는 더 떨어지지 않았고 떨어지더라도 시장 때문에 떨어진 것이고 다시 그 지점까지 회복하는 모습을 보여주고 있다.

마지막으로, 이평선을 깼는데 안 판다면 저점일 가능성이 높다.

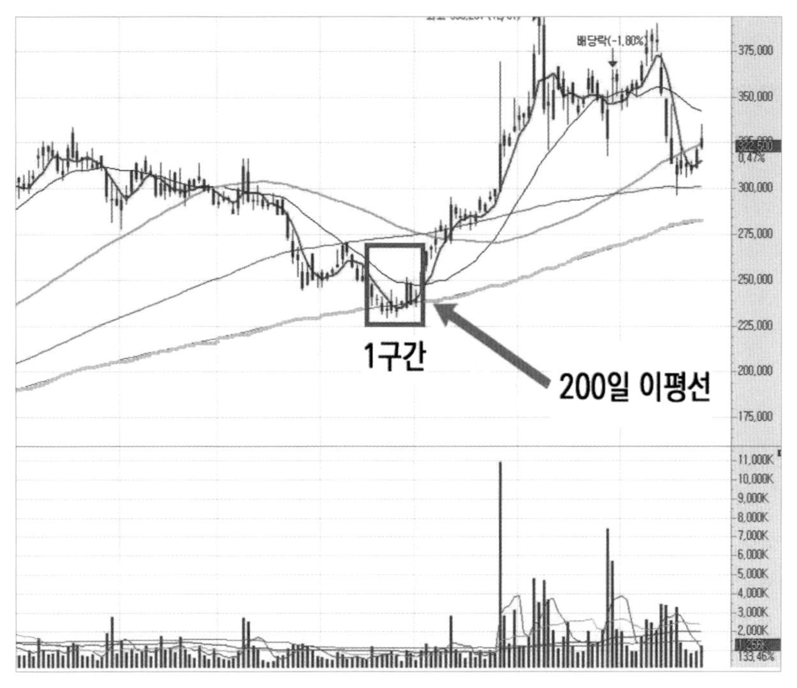


(그림56) 이평선을 깼는데 안파는 종목

5일, 20일, 60일, 120일, 200일 이평선을 깨면 기대심리가 무너지면서 공포심이 자극된다.

이평선을 깨고 하락하면 팔고 싶은 마음이 강해진다.

(그림56)의 1구간을 보면 며칠 동안 200일 이평선을 건드리면서 거래가 되었다. 이평선을 건드리면 보유하고 있는 사람들의 보유심리가 흔들리면서 매물을 내 놓게 된다. 그런데 한 번도 이평선을 깨면서 그 공포로 인해 파는 사람이 나온 적이 없다. 파는 사람이 많이 나왔다면 거래량이 이전보다 늘었을 것이지만 1구간의 거래량을 보면 변동이 거의 없다.

이평선을 깨는 공포심을 이기고 던지지 않았다면 이 가격 이하로는 팔지 않겠다는 의미다.

따라서 여기가 저점일 가능성이 높고 실제로 여기를 저점으로 찍고 반등한 모습이다.

**이렇게 저점이 확인된 종목은 떨어져도 올라오는 종목이 된다.**

저점이 확인되었다면 시장이 안 좋아서 저점보다 더 떨어지더라도 시장만 회복되면 빠른 속도로 저점까지 올라온다.

왜냐하면 저점 가격이란 죽어도 안 파는 가격이므로 그 이하의 낮은 가격으로 팔 리가 없고, 따라서 평상시 매수만 회복되어도 가격이 빠르게 회복되는 것이다.

즉 시장이 조금만 좋아지면 가장 먼저 저점을 회복할 종목이 된다는 것이다.

이런 과정을 거쳐 떨어져도 올라올 종목을 골랐다면 이 종목을 잘 공략하여 최대한 수익을 확보할 수 있다.

## 2. 크게 갈 종목을 찾는 비법

크게 될 사람은 떡잎부터 알아본다고 한다.

종목도 마찬가지다. 차트 심리 읽기를 잘하면 크게 갈 종목을 찾아낼 수 있다. 크게 가는 종목은 아까워하는 사람들이 많아야 한다.

아까워하는 사람들은 어떤 사람들인가?

**먼저, 관심이 많아야 한다.**

평소에 거래량이 너무 적으면 관심이 없다는 것이고 아는 사람들만 거래하는 종목이며 일반인의 관심이 별로 없다.

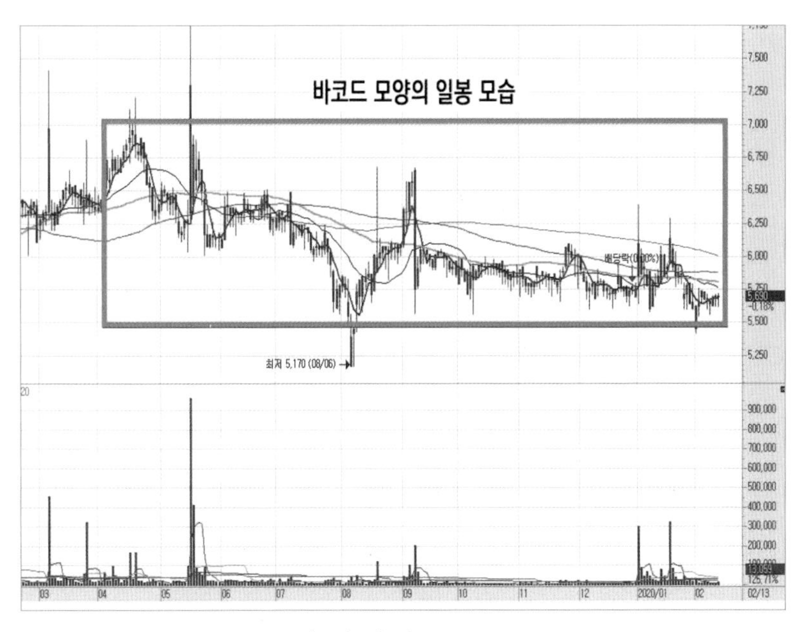


(그림57) 바코드 종목

(그림57)의 박스 안 일봉 모습이 하루 큰 가격변동 없이 바코드처럼 생겼다고 해서 바코드 종목이라고도 한다.

대개 안 팔고 안사는 종목이고 매수가 실종된 종목이다.

큰 걸 기대하는 사람이 없고 관심이 사라진 종목이다.

시장이 좋아도 안사고 매물대도 작용 안하고 골든크로스가 나와도 안 들어올 가능성이 크다.

반면에 갈수록 관심이 증가하는 종목이 있다.

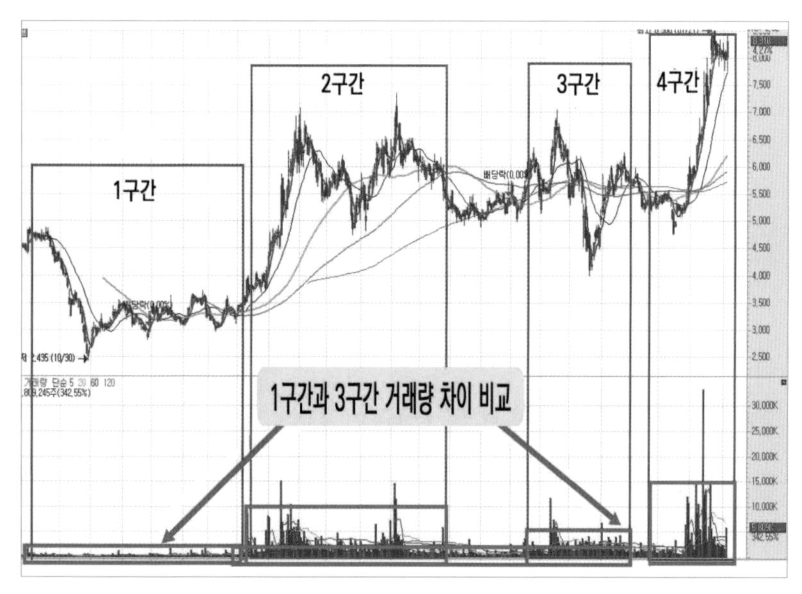


(그림58) 관심이 증가하는 종목

(그림58)은 한눈에 관심이 증가하고 있는 모습이다.

1구간을 보면 거래량이 적고 시장이 하락할 때도, 상승하면서 횡보할 때도 거래량의 변동이 거의 없다.

떨어질 때는 안 파는데 매수가 위축되면서 떨어지는 것이고 반등할 때도 매수 세력이 강해서가 아니라 안 팔아서 올라온 것이다.

이런 종목은 파는 사람이 없는 안전한 종목이며 매수만 강해지면 상승할 수 있는 좋은 종목이다.

2구간을 보면 갑자기 매수가 강해지면서 이전보다 거래량이 폭팔적으로 많아지면서 상승하고 등락을 하고 있다.

**안파는 종목이 이렇게 관심이 많아지면서 강한 매수세가 동반이 되면 크게 오르게 된다.**

점점 좋아지고 있는 모습이다.

3구간에서는 다시 시장이 폭락하면서 종목도 같이 하락을 하다가 다시 반등하고 있다.

거래량은 3구간 직전 횡보할 때의 거래량보다 많다.

3구간은 1구간의 모양과 유사한데 변한 것은 거래량이 증가했다는 사실 뿐이다.

관심이 이전보다 엄청나게 늘어있는 상태에서 역시 안 팔면서 등락을 거듭하고 있다는 것이다.

1구간보다 3구간이 더 업그레이드되었고 매수만 강해지면 아까워하는 사람이 그만큼 더 늘었기 때문에 크게 오를 가능성을 보여주고 있다.

4구간에서 예상한대로 이후에 큰 매수세가 들어오면서 관심도 더 높아진 상태로 계속 상승을 하는 모습을 보여 주었다.

한편 평소에 관심이 없던 종목도 호재를 만나면 관심이 커지게 되고 그 사람들이 아까워하는 세력이 된다.

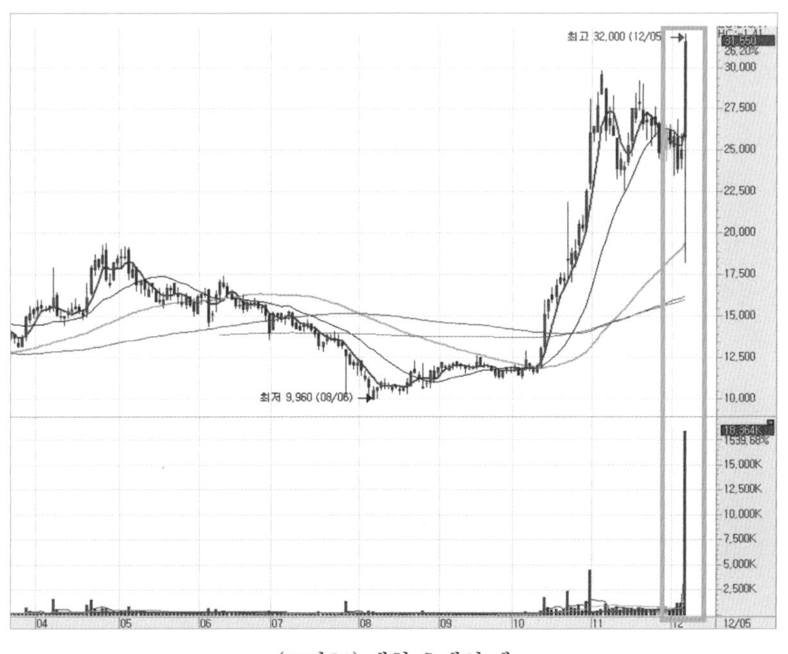


(그림59) 대형 호재의 예

(그림59)는 대형 호재가 나온 모습이다.

박스 안을 보면 이전 거래량도 많은데 그 많은 거래량이 깨알같이 보일 정도로 엄청난 거래량이 터졌다. 알고 있는 사람들 외에 외부에 있는 많은 사람들이 들어왔다는 거다.

종목의 성격이 변했으므로 이전 분석은 큰 의미가 없고 전혀 이제부터 새로운 종목으로 다뤄야 한다.

**호재가 나오면 좋은 종목인지 아닌지를 구분할 수 있다.**

만약 호재가 나왔는데 거래량이 크게 안 늘었다면?

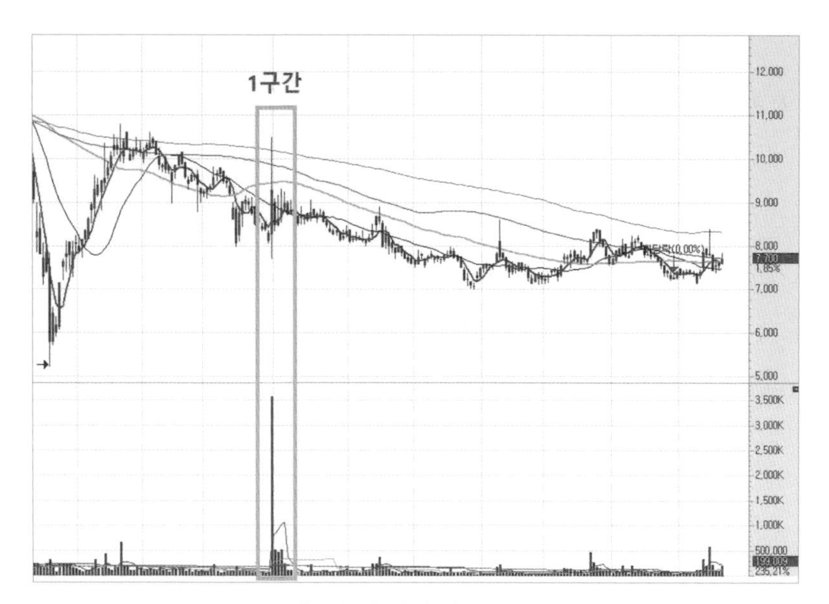


(그림60) 관심 없는 종목

(그림60)의 1구간에서 호재에도 거래량이 대폭 증가하지 않았다.

일평균 십만 단위의 거래량이라면 호재가 나오면 천 만주 이상 약 10배가 나와야 한다. 350만주는 호재에 비해 적은 거래량이다.

**이는 많은 사람의 관심을 끌 수 있는 호재인데도 많이 모이지 않았다는 의미로 별로 바람직하지 않다.**

호재발이 끝나면 관심이 식을 가능성이 높다.

다음으로, 매수세가 막 강해지려다 시장 때문에 꺾였다면 이때 사려는 사람들이 아까워하는 세력이 된다.

이후 시장이 좋아지면서 매수가 강하게 치고 올라갈 때 이전에 사려고 했던 사람들이 들어올 가능성이 높다.

**이들은 종목이 더 치고 올라가면 '올라갈 줄 알았어'하면서 미친 듯이 들어간다.**

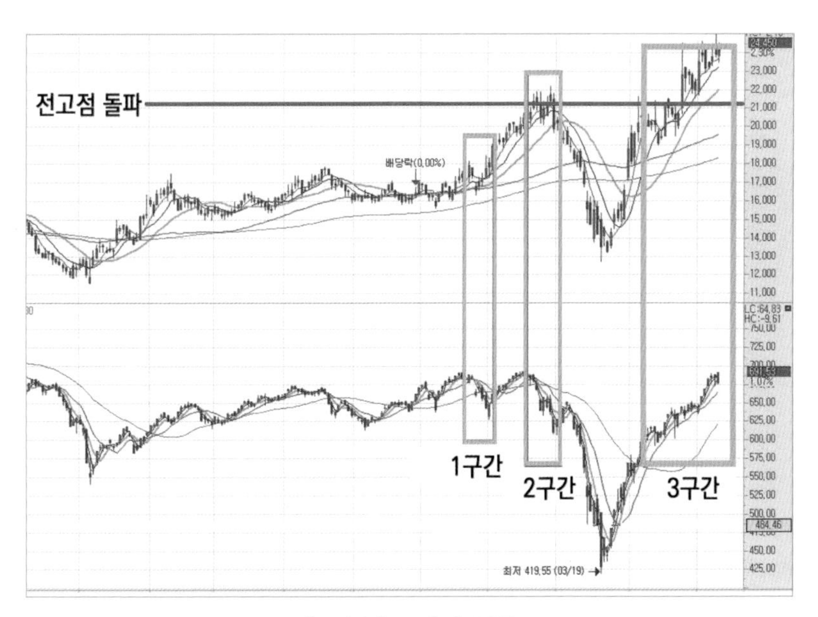


(그림61) 크게 갈 종목

(그림61)에서 위는 종목 차트, 아래는 시장 차트의 일봉인데 1구간에서 시장을 역행하면서 상승을 하는 모습이다.

시장이 하락하는데도 불구하고 상승을 시도한다는 것은 안 팔면서 매수가 강하다는 의미다.

2구간에서도 시장은 크게 위축되면서 하락하고 있는데 오히려 상승을 시도하고 있다. 그러다 시장이 워낙 큰 폭으로 밀리다보니 종목도 같이 밀리고 말았다.

이런 종목은 떨어질 때도 시장보다 덜 떨어지고 잘 버티면서 크게 밀리지도 않는다. 비록 시장이 폭락해서 떨어졌지만 다시 회복하여 전고점을 충분하게 뚫을 수 있다.

3구간을 보면 1, 2구간에서 시장 때문에 밀렸던 매수 세력이 자기들이 돌파 시도를 했다가 못했던 전고점을 뚫고 가니까 아까워하면서 급하게 들어와 전고점을 돌파한 모습을 보인다.

시장이 회복되면서 오히려 시장보다 매수가 강해지면서 전고점을 뚫고 올라가는 모습이다. 시장이 하락하고 있음에도 역행하면서 매수가 강하게 올라가다가 시장 때문에 밀릴 때 그 매수 세력이 아까워하는 세력으로 추격 매수세가 된 것이다.

마지막으로, 상승 중에도 시장이 하락하는데 잘 버틴다면 더 치고 올라갈 가능성이 높다.

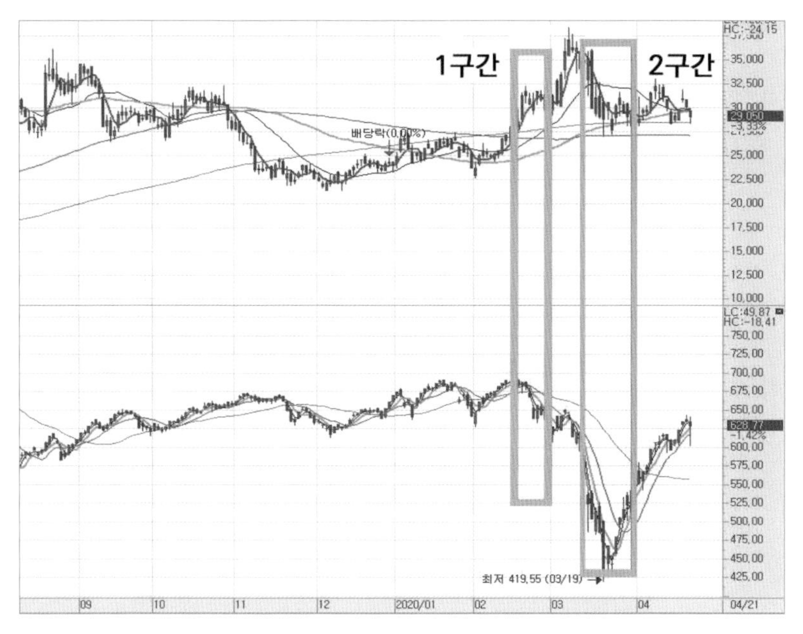

(그림62) 더 크게 올라갈 종목

(그림62)에서 위는 종목 차트, 아래는 시장차트의 일봉인데 1구간에서 시장은 하락하는데 시장을 역행하여 오히려 상승하고 있다.

2구간에서도 시장은 크게 하락하는데 시장대비 잘 버티면서 별로 하락하지 않았다. 고점에도 안 팔고 시장 때문에 더 크게 못 간 것일 뿐 회복하면 전고점을 뚫고 더 올라갈 확률이 높다.

## 3. 매물대, 전고점, 신고가 돌파 종목을 주목하라

종목이 떨어지고 반등하고 다시 등락을 거듭하면 반드시 매물대나 안사는 구간을 만든다.

그 구간을 통과하기도 하고 못 뚫고 밀렸다 반등하기도 한다.

통과하면 다음 매물대가 있다면 다시 돌파를 시도하지만 통과 못하면 새로운 매물대나 안사는 구간이 형성된다.

여기서 생긴 매물대나 안사는 구간은 그 종목의 매수 세기를 가름할 수 있는 기준이 된다.

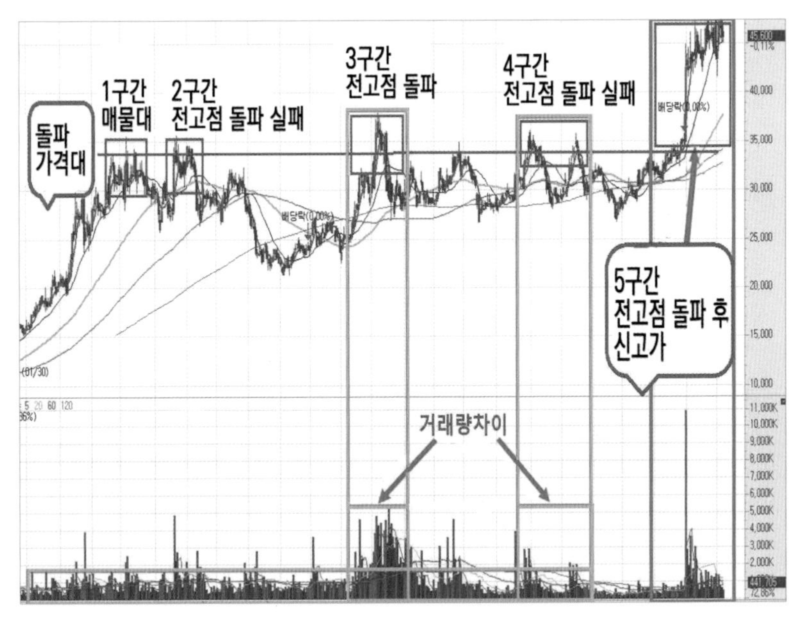


(그림63) 매물대, 전고점, 신고가 돌파

(그림63)을 보면, 돌파가격대를 기준으로 순차적으로 매물대, 안사는 구간, 전고점, 신고가 돌파의 모습을 보여주고 있다.

가격이 상승하면서 1구간에서 약한 매물대가 만들어지고 있다.

2구간에서는 1구간의 매물대, 전고점 구간 돌파를 시도하다 실패했다.

전고점 돌파 기대에도 약한 매물대를 못 뚫었다면 매수가 엄청 약한 것이다. 그러니까 이후 힘을 못 쓰고 밀렸다.

다시 밀려서 3구간까지 오면 1, 2구간의 좀 강해진 매물대, 전고점이 기다리고 있다.

큰 하락을 겪었고 기간도 길었기 때문에 매물이 결코 약하지 않다.

강한 매수가 들어오면서 살짝 돌파를 하다가 밀렸다.

거래량을 보면 큰 폭으로 늘었다. 강한 매물대에서 매물을 많이 던졌기 때문에 매수가 강했어도 못 이기고 밀린 것이다.

이 구간에서 생긴 매물대도 만만치 않다.

이후 등락을 하면서 4구간까지 갔다.

3구간에서 생긴 매물이 강한데 과연 뚫을 수 있을까?

웬만한 매수세로 뚫기가 어렵다는 것을 알 수 있다.

역시 4구간에서도 못 뚫었다.

거래량을 보니 그리 많지 않은 모습이라면 3구간의 강한 매물대에서 던지지 않았다는 것인데, 그럼에도 못 뚫었다면 매수가 약한 것이다.

이 구간을 뚫기 위해서는 매수가 엄청나게 강하거나 아니면 호재가 나와야 한다.

5구간에서 호재가 나오면서 그동안 못 뚫었던 1,2,3,4구간의 매물대, 전고점을 한방에 뚫고 올라가고 있다.

매물대, 전고점, 신고가 돌파 종목은 모두 매수 세력이 강하다는 공통점이 있다.

그 구간을 통과할 때 그 종목의 매수 세기를 알 수 있다.

따라서 매물대, 전고점, 신고가가 그 종목의 투자 결정을 하는 기준 지표가 된다.

이런 구간이 없다면 어디서 매수가 강한지를 알 수 있기 때문이다.

예를 들어보자.

매물대를 쉽게 통과하면 매수가 강해진 것이다.

매물대의 강약에 따라 대응 전략이 달라질 수 있다.

약한 매물대를 뚫는다면 매수가 강한 것은 아니며 그 위의 강한 매물대를 통과할 때까지 기다려야 한다.

강한 매물대를 돌파하면 매수가 강한 종목이 된다.

안사는 구간을 뚫으면 이전보다 매수는 강해진 것이다.

평소에는 그 이상 비싼 값으로 안 사다가 이제 막 비싼 값으로 사려고 했기 때문이다.

하지만 이 정도 매수 세기만으로 쉽게 들어가면 안 되며 다른 지표를 더해서 매수가 강해진 걸 확인하고 매수한다.

### 전고점, 신고가를 갱신하면 더 올라갈 수 있다.

전고점을 돌파하면 전고점 매물대나 안사는 구간을 돌파한 것으로 매수가 강해졌다는 증거다.

거기에 지켜보고 있던 사람들이 이 구간을 뚫으면 매수 심리가 자극되면서 급하게 덤비게 된다.

반대로 전고점을 돌파하지 못한다면 매수가 약한 것이다.

전고점에서 물렸는데 안판다면 보유심리가 강한 것이다.

고점에서 물렸음에도 안 판다는 것은 높은 가격대임에도 팔 생각이 없다는 것으로 더 올라갈 가능성이 높다.

가령 어떤 종목이 7% 오르고 전고점을 돌파하려고 한다.

'돌파할까?'

전고점 가격이 10,000원인데 7% 오르고 위꼬리 조금 남긴 최고가가 9,900원이라면?

전고점을 앞에 두고 밀렸다는 것이다.

시장도 좋다.

자력으로 매수가 들어오는데 전고점을 코앞에 두고 밀렸다면 매수가 약한 것이다.

보유하는 사람도 신고가 기대로 안 팔 것이고 매수도 강해졌는데 목전에서 밀렸다면 추격 매수가 없다는 것이다.

신고가고 뭐고 이 이상 비싼 값에 안사겠다는 것이므로 못 뚫는다. 일시적으로 뚫는다 하더라도 다시 밀릴 수 있다.

신고가도 갱신에 대한 기대감으로 매수가 들어와야 한다.

**신고가를 돌파하면 더 큰 반등이 나올 가능성이 크다.**

신고가를 돌파할 때 이평선이 정배열일 경우가 많다.

이때는 기대감이 두 배가 된다.

매수 심리는 자극되고 보유심리는 강해진다.

신고가를 앞두고 돌파를 못한다면 매수가 약한 것이다.

신고가임에도 기대가 없다는 것으로 더 올라가기 어렵다.

또 신고가를 돌파하다가 추격 매수가 안 붙고 밀리면 매물이 엄청 쏟아진다.

신고가 돌파에 대한 기대감으로 들어간 사람들은 급한 사람들이고 기대에 못 미치면 다시 급하게 뽑게 되며 매물대만큼 강한 매도세가 된다.

매물대, 신고가나 전고점을 앞둔 종목은 관심 종목이다.
이런 종목을 모아 놓고 매수의 세기만을 지켜보면 된다.
이때는 호가창이 유용하게 쓰인다.
매물대, 신고가나 전고점을 목전에 두고 있는데 호가창에 매도 수량이 매수 수량보다 더 많이 쌓여있다면 여기가 고점일 가능성이 아주 높다.
매물대의 경우 매물에 놀라서 팔아야겠다고 미리 작정한 사람들이 많아지고 있으니 더 이상 못 올라간다.
신고가, 전고점도 마찬가지다.
돌파 기대가 전혀 없다는 것으로 더 올라가기 힘들다.

# 제 6장

# 매수 타임 잡는 심리기법

## 1. 매수 신호 잡는 포인트

모든 종목은 최적의 매수 타임이 있다.

아무리 좋은 종목을 골라도 매수 타임을 놓치면 소용없다.

보유심리 강하고, 아까워하는 사람들 많고, 저점을 확인했고, 자력으로 매수 세력이 들어왔다면 이제 매수하는 것만 남았다.

**주식투자의 가장 좋은 습관은 매수신호가 나오기 전까지 절대 들어가지 않는 것이다.** 이런 사람은 큰 손실을 보지 않는다.

앞서서 판단하거나 미리 예상하여 매수하거나 막연한 기대를 실어 무리하게 매수하면 손실쟁이가 된다.

매수신호를 잡을 때 차트 읽기에서 나온 여러 가지 포인트를 고려하여 결정한다.

시장대비 매수가 강한지, 현재 가격대가 고점인지, 저점인지, 안 사려고 하는 구간인지, 골든크로스인데 매수가 강해지는지, 단타쟁이[20]가 많은지 등을 체크한다.

어디가 매수 타임인가?
**먼저, 특징을 지워 줄 눈에 띄는 매수 가격대를 찾는다.**
이것을 '변화하는 포인트 잡기'라 한다.
잘 올라가다가 시장도 좋고 매물대도 아닌데 멈춘다면?
이 가격 이상은 안사겠다는 것으로 호재 아니면 못 간다.
따라서 이 가격대 근처에서 매수하면 안 되고 뚫는 것을 보고 매수하면 된다.

**시장이 안 좋아서 같이 내려가다가 시장보다 잘 버틴다면?**
그럼 거기가 더 이상 싼 값으로 안 팔겠다는 구간이 만들어진 것이다. 저점일 가능성이 있으며 시장이 더 안 좋으면 같이 또 떨어지겠지만 덜 떨어지거나 역행하면서 올라갈 수도 있다.
여기서 매수가 강해지면 선발매수 보고 들어간다.

**호재가 나와서 크게 올랐는데 다시 원래대로 돌아왔다면?**
호재에 대한 기대감이 더 이상 없다는 것이다.
원래 가격대에서 머물 가능성이 높다.
매수가 살아나서 자력으로 올라갈 때를 기다려야 한다.

**가격이 올라가다가 횡보하면서 오래 동안 같은 가격대에 머물다 하**

---

20) 종목이 급등하거나 호재가 나오면 당일 급하게 들어가서 짧게 매매하고 나오는 사람들이 많은데 이들을 지칭한다. 이때 거래량은 많이 나오지만 실제로 물린 사람은 별로 없다.

**락한 경우 팔지 못해 안달 난 매물대가 생긴다면?**

다시 올라올 때 그 매물대를 뚫기가 힘들다.

그런데 그 매물대를 쉽게 뚫고 간다면?

매수가 엄청나게 강하며 더 치고 올라갈 가능성이 높다.

이런 경우 다음날 선발매수 보지 않고도 들어간다.

전고점을 뚫다가 실패하고 두 번째 돌파하다 다시 밀리면 그 가격대는 뚫기 힘든 한계가격대가 된다.

다음에 그 가격까지 올라오더라도 매수하면 안 된다. 한계가격을 뚫고 나면 매수가 엄청 강해졌다는 것으로 매수 타임이다.

**시장이 좋았는데 지지부진 횡보하면서 못 따라가던 종목이 갑자기 시장이 좋다고 따라간다면? 종목의 성격이 변한 거다.**

이때부터 매수가 강해질 가능성이 크다.

그런데 다시 주춤해? 그럼 다시 원래 자리로 가야하는데 안가고 버티다가 매수가 강해지면서 올라간다?

여기가 무조건 매수 타임이다.

자력으로 매수가 강해진 시점이고 종목의 성격이 변했기 때문에 올라갈 가능성이 크다.

**호재로만 가다가 갑자기 자력 매수 세력만으로 뚫고 간다면?**

**연속으로 4% 이상의 상승을 보인다면 자력으로 힘이 강해진 것**이다. 호재가 아니더라도 더 가격이 올라갈 가능성이 크다.

이때가 매수 타임이다.

**전부터 돌파하려다 못한 한계가격대에서 지지부진 하다가 다시 매수가 강해지면서 뚫고 간다? 이때가 매수 타임이다.**

**시장하고 같이 움직이던 종목이 갑자기 시장보다 강하게 상승하거나 시장을 역행하면서 올라간다면?**

여기서부터 매수 세력이 강해진 거다.

이틀 연속으로 강해진다면?

매물대, 한계가격대도 뚫을 가능성이 높다.

**매수세가 들어오면서 올라가려다가 시장이 안 좋아서 밀리다가 골든크로스를 만나면서 강하게 매수가 강해진다면?**

성격이 변한거다.

전에 올라가려고 시도했던 매수세도 급해지면서 들어오겠다는 거니까 여기서부터 치고 올라갈 가능성이 크다.

**관심이 커지고 매수가 살아나는데 다시 시장이 꺾인다면?**

무시하고 더 올라가는 종목이 있고 다시 매수가 실종되면서 밀리는 경우가 있다.

어디로 갈지 이전 차트를 읽으면 알 수 있다.

이전에 활발하게 시장보다 더 강하게 등락을 거듭한 종목은 원래 관심이 많았고 올라가면 아까워하는 사람들이 많았던 것이므로 전자의 경우다.

시장이 밀리면서 같이 일시적으로 주춤하더라도 결국 시장이 회복하면 강하게 제 자리까지 올라온다. 떨어지면 다시 올라오므로 올라올 때까지 단타를 하면서 수익을 낼 수 있는 기회다.

반면에 이전에 시장과 무관하게 움직이면서 관심 없이 지지부진 움직였다면 후자의 경우로, 일시적으로 매수가 살아났더라도 시장이 하락하면 다시 원래 가격대로 갈 수 있다.

**고점에서도 매수 타임이 나온다.**

어떤 종목이던 될 수 있으면 고점에서 잡지 마라.

단, 가격이 높다고 무조건 고점이 아니다.

**크게 상승한 후에 다시 하락하고 오르면서 등락을 거듭한 종목 즉 오르면서 다시 빠지고 바닥을 치고 다시 반등한 경우는 고점이라도 더 이상 고점이 아니다.**

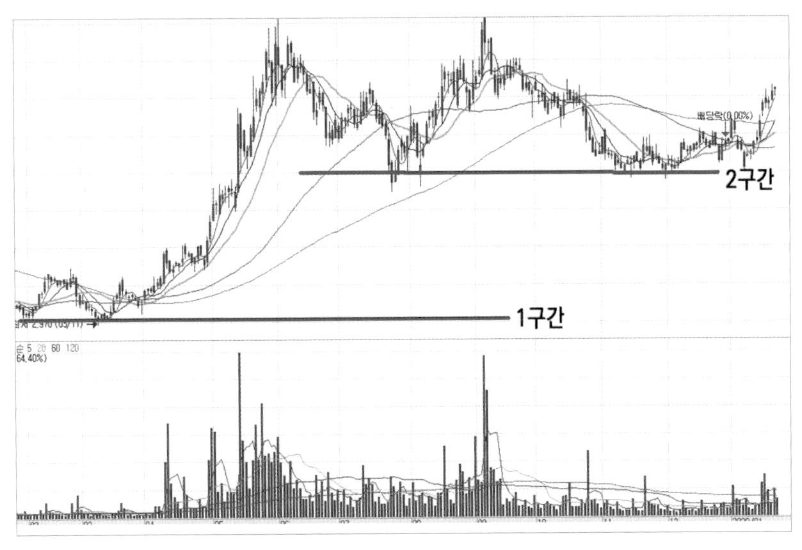


(그림64) 저점이 높아진 경우

(그림64)처럼 크게 반등하고 다시 등락을 하는 경우 다시 시작이다. 이런 경우는 저점을 높이면서 상승할 가능성이 높다.

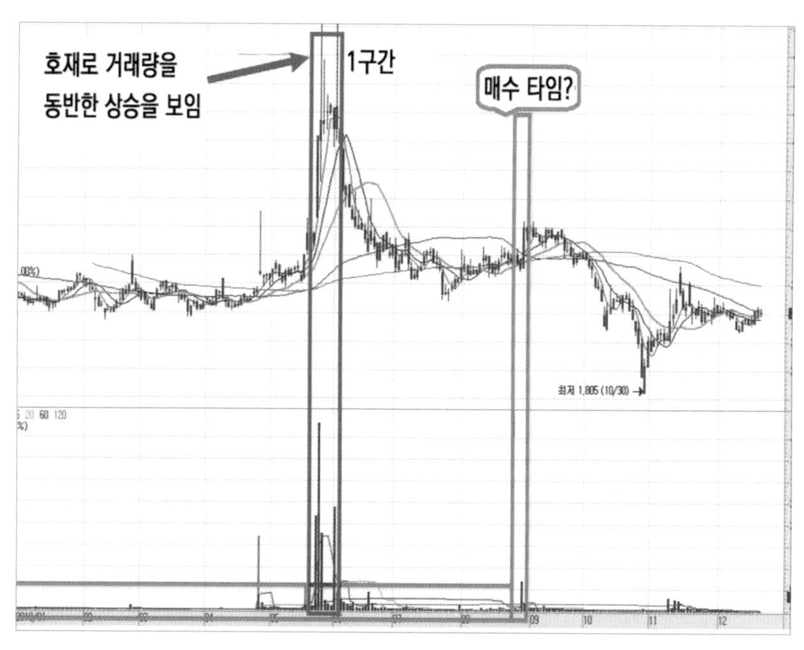


(그림65) 매수 타임 잡기

**호재가 터진 종목은 매수 타임을 잘 잡아야 한다.**

호재로 급등했고 그 호재의 영향으로 거래량을 동반한 상승을 가져왔기 때문에 겉으로 보기에 매수가 강한 것처럼 보일 수 있다.

이런 종목은 호재 전후 어떤 흐름을 보이고 있는지를 잘 보아야 한다.

(그림65)를 보면 1구간 호재가 터지기 전까지 거래량을 보면 전혀 관심이 없다. 호재가 나오면서 거래량이 많이 늘었지만 다시 호재빨이 끝나니까 원위치로 돌아오고 거래량도 전과 같아지고 있다.

**그러다 갑자기 매수가 들어오면서 거래량도 늘면서 상승한다고 들어가도 될까? 안 된다.**

왜냐하면 호재가 터지고 관심이 커졌으면 계속 관심이 지속되거나 더 늘어야 좋은 종목이다.

그런데 관심이 꺼졌다면 후에도 관심이 늘 가능성은 없다.

따라서 잠시 매수가 들어왔더라도 들어가면 안 된다.

이때는 연속으로 호재가 아닌 자력으로 매수가 들어올 때까지 기다렸다가 비중 적게 매수를 고려할 수 있다.

가장 강력한 매수신호는 자력으로 강해지는 시점이다.

자력으로 강해지는 것은 호재가 아니면서 매수 세력이 증가하면서 가격이 올라가는 경우다. 여기서 또 조심해야 한다.

매수가 강해지면서 올라가는 경우와 매수는 그렇게 강하지 않지만 안 팔기 때문에 올라가는 경우를 구분해야 한다.

어떻게 구분하는가?

**매수 세력이 강해지면서 상승할 때는 거래량 상승까지 동반하게 되지만, 거래량이 이전과 크게 다르지 않은 상태로 상승하는 경우는 매수가 강해서가 아니라 이전보다 더 안 팔았기 때문에 올라간 것이다.**

먼저, 거래량이 늘어나면서 자력으로 올라가는 경우를 보자.

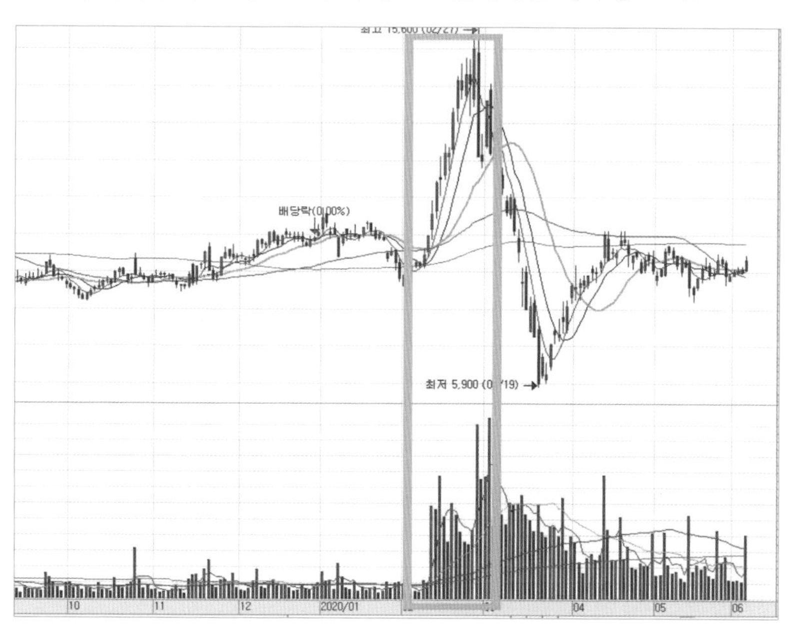


(그림66) 자력으로 강해지는 경우

(그림66)의 박스를 보면, 상승 이전 거래량과 상승할 때의 거래량이 상당하게 차이가 난다.

이것은 크게 상승하면서 매수·매도가 많이 이루어지면서 올라갔다는 의미이며 자력 상승의 표본이다.

**다음, 매수세는 약한데 안 팔아서 올라가는 경우다.**

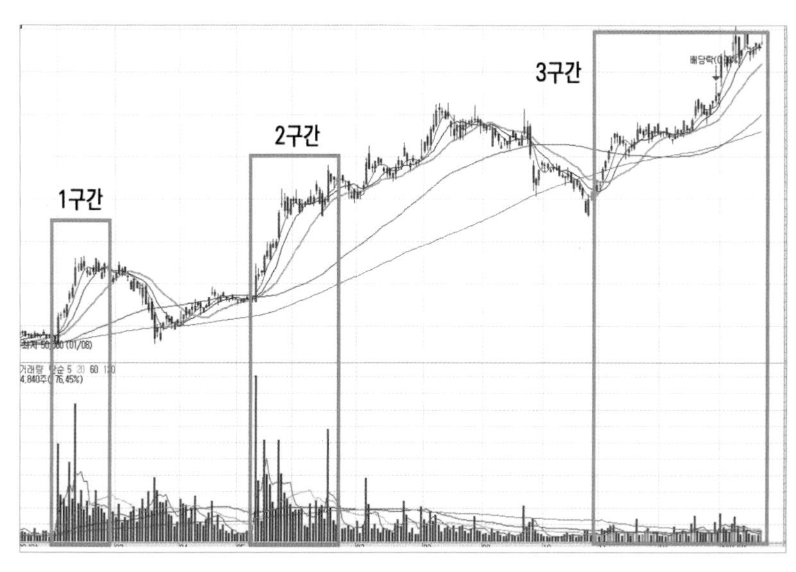


(그림67) 안 팔면서 올라가는 경우

(그림67)을 보면 1구간, 2구간에서는 거래량을 동반한 상승이 있었다.

그러나 3구간을 보면 상승은 하는데 현저하게 거래량이 줄어들었다.

1, 2구간은 자력으로 매수가 강해지면서 가격이 오른 반면, 3구간에서는 자력 매수가 아니라 보유하고 있는 사람들이 안 팔기 때문에 올라가는 것이다.

올라갈수록 보유심리가 강해지는 것으로 나쁘지 않다. 다만, 거래량을 동반한 상승이 아니라 아쉽다. 이럴 때 보통 찔끔찔끔 올라가는 경우가 많다.

3구간 이후의 이 종목의 향방은 보유자의 심리에 달려있다.

**어차피 매수는 약한 상태이고 보유하는 사람들이 안 팔아서 올라간 것이니만큼 보유하는 사람들이 심리가 변해 팔려고 한다면 이 종목은 그 때부터 힘을 잃고 한 없이 내려가게 된다.**

매수는 언제 할까?

너무 고점이고 매수 세력이 비싸다고 생각하고 있기 때문에 쉽게 안 들어오고 있는 상태이기 때문에 매수는 안 하는 것이 좋다.

정 들어가려 한다면 안 팔고 있으므로 지금까지는 위험한 상태가 아니므로 1, 2구간처럼 거래량이 크게 터지면서 매수가 강해지면서 올라갈 때를 확인하고 비중을 적게 해서 매수해야 한다.

## 2. 저점이 확인된 종목 매수 타점 잡기

**저점이 확인된 종목은 떨어져도 반등할 종목이다. 여기서 저점이란 더 이상 안파는 구간이라는 의미다.**

보유하고 있는 사람들이 안 팔면 좋은 종목이다.

안 판다는 것은 종목에 대한 확신이 강하다는 증거다.

이런 종목은 올라가도 안 팔고 내려가도 안 팔기 때문에 올라갈 때 크게 올라가고 내려갈 때 덜 내려간다.

안파는 종목은 결국 올라간다.

안파는 종목과 매수가 강한 것 중 어느 것이 더 좋은가?

**당연히 안파는 종목이 더 매력적이다.**

매수 세력은 상황에 따라 언제 도망갈지 모르기 때문이다.

안파는 종목을 고르면 투자에서 성공할 수 있다.

안파는 종목을 어떻게 고를 것인가?

**안파는 포인트, 즉 저점을 찾아내야 한다.**

먼저, 전저점을 깼는데 안 판다면 공포심에도 보유한 것으로 저점일 가능성이 높다.

전저점은 투자자가 조마조마하면서 바라보고 있는 자리다.

그러다 깨지면 심리적 동요가 온다.

다음, 이평선을 깼는데 안판다면 저점일 수 있다.

5일, 20일, 60일, 120일, 200일 이평선이 보이면 그 지표를 보고 '5일 이평선을 안 깨야 할텐데'라는 기대를 한다.

깨지면 기댈 곳이 사라지기 때문에 실망 매물이 나온다.

그럼에도 안 팔았다면 더 나쁜 상황에도 안 팔겠다는 것이므로 가격이 내려가기가 어렵다.

다음, 시장은 폭락인데 안 판다면 저점일 가능성이 높다.

시장 민감 종목이 갑자기 시장과 역행하면 좋은 신호다.

시장이 큰 폭으로 하락하면 대부분 같이 빠지는데 그럼에도 안 빠지고 버틴다면 파는 사람이 없다는 것이다.

반등가능성이 높고 떨어져도 여기까지 빠르게 올라온다.

마지막으로 선발매도가 나왔는데 추격매도가 안 붙었다면 안파는 것이고 그곳이 저점일 가능성이 높다.

**저점이 확인된 종목을 공략하는 방법은 세 가지가 있다.**

첫째, 저점보다 낮은 가격에 매수하는 것이다.

이때는 시장이 하락하니까 할 수 없이 하락한 경우 외에는 없다.

시장에 특별한 문제가 없는 한 시장이 회복하면 종목도 저점까지 쉽게 회복할 수 있기 때문에 가장 안전한 매수 전략이다.

이때는 비중을 크게 해서 들어갈 수 있다.

둘째, 저점에서 매수하는 방법이다.

비교적 안전한 매수 방식이다.

여기서 더 떨어지더라도 쉽게 올라올 수 있기 때문에 안심하고 비중을 많이 넣어서 매수할 수 있다.

혹시 저점보다 더 떨어지더라도 크게 떨어지지 않을 것이고 단타를 하면서 저점까지 올라오면서 수익을 낼 수 있다.

셋째, 저점보다 높더라도 더 올라갈 수 있는 종목이라고 판단하면 매수할 수 있다.

매수세가 강해지면서 상승하는 종목을 매수하는 방법이다.

저점 위에 있다고 바라만 보고 좋은 종목을 놓칠 수는 없다.

단, 저점까지 빠질 리스크가 있으므로 비중을 적게 한다.

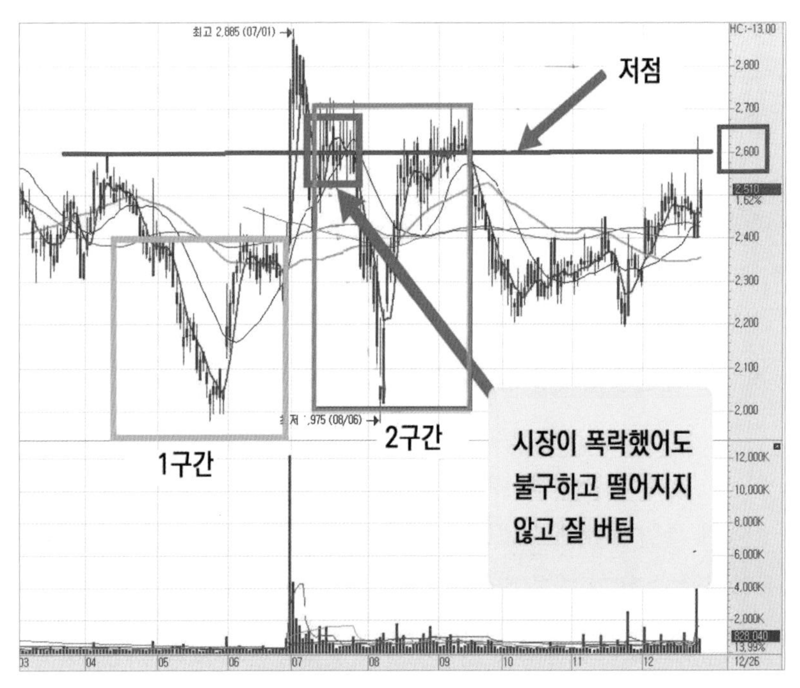


(그림68) 떨어져도 반등할 종목

(그림68)의 종목을 보면 1구간에서 5월 시장이 안 좋아서 떨어지면서 저점을 찍었다. 그런데 거래량의 변동 없이 급하게 반등해서 박스

권 가격까지 쉽게 회복을 했다.

거래량의 변동 없이 오르고 내렸으며 급하게 반등을 했다는 점에서 지독하게 안파는 종목이기 때문에 신속하게 튀어 올라온 것임을 알 수 있다.

여기서 다시 떨어진다고 해도 다시 올라올 가능성이 크다.

이후에 2구간 7월에 시장이 급락하는데 안 빠지고 2,600원에서 잘 버티고 있다.

종합하면, 이 종목은 5월에 정말 안 판다는 것을 알고 있었는데 다시 7월에 시장대비 또 잘 버티면서 또 한 번 안 판다는 것을 확인할 수 있었다.

따라서 2,600원이 저점이며 여기까지는 떨어져도 쉽게 다시 올라올 수 있다는 것을 알았다.

그런데 이후 8월 초까지 시장이 폭락하면서 같이 빠졌다.

그렇다면 이후에 어떻게 대응할 수 있는가?

첫째, 안 팔고 저점이 2,600원이니 시장이 회복하면 빠르게 2,600원까지 회복할 수 있으므로 비중 크게 매수하고 2,600원까지 회복하면 그 때 매도한다.

역시 이후 차트를 보면 2,600원까지 쉽게 회복했다.

이런 점에 착안하면 다양한 응용이 가능하다.

상승하고 있는 중이라도 안파는 모습이면 거기가 저점이다.

**어떤 종목이 최대거래량이 터진 후에 다시 그 가격대에 왔는데 거래량이 늘지 않았다면?**

**고점임에도 안 판다는 것으로 보유심리가 강한 상태다.**

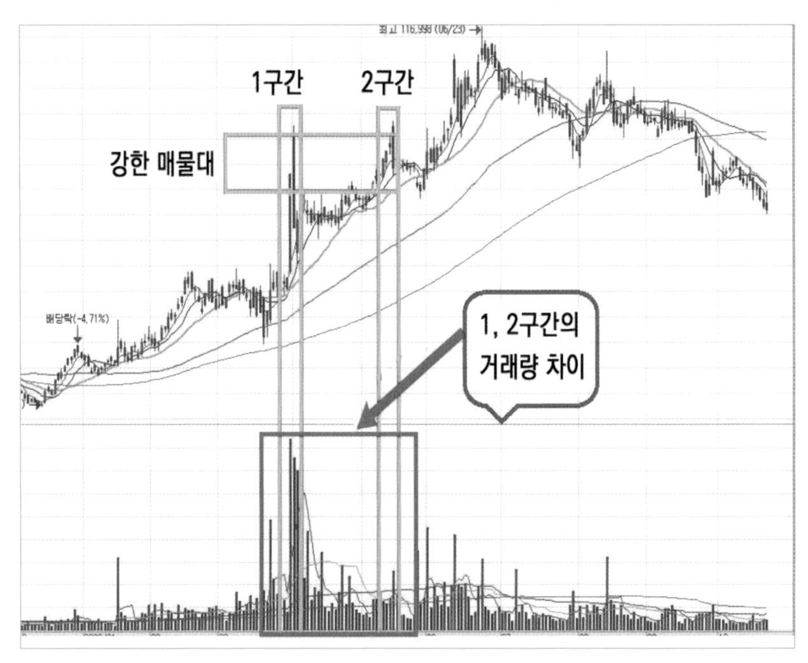


(그림69) 보유심리가 강한 종목

(그림69)에서 1구간에서 거래량이 엄청나게 터졌고 고점에서 물린 매물대가 강하다.

2구간에서 같은 가격대에 왔는데 거래량이 많지 않았다.

이것은 물린 가격대 사람들이 같은 가격대에 와도 안 팔기에 보유심리가 엄청 강하다는 것이다.

보유하는 사람들이 그 가격이 싸다고 생각하는 것이므로 매수만 더 강해지면 더 치고 올라갈 가능성이 높다.

**보유심리가 강한 종목은 그 이상의 가격으로 기대하고 있다는 것으로 거기가 저점이고 매수만 강해지면 크게 상승한다.**

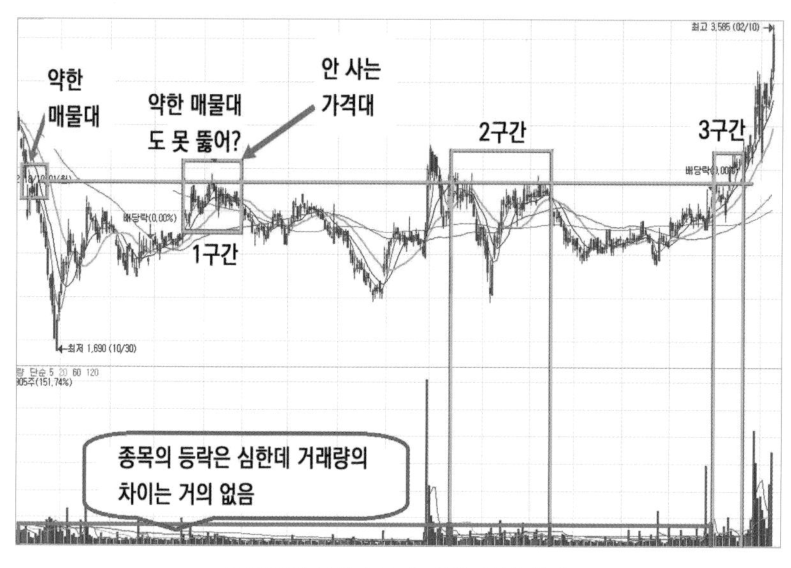


(그림70) 보유심리가 강한 종목 응용

(그림70)을 보면 보유심리가 강한 종목임을 알 수 있다.

**그 근거는 거의 전 구간에서 하락할 때와 상승할 때의 거래량이 거의 차이가 없다는 점이다.**

가격이 급락할 때와 급하게 올라갈 때의 거래량이 비슷하다는 것은 떨어질 때 안 팔고 매수가 도망간 것이며 올라갈 때는 매수세가 강해서 올라간 것이 아니라 지독하게 안 팔기 때문에 올라간 것이다.

1구간 돌파선을 보면 이 종목이 이 선을 기준으로 더 이상 비싼 값으로 사려고 안 했다는 것을 알 수 있다.

특별히 매물대가 강한 것도 아닌데 시장이 좋아도 못 올라가는 것을 보면 그 가격 이상은 비싸다고 생각하는 것이다.

그러니까 이후 2구간 직전에도 호재로 겨우 뚫다가 다시 호재빨이 사라지면서 밀린 모습이다.

여기까지 분석하면 이 종목은 안 파는데 매수가 약한 것이고 안사는 구간을 뚫기 위해서는 강한 호재가 연속으로 들어오던가 아니면 자력으로 매수가 연속으로 강해지기 전까지 못 올라간다는 결론을 낼 수 있다.

3구간에 오면서 안 사려는 구간을 자력으로 뚫기 시작한다.

연속으로 매수가 강해지면서 3% 이상 올라간다.

더군다나 거래량을 보니 안 사려는 구간에서 물린 사람들도 안 팔고 있다.

보유심리가 강한데다 이제 매수가 강해지기 시작했다면 추가로 올라갈 일만 남은 것이다.

**또 시간이 지날수록 동일한 고점 가격대에서 거래량이 줄어든다면 갈수록 보유심리가 늘어나고 있다는 것으로 추가로 상승할 가능성이 높으므로 주목해서 보아야 한다.**

이런 종목은 비록 전고점을 뚫다가 실패해도 안 팔고 있기 때문에 매수만 강해지면 언제든지 크게 올라갈 수 있다.

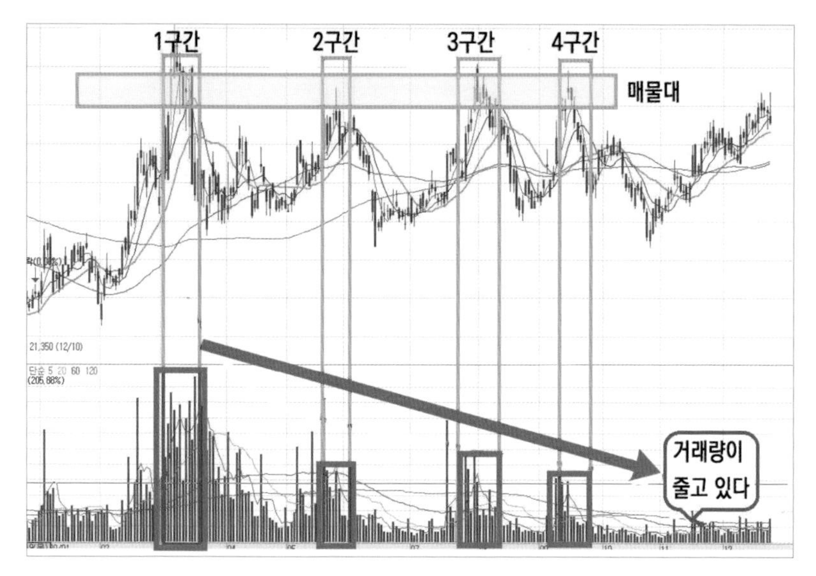


(그림71) 보유심리가 강한 종목

(그림71)에서 보면 각 구간에서 시간이 지날수록 거래량이 줄어드는 것을 볼 수 있다.

두 가지 해석이 가능하다.

첫째, 고점에서 물린 사람들이 안 팔고 있다는 것이고 이 종목에 대한 확신이 갈수록 점점 강해지고 있다는 의미다.

둘째, 그런데 매물대에서 던지지 않고 있는데도 불구하고 왜 전고점을 못 뚫는가? 이것은 매수가 아직 약하다는 것이다.

이런 종목은 두 가지 전략이 세워질 수 있다.

하나는 전고점을 못 뚫고 내려가면 저점에서 매수하고 전고점까지 가져갔다가 매도하는 방법이다.

또 하나는 전고점을 뚫을 때까지 기다렸다가 매수가 강해지면서 전고점을 뚫으면 비중을 크게 넣어서 들어간다.

## 3. 연속으로 강해지는 시점에서 매수 기법

어떤 종목이든 선발매매가 들어왔다면 주목해야 한다.
선발매매는 추격 매수를 유혹한다.
3% 이상 들어왔는데 이후 추격 매수가 안 들어왔다면?
매수가 간을 본 셈이다.
다음날 선발매수가 또 들어오면 간 본 사람들이 급해진다.
아까워할만한 일이 생긴 거니까 추격 매수가 들어올 가능성이 더 커진 것이다.
다음날 2% 높게 시작하고 8%까지 올랐다.
전에 아까워하면서 관심을 갖고 있던 사람들이 급해서 들어온 것이다. 이렇게 연속으로 강해지는 매수가 생기게 된다.
여기에 매수를 자극하는 지표들이 추가되면 더 강해진다.
시장이 좋아진다거나 골든크로스이거나 신고가를 돌파한다거나 전고점, 한계가격대를 돌파한다거나 하면 기대심리가 자극되면서 매수심리가 극대화 된다.

매수 타임을 잡을 때 매수 세력의 움직임이 달라지는 시점을 찾아내는 것이 중요하다.
**그동안의 기조를 벗어난 시점을 찾아야 한다.**

시장이 좋았는데 지지부진 횡보하면서 못 따라가던 종목이 이후 시장이 좋다고 매수세가 강해진다면?
이 종목의 성격이 달라진 것이다.
이때부터 매수 세력이 강해질 가능성이 크다.
그런데 매수가 주춤하네?
그럼 원래 자리로 돌아가야 하는데 버티고 있네?
안 판다는 것이다.
그러다 매수 세력이 다시 강해지면서 올라간다?
이때가 매수가 강해진 시점이 된다.
비록 여기서 시장 때문에 멈칫하더라도 이미 매수세가 강해진 종목이므로 치고 올라간다.

**관심이 없다가 갑자기 5% 상승을 한다?**

거래량도 평소거래량보다 많다?
다음날도 거래량의 증가와 함께 7% 상승한다?
확실하게 종목에 무슨 일이 생긴 것이다.
더 갈 수 있는지 미리 알 수 있을까?
이전에 활발하게 시장 따라 등락을 하거나 시장보다 더 강하게 움직였다면 원래 관심이 많은 종목이며 올라가면 아까워하는 사람들이 많기 때문에 매수가 살아나고 있으니까 더 올라갈 가능성이 크다.
이때는 비중 적게 다음날 선발매수 확인하고 들어간다.

**못 뚫던 구간을 호재로만 뚫다가 자력 매수세로 뚫는다면?**

매물대를 못 뚫고 밀리다가 매수세가 강해지면서 올라가거나 전에 계속해서 못 뚫던 한계가격대를 못 뚫고 지지부진하다가 매수세가 강해지면서 뚫었다면 성격이 변한 것으로 매수가 강해진 것이다.

매수가 들어오면서 올라가려고 시도하다가 시장이 안 좋아지는 바람에 밀린다.

그러다 골든크로스를 만나면서 갑자기 매수가 들어온다면 매수세의 기미가 달라진 것이다.

이전에 올라가려다 실패했던 매수가 급해서 들어오는 거니까 매수세가 강해지고 있는 모습이다.

**4% 이상 양봉이 연속되면 자력 매수 시작점이다.**

선발매수보다 강한 모습이라면 매수의 관심이 높아지고 있다는 표시다. 단, 주당 가격이 비싼 무거운 주식은 3%만 상승해도 크게 반등한 것이므로 이 비율에 해당되지 않는다. 보통 10만원 미만의 종목에 해당된다.

지지부진하다가 4% 이상 반등하면 슬슬 매수가 간을 보고 있는 것이다. 다시 제 자리로 가지 않고 중간 중간에 4% 이상 반등하면 매수가 강해지는 신호다.

지지부진한 경력이 있기 때문에 확실한 매수를 확인하고 들어간다. 전날 4% 이상 상승하고 다음날 선발매수가 들어오고 호가창에 매수 물량이 짱짱하면 들어간다.

**안파는 종목이 매수가 약하면 못 간다.**

그런데 매수가 강해지면서 연속으로 4% 이상 들어온다면 매수가 슬슬 강해지고 있는 것이다.

만약 1%, 2%, 3% 미만에서 머물고 있으면 반드시 4% 이상 매수가 들어오는 거 확인하고 다음날 선발매수가 들어와야 강해진 것이다.

4% 들어오다 밀린 경우 다시 밀릴 수 있으므로 4% 확실하게 들어오

고 다음날 선발매수 확인하면 강해진 매수세다.

전에 4% 이상 들어오다가 밀린 경우가 몇 번 있다면 이미 관심이 증가되고 있으므로 매수는 걱정할 필요가 없다.

다음날 선발매수 보고 호가창 분봉을 보면서 편하게 매매하면 된다.

**저점에서 5일 이평선을 회복하고 선발매수가 들어온다고 매수가 강해진 것으로 보면 안 된다.**

**매수가 자력인지 안 팔아서 올라간 것인지를 봐야 한다.**

거래량이 평소 거래량이라면 안 팔아서 올라가는 것이며 매수가 강한 것은 아니므로 시장이 안 좋으면 빠질 수 있다.

거래량이 늘어나면서 상승한다면 매수가 강해지면서 들어오는 것이므로 호가창에 매도물량이 시장가보다 5호가 뒤로 많이 걸려있고 매수물량이 전호가에 짱짱하게 걸려 있다면 비중 적게 들어간다.

**이평선을 건드리면 매수세를 자극한다.**

첫 번째 골든크로스에서 선발매수가 안 들어오고 두 번째도 안 들어왔다?

세 번째 골든 크로스에 선발매수가 들어온다면 올라갈 가능성이 크다.

관심이 없다가 골든크로스에 자극이 되어 갑자기 매수가 들어온 것으로 이후에 계속 관심이 커질 수 있다.

**이평선과 매물대가 겹쳐있다면 매수가 더 자극되면서 매물대를 뚫을 가능성이 높다.**

정배열일 때 강한 상승이 온다.

5일, 20일, 60일, 120일, 200일 이평선이 순서대로 배열되면 정배열이며 매수 심리가 자극되어 상승 국면이 온다.
그런데 반응이 없다면 매수가 약한 것이다.

시장이 오르는데 잘 안 올라가고 주춤한다면?
매수가 약한 것이다.
그러다 시장이 빠지는데 덜 빠진다면 파는 사람도 없다.
이 상황에서 5일 이평선을 회복한다고 들어가면 안 된다.
전에 시장이 오르는데 안사고 있었기 때문에 5일, 20일 이평선을 건드려도 자극이 안 된다.
**그러다 저점 찍고 시장보다 강해지면서 5일 이평선을 빨리 회복한다면 여기가 바닥이다.**
조금만 강해져도 쉽게 올라가므로 비중 적게 매수한다.

**선발매수가 들어오고 5%까지 올라가다 밀렸다.**
다음날 분봉을 보면 오전에 반짝 들어왔다가 밀리고 다시 오후에 전고점을 뚫고 올라가는 경우가 있다.
이건 매수가 확실하게 강해지면서 들어오고 있다는 것이며 연속으로 강해지는 모습과 다르지 않다.
다음날 상승할 가능성이 높다.

## 4. 시장 등을 역행하는 시점에서 매수 기법

역행은 지표와 반대로 움직이는 경우다.

시장과 반대로 움직인다거나 이평선 움직임과 거꾸로 가는 등 투자자의 예상과 일치하지 않는 상황을 만들 때다.

**역행은 차트 심리 읽기에 중요한 역할을 한다.**

시장을 역행하는 것을 보자.

시장이 빠지면 공포심에 팔고 싶은 마음이 든다.

그런데 안 판다면 불안해도 안 팔겠다는 것이다. 거기에 가격까지 올라간다면 더 높은 가격을 기대하고 있는 것이다.

시장이 더 흔들려도 올라가도 안 팔고 시장이 회복되면 더 빨리 회복한다.

**사실 시장을 역행하는 것이 저점보다 더 강력한 매수신호다.**

시장을 바라보는 사람들이 많고 그만큼 민감하기 때문에 저점보다 더 의식하고 있다는 말이다.

시장이 폭락한다면?

좋은 종목을 찾는데 매우 유용한 기회다.

**이때는 올라갈 종목을 찾는 게 아니라 버티는 종목을 찾는다.**

버티는 종목은 시장이 빠져도 안 팔려고 하다가 시장이 빠지니까 억지로 내려가는 거니까 다시 시장이 반등하면 쉽게 회복한다.

시장을 역행하면서 올라가면 훨씬 더 좋다. 시장이 흔들려도 안 파는데 거기에 매수가 강해지니 금상첨화인 것이다.

이런 종목을 발견하면 관심 종목으로 놓고 지켜본다.

그 종목을 바라보는 투자자들이 시장의 등락과 무관할 정도의 관심을 가지고 있다는 의미로 매수의 세기만 강하면 크게 올라갈 수 있는 종목이다.

시장 역행 종목은 시장이 안 좋을 때 계속 올라갈 수 있는 종목으로 단타하기 좋다.

시장이 폭등한다면?

시장이 좋은데 종목은 떨어진다면 이것도 시장을 역행이다.

떨어지고 다시 올라오기 힘들다.

시장이 좋아도 안 샀는데 왜 사겠는가?

내려갔다 올라오더라도 힘겨워 하거나 이 구간 뚫기도 쉽지 않다.

상승 중에 이런 시장 역행이 나오면 고점일 가능성이 높으니까 더 분석해야 된다.

분봉과 매물대, 이평선, 호가창 등을 이용해 매도를 결정한다.

**매수 타임도 시장 역행할 때가 좋다.**

시장이 빠지는데 들어온다는 것은 매수가 매도보다 강하다는 의미다. 웬만하면 안 떨어진다.

급한 사람들도 불안하니까 시장 눈치 보면서 안 사는데 갑자기 들어온다면 뭔가 있는 것이다.

시장이 빠지던 말던 지금 아니면 못 살 것 같다는 생각이 든 것이다. 시장 빠진다고 도망가지 않고 조급한 사람들이 많아서 추가로 더 들어온다. 이때가 매수 타임이다.

**시장이 올라도 지지부진 안 오르던 종목이 시장 따라 올라간다면?**
또 시장이 빠져도 시장대비 잘 버텨?
그러다 시장도 안 좋은데 자력으로 매수가 강해져?
매수세가 두 배로 강해졌다는 의미다.
이 경우는 선발매수 안 보고 들어가도 된다.

시장이 빠지는데 잘 버틴다면 안파는 것이다. 연속으로 시장이 빠지는데 또 버틴다면 또 한 번 안파는 것을 확인시켜 준 것이다.
여기 이상 안 떨어질 가능성이 매우 높으며 떨어져도 올라온다. 매수만 강해지면 쉽게 버틴 구간까지 올라온다.
선발매수 보고 매수하면 된다.

**시장이 하락하는데 역행하면서 강해진다면? 그것도 2일 연속으로? 더군다나 안 사던 가격대, 매물대를 뚫는다?**
성격이 바뀐 것이다.
매수가 엄청 강해진 모습으로 더 크게 갈 수 있다.
선발매수 없이 들어가도 된다.

**시장이 오르는데도 안사면서 지지부진하다가 시장을 역행 하면서 시장보다 크게 오른 종목이 다시 떨어진다면?**
시장역행하면서 올랐다는 것은 이전에 관심이 없던 상태를 벗어나 매수가 강해졌다는 것이므로 이 강해진 매수세는 사라지지 않는다. 따라서 일시적으로 떨어지더라도 다시 매수가 들어올 가능성이 크다. 이때가 매수 기회다.

이평선을 놓고 역행이 이루어지기도 한다.

**데드크로스인데 상승한다면 이것도 역행이다.**

하락 중에 이평선을 깨면 공포심이 자극됨에도 불구하고 오히려 상승했다면 저점을 찍고 상승할 가능성이 높다.

**전저점 역행도 있다. 전저점을 깼는데 상승했다면 역행이다.**

사람들은 누구나 전저점을 의식한다.

전저점을 놓고 '여기만 깨지 않으면 좋겠는데'하는 마음을 갖는다. 그러다 전저점을 깨면 불안심리가 커진다.

하지만 그럼에도 상승한다면 매수가 급해졌다는 의미다.

여기가 저점이고 반등할 가능성이 높다.

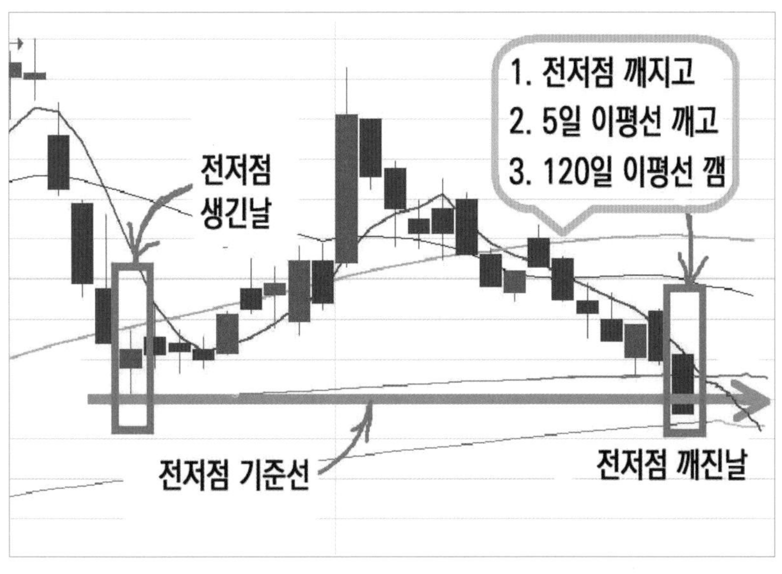


(그림72) 전저점 깬 모습

(그림72)는 전저점을 깨고 5일 이평선도 깨고 120일 이평선까지 깬 날 음봉으로 3% 하락한 모습이다.

이날 시장마저 폭락했다면 4개의 공포[21]에도 선발매도밖에 안 나온 것으로 여기가 저점일 가능성이 80%다.

**호가창을 보면서 역행을 찾아낼 수 있다.**

시장이 하락하고 종목도 같이 하락한다.

호가창에 매도물량은 떨어지니까 불안해서 걸어놓고 있는데 별로 많지 않다.

그런데 갑자기 호가창에 매수물량이 쌓이면서 많아지고 있다.

시장도 안 좋고 종목도 떨어지고 있는데 걸어놓기 시작한다는 것은 뭔가 미리 정보를 얻은 사람들이 급해지고 있다는 것이다.

이런 종목은 올라갈 수밖에 없다.

기대했던 것과 반대로 움직이면 모두 역행이다.

저점에서 호재로 상승한 종목이 위꼬리 길게 남기고 거래량이 만땅으로 터졌다.

뭔가 가능성을 봤으니까 많이 산 것이고 막상 산 사람은 확신이 없으니까 많이 팔았다.

어쨌든 매수가 매도를 못 이긴 것으로 별로 좋지 않다.

---

21) 전저점을 깨고, 5일 이평선도 깨고, 120일 이평선 깨고, 시장폭락했다면 4개의 공포스러운 상황을 맞이한 것이다.

**계속 떨어지다가 다시 반등하고 호재 위꼬리까지 올라왔는데 거래량이 적다?**

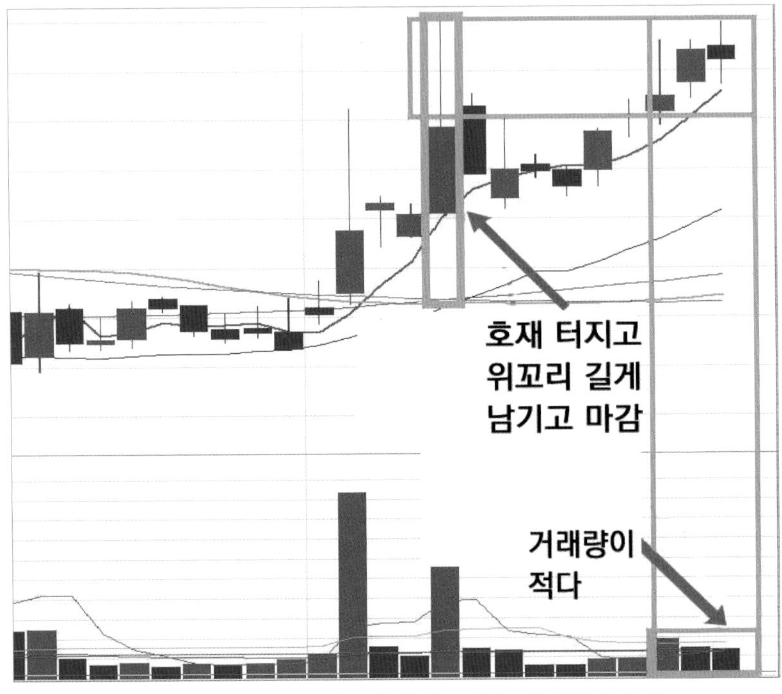


(그림73) 호재 이후 위꼬리 위치로 왔을 때 거래량 추이

(그림73)은 호재날 긴 위꼬리 양봉으로 마감하고 밀렸다가 다시 호재 날 긴 위꼬리까지 반등한 3일간의 거래량 모습이다.

호재 때 위꼬리에서 물린 사람들은 하락의 공포를 맛보았기 때문에 다시 그 가격대에 오면 매물을 던질 가능성이 많다.

그런데 거래량을 보니 안 팔았다. 매물을 던졌다면 3일간의 거래량이 많이 나와야 한다. 호재 때 위꼬리에서 물린 매물이 팔 기회가 있었는데 안 판 것이니까 역행하는 변곡점이다.

따라서 이 종목은 여기서 더 치고 올라갈 가능성이 크다.

## 5. 매물대, 전고점, 신고가, 한계가격대를 돌파할 때 매수 기법

**매물대를 돌파하면 강한 매수신호다.**

가장 좋은 것은 선발매수만으로 매물대 돌파할 때다.

선발매수로 매물대를 뚫어주었으니 이때 추격 매수 없어도 선발매수만 확인하고 바로 들어가면 된다.

매수 강한 거 확인했고 더 이상 팔 매물이 없으니까 상승할 가능성이 높다. 약매물대보다 강한 매물대를 돌파했다면 금상첨화다.

강매물대를 통과할 정도의 강한 매수세라는 것이 확인된 것으로 크게 치고 올라갈 수 있다.

**선발매수 이후 추격 매수는 안 들어오고 매물대 앞에서 밀렸다면?**

매수가 약하고 다음날 매물대를 못 뚫을 가능성이 많다.

매물대를 뚫을 때까지 들어가면 안 되며 매수가 강해지는 것을 확인하고 매수한다.

만약 전날 12% 올라갔다가 매물대 앞에서 밀린 것이라면 경우가 다르다. 이 경우는 너무 올랐다는 부담에 매수가 안 들어온 것이다.

12% 정도면 하루 충분한 상승가라고 본다. 만약 9%였다면 매수를 고려하던 사람도 더 올라갈 수 있다고 판단할 수 있다.

매수가 강한 상태이므로 다음날 선발매수 나오면 들어간다.

**전날 4% 선발매수 들어왔는데 추격 매수가 안 들어왔다.**
**다음날 선발매수 들어오는 가격이 딱 매물대 시작점이라면?**

선발매수 보고 들어가면 안 된다. 전날도 추격 매수가 안 들어왔는데 오늘도 들어온다는 보장이 없고 또 매물이 앞에 있으니 안 들어올 가능성이 더 크다.

**선발매수가 매물대 중간이라면?** 매물대와 싸워서 이긴다는 보장이 없으므로 매물을 확실하게 뚫는 것을 보고 매수한다.

**선발매수가 들어왔는데 매물대를 뚫다가 밀렸다면?**

매수가 약할 수도 있지만 매물이 강해서 밀린 것일 수도 있으므로 다음날까지 보다가 선발매수가 들어오면서 매물을 뚫으면 매수가 강한 것이므로 들어간다.

다음날 선발매수도 안 들어오면 매물이 강해서 못 뚫은 것이 아니라 매수가 약한 것이다.

(그림74) 매물대 못 뚫은 경우

(그림74)는 며칠 매물대 앞에서 선발매수도 안 들어오면서 주춤거리고 있다. 매물을 쉽게 못 지나갈 수 있으므로 매물대를 뚫을 때까지 기다렸다가 매수한다.

**약한 매물대는 뚫었다고 해도 쉽게 들어가면 안 된다.**

찔끔찔끔 5일 이평선을 타고 올라가는 종목은 파는 사람도 없고 사는 사람도 적다는 것이다. 그러다가 밀리면 매수가 약해서 밀리는 것이고 이렇게 만들어진 매물대는 매물대도 아니다.

다시 반등하면서 그 매물대를 뚫었다고 들어가면 안 된다.

매수가 강해지는 시점을 기다린다.

**떨어지면서 매물대가 형성되는 종목이 있다.**

이런 종목이 회복되면서 매물대를 만나게 되는데 이 매물대를 돌파하는 시점이 확실한 매수가 들어왔다는 신호다.

이때는 선발매수와 호가창에 매수물량이 꽉 차 있으면 그 때 들어간다. 꽉 차 있다는 것은 호가창 매수창에 10호가가 천 단위 이상 빈 틈없이 채워진 경우를 말한다. 평균 걸려있는 매수 수량보다 많이 걸려있는 경우에도 해당된다.

**반대로 올라갈 때 고점에서 매물대를 형성하고 떨어지는 경우가 있다. 완만하게 떨어지고 다시 회복했다면 매물대는 약하겠지만 급하게 떨어졌다거나 이후에 시간이 오래 걸려서 반등했다면 강한 매물대가 된다.**

약한 매물대를 뚫었다고 해서 매수가 강한 것은 아니므로 급하게 들어가면 안 된다. 만약 약한 매물대도 못 뚫는다면 매수가 엄청 약한 것으로 더 못 간다.

반면에 강한 매물대를 뚫었다면 매수가 강해졌다는 신호이므로 선발매수 확인하고 매수한다. 다시 말하면 강한 매물대의 매물을 다 소화하고 올라온다는 것은 매수세가 엄청 강하다는 반증이다.

고점에서 시장이 좋고 호재도 들어오면서 신고가를 돌파할 상황인데 더 못 올라간다면 매수가 약한 것이다.

이렇게 만든 매물대는 더 이상 살 생각이 없어서 만들어진 매물대이다. 이 매물대가 다음 고점에서 안 판다면 보유심리가 크고 종목에 대해 기대감이 큰 반면, 매수세기가 약하다는 것이다.

따라서 무턱대고 들어가면 안 되며 매수가 강해지면서 돌파하는 것을 보고 들어가는 것이 좋다.

**한계가격대를 돌파하면 강한 매수신호다.**

한계가격대란 시장도 좋고 매물대도 없는데 더 이상 돌파를 못하는 구간이며 보통 저항선이라고도 한다.

이 가격대를 선발매수로 뚫으면 매수가 강해졌다는 신호로 들어가도 된다. 시장이 안 좋은데도 돌파했다면 매수가 두 배로 강해진 것으로 선발매수 확인하지 않고 들어갈 수 있다.

**전고점, 신고가를 선발매수가 뚫었다면 매수가 강해진 것이다.** 그런데 추격 매수가 안 들어온다면?

전고점, 신고가 돌파에 대한 기대가 없다는 것으로 들어가면 안 된다. 강한 매수가 뚫을 때까지 기다렸다가 들어간다.

# 제 7장
# 매도 타임 잡는 심리 기법

## 1. 불안하면 팔아라

주식투자에서 가장 어려운 것이 언제 파느냐이다.
가장 우선하는 매도원칙은 '불안할 때 파는 것'이다.
언제가 불안한가?

**시장이 폭락하면 불안감이 커진다.**
**전저점을 지켜보다가 깨지면 불안해진다.**
**이평선이 깨지면 불안감이 증폭된다.**
**고점일수록 불안감이 커진다.**
**시장 역행하면 불안하다.**
**데드크로스를 만나면 초조해진다.**
**역배열이 되면 혹시나 하고 불안해 진다.**
**강한 매물대를 만나면 불안하다.**
**호가창에 매도물량이 쌓여 있으면 불안하다.**
**기대심리가 무너지면 불안해 진다.**
**악재가 터지면 공포심이 생긴다.**

이런 상황이 서로 겹칠수록 불안감은 증폭된다.

고점에서 역배열이 시작되면서 강한 매물대를 만났는데 시장이 폭락하고 전저점과 이평선을 깨는 상황은 최악이며 견뎌낼 사람이 없다. 여기에 다른 상황이 겹치면 또 불안심리가 자극된다.

호재 때 들어가서 고점에서 물렸다가 폭락을 경험하면 공포심은 두 배다. 매수 가격까지 오면 원본 심리가 발동해 무조건 매도한다.

전저점이 깨지면 불안한데 다시 회복했다가 다시 저점이 깨지면 공포심은 두 배다. 대부분 이때 던진다.

시장이 급락할 때 평소 거래량보다 많다면 불안해서 파는 사람이 많아졌다는 것이다. '이 정도 올랐으니까 팔까?'

이런 종목은 시장이 또 흔들리면 공포심을 못 이기고 대부분 이익실현 하거나 손절해버린다.

**불안하면 팔아야 하는 이유는 무엇인가?**

불안감에도 팔지 않고 버티면 그 다음은 이성적 판단을 못하고 패닉셀 상황을 맞이하게 된다. 초보자는 불안하면 파는 습관을 들이는 것이 좋다.

공포심은 그 종목을 보유하고 있는 사람들의 보유심리가 강한지 약한지를 알 수 있는 중요지표다.

공포심을 견딘다면 보유심리가 그만큼 강하다는 것이며 그 종목은 거기가 저점일 가능성이 높다. 죽어도 그 가격 이하로 안 팔겠다는 심리가 드러난 것이다. 이런 경우 그 가격 이하로 빠져도 다시 빠르게 회복한다.

보유하고 있다면 흔들리지 않고 가져갈 수 있는 방법은 그 종목을 보유하고 있는 다른 사람들의 심리를 읽는 방법이다.

**불안감을 자극할 만한 이슈가 생겼음에도 불구하고 안 판다면 불안해 할 필요가 없다. 다른 보유자들이 공포심을 못 이기고 매도할 때까지 계속 가져갈 수 있다.**

예를 들어 보자.

폭락장에서 공포심에 팔았는지 종목에 매력을 가지고 매수를 했는지 구분이 모호하다.

어느 한 가지를 택하느냐에 의해 매도냐 보유냐가 결정되며 수익에 큰 영향을 미친다. 어떻게 구분할 수 있는가.

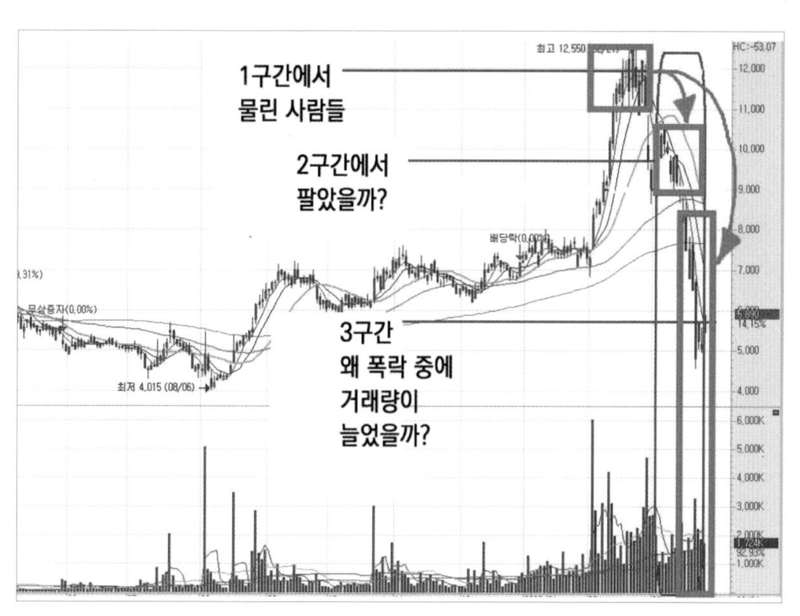


(그림75) 시장폭락 때 거래량 추이

(그림75)에서 보면 시장이 폭락하면서 종목도 급락하고 있다.

'팔아야 하나?' 그런데 가격이 급락하는 중에 거래량이 늘어났다.

**공포스러운 시기에 보유하고 있는 사람들이 투매를 했다면 더 보유**

**하면 안 되며 던져야 한다.**

하지만 투매가 아니라 종목에 대한 기대심으로 저점이다 생각하면서 매수한 것이라면 팔 필요가 없다.

**무엇을 보고 투매와 기대감을 알 수 있는가 알아보자.**

(그림75)에서 1구간의 고점에서 물린 사람들은 더 갈 것을 기대하고 급하게 들어온 사람들이며 갑자기 급락하면 당황한다.

팔 사람들은 시장이 급락하는 공포를 못 이기고 2구간 이전에 다 판다. 하지만 2, 3구간으로 넘어오면 더 이상 싸게 못 판다는 심리가 작용하므로 매도를 포기한다.

팔 사람이 없는데 왜 3구간 가격대에서 거래량이 늘었는가?

투매가 아니라 기대감에 매수한 것이다. 왜 매수했을까?

불안감이 고조되어 있을 때 매수했다면 뭔가 큰 게 있다고 믿고 들어온 것으로 저점을 찍고 크게 상승할 수 있다.

떨어졌다가 이 가격대에 와도 안 팔 것이므로 매수가 조금만 강해져도 쭉쭉 올라갈 수 있기 때문이다.

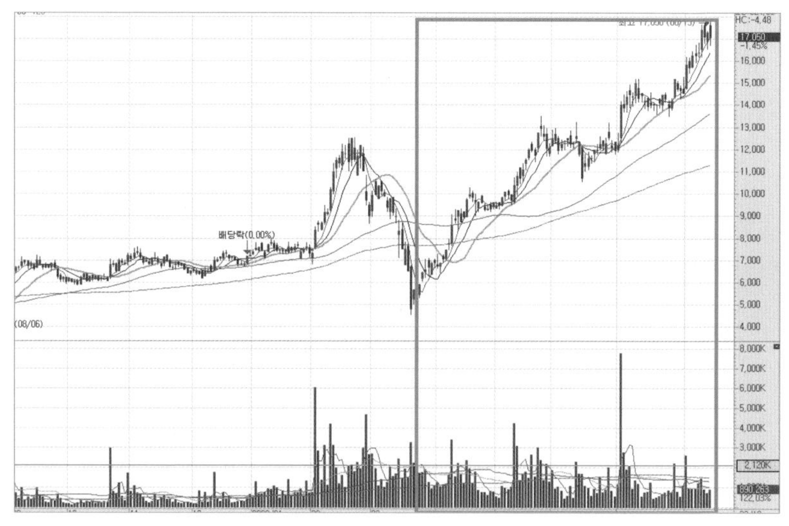


(그림76) 폭락 후 급반등하는 모습

(그림76)은 (그림75) 이후 모습을 나타낸 것이다.

폭락 이후에 시장이 상승하면서 종목도 큰 거래량을 유지하며 가격이 크게 높아지고 있는 모습이다. 폭락할 때의 큰 거래량이 종목의 기대감으로 매수한 것임을 반증하고 있다.

돌발변수가 생기면 누구나 불안해한다.

시장보다 크게 빠진다던가 시장을 못 따라가거나 갑자기 폭락하거나 하면 당황하지 말고 차트부터 점검하는 습관을 기른다.

일봉과 거래량을 보면서 보유하고 있는 사람들이 많이 팔아서 빠지는 것인지, 시장이 하락해서 떨어지는 것인지를 본다.

**거래량이 크게 늘지 않았다면 매수가 위축된 것이므로 크게 걱정하지 않아도 된다.**

**반대로 거래량이 평소보다 많아졌다면 불안해서 파는 사람이 많이 나왔다는 것이므로 다른 지표를 추가하여 살펴본다.**

분봉을 보면서 시장대비 잘 버티는지도 본다.

시장이 빠지는데 안 팔고 있다면 크게 걱정할 필요 없다.

반면에 시장보다 더 흔들리거나 빠지고 있다면 불안한 사람들이 많이 생겼다는 것이므로 더 빠질지를 주의깊게 살펴본다.

**호가창을 보고 매수·매도 상황을 점검한다.**

매도물량이 많이 걸려있다면 그 물량이 평소 물량인지 거래량을 보면서 확인한다.

거래량이 크게 증가하고 있다면 걸려있는 매도물량이 평소보다 더 많은 것이며 파는 사람이 늘고 있다는 것으로 안 좋은 상황이다.

여기에 체결창에 대량 매도물량이 쏟아지고 있다면 불안한 마음에 시장가로 내 던지고 있다는 것이며 위급한 상황이다.

## 2. 5일 이평선을 깨지 않으면 가져간다

꾸준히 올라가는 차트는 보유심리가 강하고 매수가 강하기 때문이다. 더 꾸준하게 올라갈 것을 어떻게 아는가?

**5일 이평선을 안 깨면 깰 때까지 가져간다.**

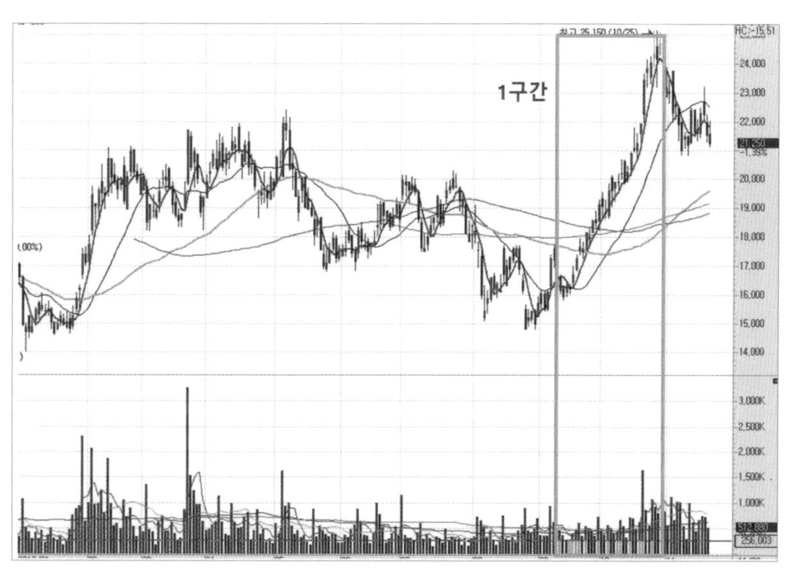


(그림77) 5일 이평선을 타고 가는 모습

(그림77)은 5일 이평선을 타고 가는 모습이다.

1구간을 보면 5일 이평선을 한 번도 안 깨고 꾸준히 오르는 모습이다. 종목에 대한 확신이 강하고 보유심리가 강하다는 의미다. 5일선이 이전보다 경사가 급하게 올라가는 것은 그만큼 확신이 강해서 파는 사람이 없다는 것이다.

5일 이평선 기울기는 '파는 사람이 없을수록', '매수가 강할수록' 급하다. 또 거래량의 변동이 거의 없이 올라간다는 것은 파는 사람 없이 약간의 매수 증가만으로 올라가고 있다는 것이다.

이런 종목은 고민할 필요가 없다.

**5일 이평선을 안 깨고 가면 계속 보유한다.**

**하지만 그렇지 않은 종목도 많다.**

(그림78) 5일 이평선을 타고 가는 종목

(그림78)은 5일 이평선을 자주 깨면서 올라가는 모습이다.

1구간의 5일 이평선을 타고 가는 모습과 2구간의 모습이 거의 흡사하다. 둘 다 5일을 타고 가는 중에도 자주 5일선을 깨면서 불안한 모습으로 올라가고 있다.

원래부터 이 종목은 상승한다는데 대한 확신은 있지만 불안한 사람들이 많다는 의미다.

하지만 봉의 길이는 짧지 않은 걸 보면 매수세가 관심이 많은 상태로 올라가고 있음을 알 수 있다.

이런 종목은 불안한 사람들이 많으므로 언제 매도세로 전환될지 모르므로 이평선을 깨면 바로 매도하는 것이 좋다. 다만, 미래 성장성을 확신한다면 5일 깨고 조정을 보일 때 다시 매수하고 5일선 깰 때 매도하는 방법으로 대응할 수 있다.

**5일 이평선을 깨지 않으면서 거래량을 크게 동반하지 않으면서 상승하는 모습은 보유심리가 강하다는 반증이다.**

**가격이 올라가고 있는데 안 판다면 더 올라갈 가능성이 크다.**

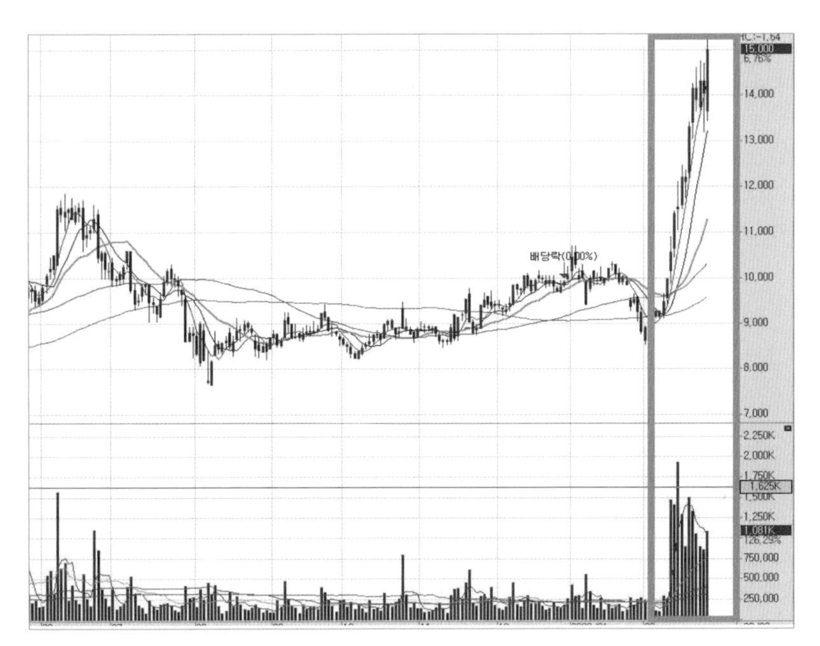


(그림79) 5일 이평선을 따라 상승하는 경우

반면에 (그림79)는 급하게 5일 이평을 타고 엄청난 거래량을 동반하면서 올라가고 있는 모습이다.

갑자기 관심이 크게 늘면서 외부 매수 세력이 들어오고 있다면 종목에 대한 좋은 뉴스나 업황이 주목을 받은 경우로 바람직하다.

다만 치열하게 매수와 매도가 싸우면서 올라가고 있기 때문에 파는 사람이 일시적으로 늘어나면서 하락할 수 있다.

따라서 5일 이평선을 깨면 파는 사람이 많이 나오는지를 시장과 분봉, 호가창 등을 보면서 판단해야 한다.

**시장도 좋은데 갑자기 시장을 역행하면서 파는 사람이 많이 나오고 5일 이평선을 깨고 추격매도까지 나오면 매도한다.**

**5일 이평선을 타고 완만하게 오르는 종목이 있다.**

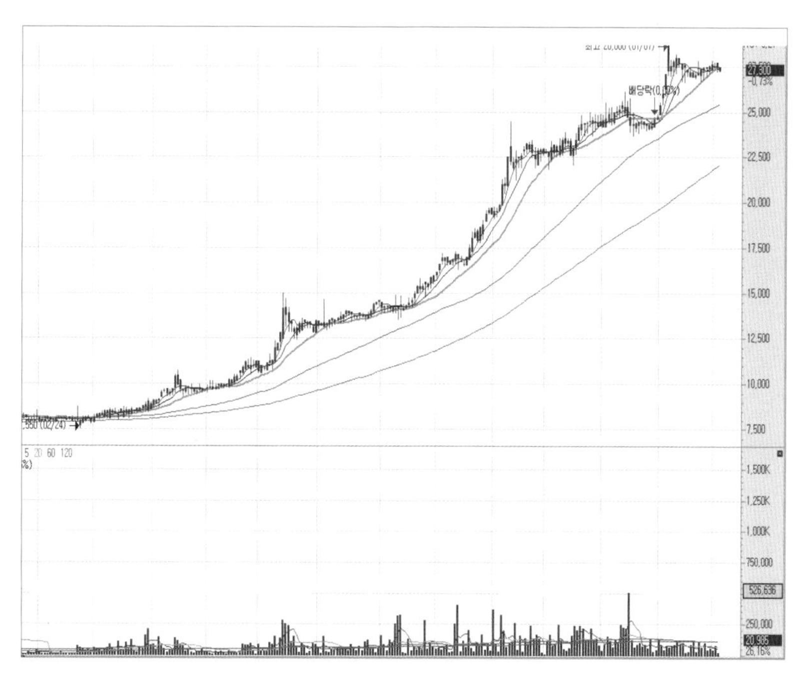


(그림80) 5일 이평선을 타고 꾸준히 오르는 종목

(그림80)은 5일 이평선을 타고 꾸준히 오르는 모습이다.

거래량의 큰 변동 없이 올라가는 것을 보면 매수가 강해서 올라가는 것이 아니라 안 팔아서 올라가는 것이다.

확신이 있는 아는 사람들만 거래하는 종목이며 매수는 그렇게 강하지 않지만 보유 심리가 엄청나게 강하다는 반증이다.

보유하고 있는 사람들에 의해 가격이 결정되는 종목으로 보유심리가 무너지면서 파는 사람이 많이 나올 때 매도한다.

**5일 이평선을 응용하여 매도 타임을 잡아보자.**

**시장이 안 좋은데 5일 이평선을 타고 올라간다면?**

여기까지 보유심리가 좋으니까 계속 보유한다.

점점 고점으로 올라가면서 시장이 좋은데 같이 올라가지 않고 횡보하고 있다. 시장이 좋음에도 위꼬리 남기면서 고점에서 공방 중이면 슬슬 불안해지기 시작한다는 것이다.

'5일 이평선이 깨지려나'

먼저, 종목의 분봉과 시장의 분봉을 비교해서 본다.

분봉이 시장을 따라가지 못하고 오히려 역행하면서 빠진다?

불안하면 호가창으로 팔려고 하는 사람들이 늘었는지를 본다.

매도 호가 밑에 물량이 짱짱하면 5일 이평선이 깨지는 순간 추격매도세가 되어 우르르 팔 가능성이 높다. 매수물량이 짱짱하다면 시장 눈치를 보고 있지만 고점에서도 살려는 사람들이 많다는 것이므로 더 지켜본다.

그렇지 않고 매수물량이 그저 그렇다면 5일 이평선이 깨지면 바로 매도한다.

## 3. 고점 매도 요령

종목을 샀는데 계속 올라간다.

'팔아야 하나?', '더 갈 수 있나?'

샀다면 높은 값에 파는 것이 가장 좋지만 쉽지 않다.

'불안하면 팔고 비중 적게 남겨서 고점매도 하는 것'이 최선이다.

고점매도는 고수익 투자의 지름길이다.

잡은 기회를 따라 최대한 수익을 확보하는 비결이다.

고점매도는 어떻게 하는가?

고점매도도 매수 타임 잡기와 원리는 같다.

일봉, 거래량, 분봉, 이평선, 매물대, 호가창 등으로 매수세기를 읽고 매수 했듯이 같은 지표로 매도세기를 읽고 판단을 하는 것이다. 각 지표에 대한 지식이 풍부할수록 확률이 높아진다.

산 주식이 오르기 시작하면 최대한 고점에서 매도하기 위한 고점잡기가 시작된다.

**먼저, 일봉을 체크한다.**

일봉상 양봉이면 당연히 그대로 보유하면서 가져가면 되지만 만약, 음봉이라면 매도를 고려해야 한다.

음봉이 마이너스 3~5% 정도면 선발매도세만 나온 것이므로 매도보다 보유 쪽으로 검토한다.

6% 이상이면 선발매도에 이어 추격매도세까지 합세했다는 것이므

로 매도를 우선으로 검토한다.

**다음, 매물대를 체크한다.**

고점으로 가면서 매물대를 만나면 당연히 오래 물려있던 사람들이 팔 수 밖에 없다.

매수 종목이 상승하면서 주춤할 때 겁을 먹고 매도하기 전에 반드시 매물대의 영향인지를 보는 것이다.

대부분의 경우 그 전에 물려 있던 사람들이 지쳐서 팔거나 낮은 가격에 매수했던 사람들이 수익확보를 위해 판다.

그렇기 때문에 종목이 올라가면서 매물대를 만나 주춤하거나 약한 모습을 보여도 일시적인 경우가 많고 따라서 팔 필요가 없는 것이다.

**다음, 거래량을 체크한다.**

고점매도의 기초는 거래량이다.

팔려는 사람이 증가하는지를 보는 것이다.

공포심을 자극하는데, 예컨대 전저점 깨고 시장 폭락하고 이평선이 깨지는데 안 판다면 계속 가져가도 된다.

**안파는 모습은 선발매도에 이어 추격매도가 안 나오고 있고 거래량이 평소와 같고 호가창에 매도 수량이 적고 체결창에서 시장가로 팔지 않는 모습으로 나타난다.**

신고가를 돌파하다 밀렸다가 다시 신고가 돌파 지점까지 왔는데 파는 사람이 늘어난다면 보유하고 있는 사람이 판다는 것이고 이 종목은 더 밀리게 된다.

이때는 신고가 돌파가 어려우며 하락할 가능성이 많기 때문에 정리하고 나온다.

만약 매물대가 두껍다면 거기서 매도물량이 나왔다는 반증이고 당연한 결과이므로 바람직하지 않은 모습이지만 크게 염려할 수준은 아니다.

매물대가 두꺼움에도 불구하고 거래량이 평상시와 같다면 매물대에서 물린 사람들이 안 팔았다는 것이므로 매우 좋은 모습이 된다.

**다음, 이평선을 체크한다.**

음봉이면서 5일 이평선을 깼다면 매도를 고려해야 한다.

여기에 선발매도에 이어 추격매도세까지 나왔다면 심각하게 매도를 고려해야 한다.

**다음, 시장을 체크한다.**

일봉, 매물대, 거래량, 이평선 등을 검토할 때 반드시 시장 상황을 반영하여 결론을 내야 한다.

예를 들면, **일봉이 마이너스 9% 하락인데 시장도 그 이상 빠졌다면 시장보다 잘 버틴 것이다. 일봉만으로만 보면 매도 결론이 나겠지만 시장을 감안하면 매도유보로 결론이 난다.**

이평선의 경우에도 5일 이평선을 깨고 추격매도세가 나왔더라도 시장이 폭락했다면 역시 매도 유보이어야 한다.

**다음, 분봉을 체크한다.**

일봉, 매물대, 거래량을 체크한 결과 매도 결과가 나왔더라도 분봉을 보면, 전혀 다른 결론이 나오기도 한다.

따라서 분봉까지 반드시 체크하고 결정한다.

분봉의 모습에 따라 매도냐, 계속 보유냐가 결정된다.

만약, 일봉, 거래량, 매물대, 이평선으로 검토한 결과 매도 결론이 났다고 가정하자.

이때의 전날 분봉은 다음의 세 가지 모습의 형태가 있다.

**첫째, 완만하게 저점을 낮추면서 하락한 경우다.**

이런 모습은 장 시작하고 계속해서 보유하는 사람들이 팔았다는 의미다.

(그림81)의 경우로 가장 안 좋은 것이며 이때는 매도다.

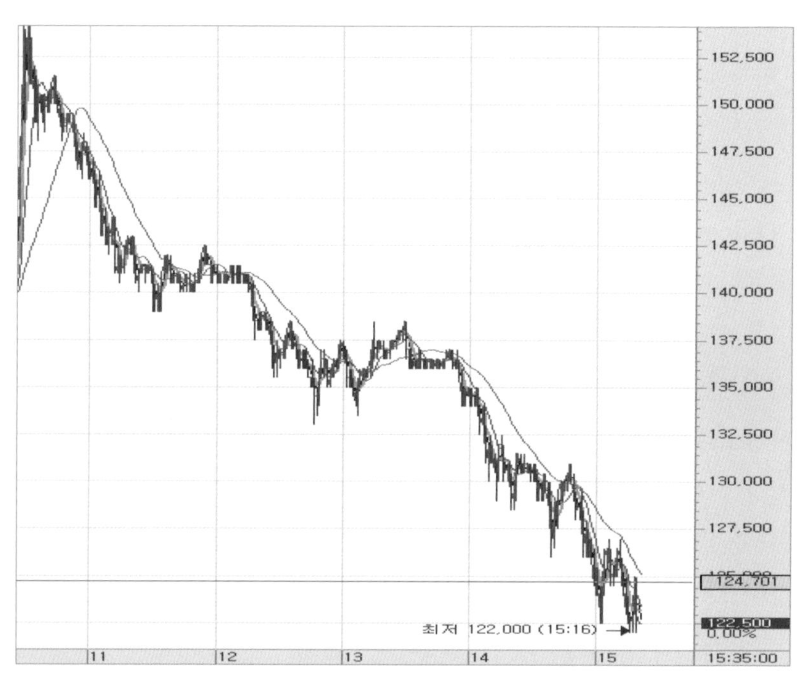


(그림81) 분봉상 계속 하락한 경우

**만약, 종목이 이렇게 하락했다 하더라도 시장이 같이 하락한 경우는 매도하면 안 된다.**

시장과 같이 빠진 것이므로 시장이 좋아지면 다시 회복할 수 있기 때문이다.

(그림82) 종목의 분봉과 시장 분봉의 비교

최악은 빠졌는데 (그림82)와 같이 시장은 좋았던 경우다.

아래 분봉인 시장이 좋았음에도 불구하고 위 분봉은 종일 팔려는 사람이 나왔다는 것이므로 더 이상 상승하기 어렵다.

무조건 매도다.

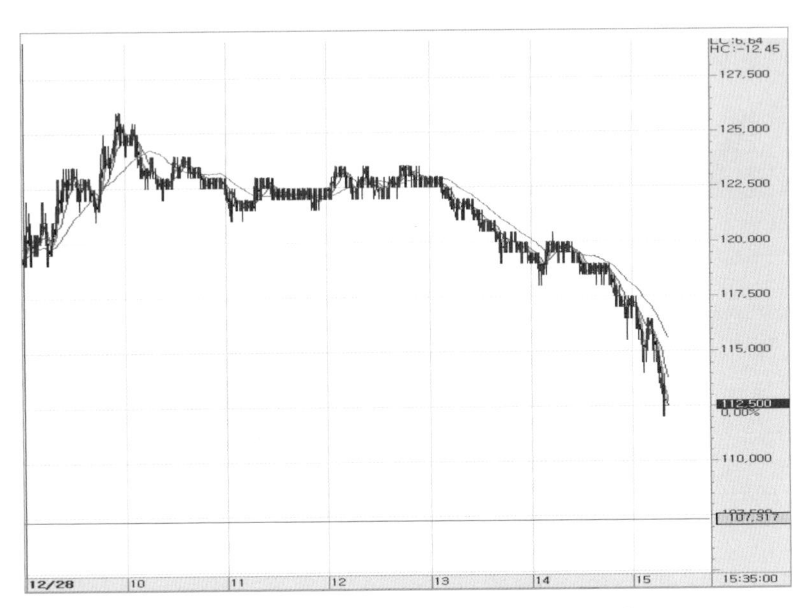


(그림83) 분봉상 오전에 버티다 오후에 하락한 경우

**둘째, 잘 버티다 오후에 갑자기 하락한 경우다.**

(그림83)처럼 오전까지는 파는 사람이 없다가 오후에 갑자기 파는 사람이 꾸준하게 나온 것으로 바람직하지 않다.

이때 시장과 비교해서 시장이 같이 빠진 경우는 보유지만 시장이 좋았다면 매도다.

**셋째, 훅 빠졌다가 밑에서 버티면서 끝난 경우다.**

(그림84)와 같이 장 시작하고 일시적으로 파는 사람이 나왔지만 종일 저점의 공포를 이기고 안 판 경우다.

가장 바람직하며 이런 경우는 보유해도 된다.

만약, 시장이 안 좋았음에도 불구하고 이런 모습이 나왔다면 더 확실한 보유신호다.

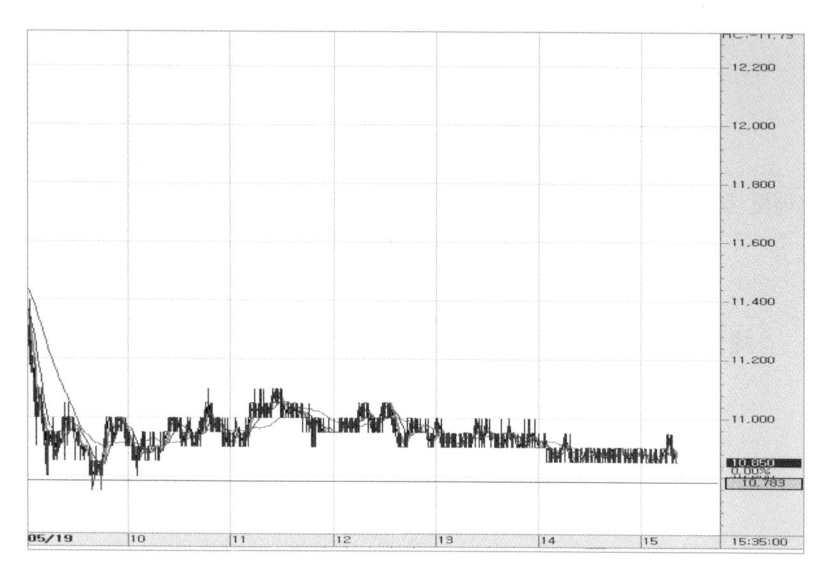


(그림84) 분봉상 오전에 빠졌다가 오후에 버틴 경우

비록 일봉, 매물대, 거래량, 이평선으로 매도 결론이 났더라도 보유다. 마지막으로, 호가창 체크다.

**호가창은 최종적으로 확인하는 보조 지표다.**

즉 일봉, 분봉, 매물대, 시장, 이평선으로 매도인지 보유인지 결론이 나야 하며 호가창 단독으로 결론 낼 수는 없다.

사실 결론이 났다면 호가창을 볼 필요 없다.

호가창으로 그 결론을 뒷받침하는 결과를 확인할 뿐이다.

다만 보유 결정이 되더라도 다시 호가창으로 그 결론을 확인할 필요가 있다.

떨어지고 있을 때 (그림85)처럼 매도물량이 최소한 위에 많이 걸려 있고 매수물량은 밑에 많이 걸려 있어야 한다.

즉 급하게 팔려는 사람이 없고 떨어지는데 관심이 있는 사람이 많다는 것이므로 매수가 강해지면 추격 매수까지 대기하고 있으므로 올라갈 수 있다.

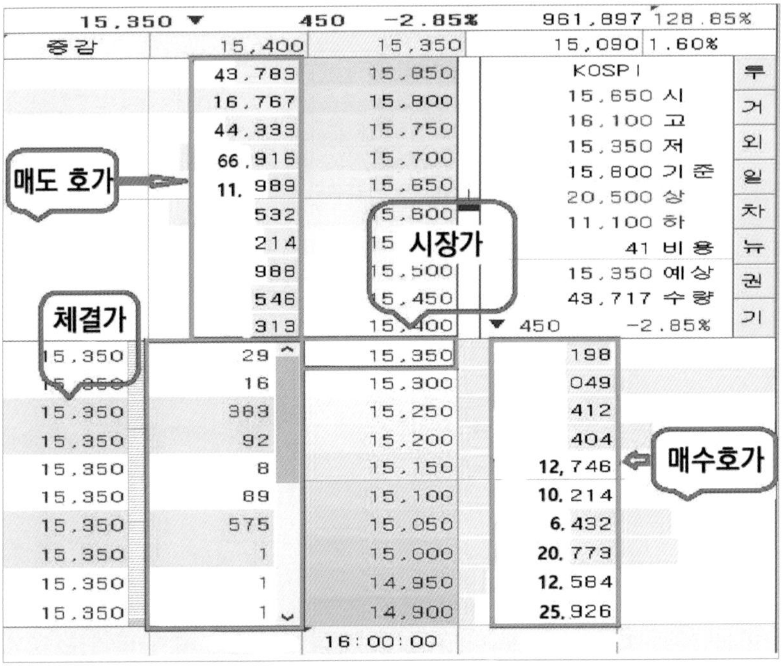

(그림85) 호가창 모습

**고점매도는 확인할 것이 많다.**

매물대, 시장, 이전의 일봉 등으로 더 갈 수 있는지, 팔아야 하는지, 분봉을 보고 이전 매물대 가격을 비교하고 매물 때문에 판 것인지, 분봉상 시장대비 잘 버티고 있는지, 호가창으로 많이 팔고 있는지 등 면밀하게 체크를 해야 한다.

같은 분석이라도 고점에서는 매수·매도심리가 복잡하다.

어떤 날은 팔고 싶은 사람이 많아지고 어떤 날은 갑자기 사고 싶은 사람이 많아서 올라가는 식이다.

**시장은 잘 오르는데 보유종목은 안 오르고 있다면.**

매도하기 전에 분봉을 본다.

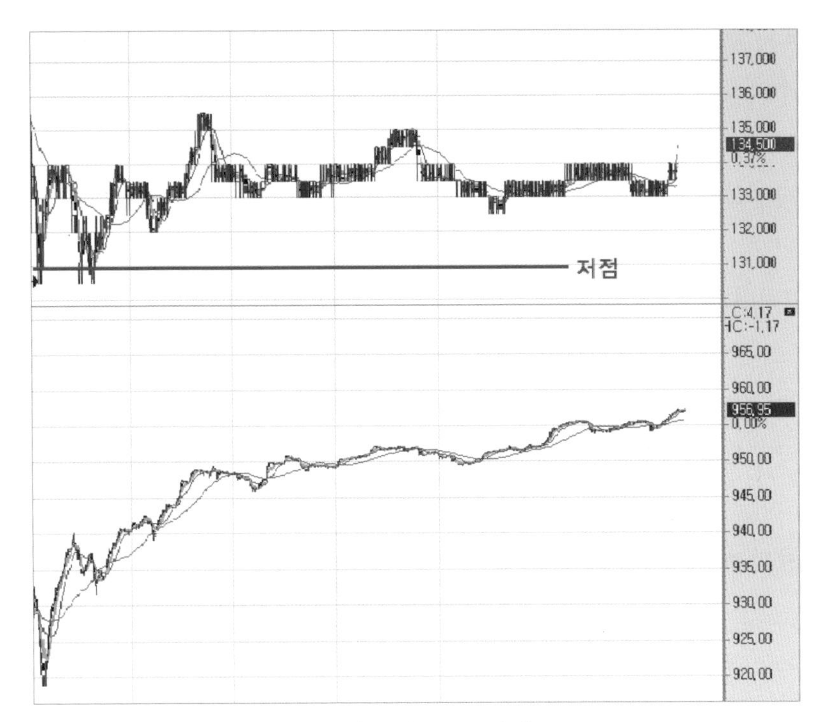


(그림86) 분봉으로 고점매도

(그림86)은 위 보유종목과 아래 시장의 분봉차트다.

시장의 분봉은 저점을 계속 높이면서 상승하고 있다.

반면에 종목은 저점을 찍었지만 반등을 하는 대신 횡보하면서 약간 하락하고 마쳤다.

여기까지는 매도를 고려할 필요가 전혀 없다.

시장상승에도 횡보 또는 하락이지만 종일 등락이 심하지 않은 것은 안 팔았다는 것이고 매수만 위축된 상태다.

보유심리는 흔들림이 없다.

초반에 약간 흔들렸지만 시장 따라간 것 뿐이므로 앞으로도 크게 흔들리지 않는다.

**시장이 쭉쭉 올라가는데 시장 분봉과 종목 분봉의 모습이 똑같다면 주의해야 한다.**

좋은 종목이라면 상승 중에 시장보다 강해야 한다. 시장이 좋은데도 시장의 등락에 모두 영향을 받고 있다면 시장이 조금만 불안해도 같이 흔들릴 수 있다.

이런 종목은 크게 치고 가지 못하므로 매도를 고려한다.

물론 시장도 못 따라가면 더 위험하다. 즉 시장이 상승하는데 반응이 없다거나 하락하는데 종목은 더 크게 흔들리면서 하락하는 경우는 적극적으로 매도를 검토해야 한다.

시장이 상승할 때 시장보다 강한 모습이거나 반등 후 하락할 때 시장보다 잘 버티는 모습이면 좋다.

시장 움직임에 비해 보유심리가 강하므로 더 치고 올라갈 수 있는 종목이 되며 계속 보유한다.

# 제 8장

# 단타 실전 심리 기법

## 1. 단타와 장타의 차이

단타는 보통 하루 중 아니면 며칠만 가져가면서 짧게 수익을 내고 나오는 투자방식이다.

초단타라고 해서 급등주만 다루는 사람도 있다.

주식시장 시작하고 6~8% 상승한 종목을 찾아서 손절폭을 잡고 매수하고 5~6% 수익만 보고 나오는 방식이다.

스켈핑 기법도 있다. 스켈핑은 일 중 2~3분 단위로 짧게 보유하면서 빈번한 거래를 통해 박리다매식으로 차익을 실현하는 투자기법을 말한다. 스켈핑은 단타에 비해 시간도 더 짧게 수익률도 더 적게 자주 자주 매매하는 방법이다.

엄격하게 말하면 단타는 시간의 개념이 아니라 수익률을 기준으로 하는 것이다. 매수를 한 후에 수익률을 짧게 보고 하는 투자를 말한다.

보통 개인마다 다르지만 5~20% 사이이다.

어떤 사람은 3~4%만으로도 만족하는 경우도 있다.

제대로 투자를 했다면 목표수익률이 짧은 시간 안에 달성되기 때문에 단타라고 하는 것뿐이다.

단타를 매우 부정적으로 보는 경향이 있다.

장기보유를 하는 사람들 입장에서는 자기 종목에 쉽게 들어오고 나가면서 가격을 왜곡한다고 생각하기 때문이다.

장기투자만이 진정한 주식투자라고 못 박는 사람도 있다.

하지만 극단적인 확신은 위험하다. 시시각각으로 가격변동이 존재하는 시장의 기능을 외면하고 어느 하나로 고정하면 안 된다.

돈을 벌어야 하는 투자 동기를 존중해야 한다.

최근에는 기관들도 단타를 즐겨한다.

따라서 단타와 장타는 투자전략의 측면에서 보아야 한다.

사람에 따라 투자자금의 규모에 따라 혹은 시장에 따라서 각각의 방식에 장단점이 있기 때문이다.

투자자금이 적은 사람은 자주 종목을 교체하면서 수익을 낼 수 있어야 투자자금이 늘어난다.

**단타와 장타의 장단점은 무엇인가?**

단타는 적은 수익률로 자주 이익을 볼 수 있는 반면에 장타는 한 번 거래에 큰 수익을 낼 수 있다.

단타는 오래 가져가지 않기 때문에 손실률이 장타에 비해 적다.

장타는 큰 수익을 가져올 수 있지만 한 번 물리면 크게 손실을 가져올 수 있다.

단타는 투자자금이 바로바로 회전되므로 그만큼 기회가 많지만 장타는 투자자금이 오래 묶일 수 있다.

단타는 거래를 할 때도 실시간 모니터링을 해야 하지만 장타를 하면 자주 모니터링을 하지 않아도 된다.

단타를 잘해서 승률이 높으면 장타는 상대적으로 쉽다.

단타를 해서 성공하려면 시장분석, 종목분석, 차트분석, 매매전략이 탁월해야 하기 때문이다.

순간순간 변하는 시장 상황에도 잘 적응해야 하므로 긴 호흡으로 변하는 시장에 대처하기가 상대적으로 쉽다.

세밀한 부분을 채우면 큰 틀에서도 강한 법이다.

**전략적으로 단타와 장타를 어떻게 조합하는가?**

**단타를 통해 투자자금을 늘리고 늘린 투자자금으로 장타를 하는 것이 가장 바람직하다.** 처음부터 투자자금이 큰 사람도 반드시 단타를 경험하고 익숙해져야 한다. 단타에서 성공하지 못한 사람은 장타에서도 성공할 확률이 낮기 때문이다.

**단타를 어떻게 하는가?**

**가격의 흐름을 타고 매수세가 강해지는 시점을 공략하는 방식이다.** 크게 5가지 구간이 있다.

첫째, 가격이 내려갈 때 중간에 반등이 나오는 경우 그 매수의 힘을 이용하여 짧게 먹고 나온다. 하락장에서의 단타는 매우 조심스럽게 해야 한다. 초보자는 금물이다.

둘째, 저점을 찍고 상승하는 시기에 매수의 세기를 보고 들어간다. 그러나 더 떨어질 위험이 존재하므로 비중 적게 해야 한다.

셋째, 저점이 확인되고 매물대를 만들면서 등락을 할 때 매매를 하는 방법이다. 등락은 기회가 가장 많이 오는 때다.

넷째, 매물대를 돌파 등 본격적인 상승기에는 매수가 강할 때이므로 자주 매매를 하면서 수익을 많이 낼 수 있다. 이때 수익률이 가장 좋다.

다섯째, 상승기를 지나고 고점에서 등락을 하는 때는 너무 고점이라는 부담과 추가 상승에 대한 기대감이 교차하기 때문에 매매 기회가 많지만 수익률은 떨어진다.

단타는 10개 중 6-7개 정도의 확률로 성공한다.
따라서 실패가능성을 두고 비중 조절을 잘해야 한다.
단타는 시장, 일봉 뿐만 아니라 분봉, 호가창은 필수다.
여기에 전략을 가미하고 이평선, 매물대 등 동원할 수 있는 모든 것을 활용하는 종합전술이다.

지금부터 차트를 읽고 단타 매수전략을 세워보자.
(그림87)의 차트를 보면, 매물대가 순서대로 있어서 기준을 잡고 매

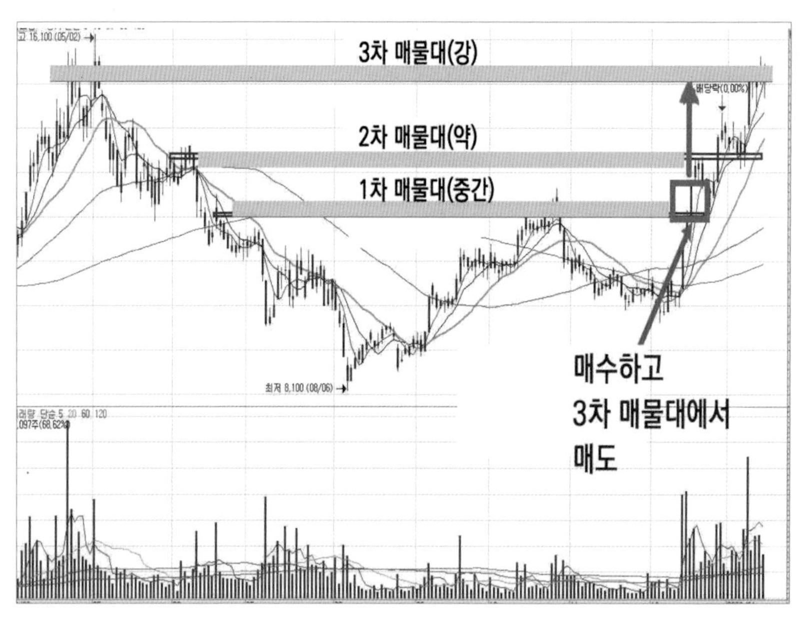


(그림87) 매물대 매도

매하기 용이하다. 매물대의 세기를 비교해 보면, 2차 매물대가 가장 약하고 다음으로 1차, 마지막 3차 매물대가 가장 강하다.

어디에서 매수하고 어디에서 매도할 것인가?

1차 매물대는 약한 편은 아니기 때문에 여기를 자력으로 뚫는다면 매수의 세기는 강해진 것이며 여기서 매수한다.

'2차 매물대는 약하므로 무난하게 뚫을 수 있으므로 더 강한 매물대인 3차 매물대에서 매도한다.'

이런 식으로 대응하면 된다. 다행히 매수가 연속으로 강하게 들어온 경우로 쉽게 수익을 낼 수 있었지만 그렇지 않은 종목도 많으므로 실전에서는 더 많은 분석이 필요하다.

이제 다른 종목으로 단타의 실전 패턴을 구성해 보자.

저점이 확인되고 안전한 종목이면 단타를 고려한다. 고점이라도 매수가 강하게 들어오는 종목도 단타종목이 된다.

현재 시점 가격대 바로 위에 약한 매물대가 있고 그 위는 매물대 없이 뻥 뚫려있다.

'매물대도 약하고 매수만 강하면 뚫고 갈 수 있겠는데'

먼저, 시장 일봉, 종목 일봉을 체크한다.

전날 시장은 5% 상승인데 종목은 6% 상승하면서 매물대 앞에서 멈춰있다.

시장은 엄청 좋았다면 최소 8% 이상은 상승했어야 하는데 따라가지 못한 상황이다. 상승 가능성이 높은 종목이라면 시장상승률보다 3% 이상 상승하는 것이 바람직하며 이 기준은 경험치에 근거한 것이다.

'약한 매물대 앞에서 멈췄다?'

시장도 좋았고 매물도 약한데 뚫었다면 매수가 확실하게 강해진 모습인데 그렇지 않았다면 매수는 약한 편이다.

거래량을 보니 평소 거래량 정도가 나왔다.

평소 거래량인데 6% 상승한 거면 안 팔고 올라간 것이고 매수는 그다지 강한편이 아니다.

여기까지 보면, 매수세는 약하고 안 팔아서 올라간 것이니까 내일 시장이 좋으면 매수가 들어오게 되고 반등 가능성이 있다.

이런 정보를 바탕으로 매수 전략을 세운다.

'내일 시장이 좋으면 선발매수로 매물대를 뚫을 수 있으니까 선발매수 확인하고 비중을 적게 해서 들어가자.'

이렇게 기본 분석이 완료되면 다음날 분봉과 호가창을 이용해서 단타를 실행한다.

거래 당일 일봉과 분봉상 기다리던 선발매수가 들어왔다.

매수하기 전에 마지막으로 호가창을 참고한다.

호가창은 강한 매수인지, 추격 매수세가 있는지, 더 올라갈 수 있는지의 신호를 찾는데 유용하다.

선발매수가 들어왔는데 매수 물량이 호가 뒤에 많이 걸려있고 매도 수량이 적게 걸려있다면 추격 매수가 대기하고 있는 것이다.

추가로 체결창을 돌려보면서 파란색보다 빨간색이 더 많다면 급하게 파는 사람들이 없고 매수만 급하다는 것이다. 체결창은 매수가 급하게 사는지, 매도가 급하게 파는지, 대량 물량인지 소량 물량인지를 확인할 수 있는 중요한 지표로 사용된다.

종합하면, 선발매수가 들어왔고, 매수세는 급해졌고 그러면 대기하고 있던 추격 매수세가 급해지면서 들어올 것이므로 이 종목은 더 치고 올라갈 가능성이 크다.

이런 모습을 보인다면 매수가 강해진 것으로 무조건 매수다.

## 2. 투자리스트 작성

**주식투자는 파도타기처럼 해야 한다.**

올라오는 파도를 타고 가다 내려올 때 힘을 빼고 다시 올라오는 파도를 기다리는 방식이다. 이를 위해서는 타고 갈 좋은 종목을 가지고 있어야 한다. 이른바 관심 종목이다.

관심 종목은 투자에 있어서 어장관리와 같다.

종목을 많이 골라 놓으면 지속적인 수익 창출이 가능하다.

관심 종목은 최소한 30종목 이상은 가지고 있어야 한다.

관심 종목은 어떤 종목이어야 하는가?

안전한 종목, 즉 저점이 확인되고 매수가 살아나면 크게 갈 수 있는 종목으로 판명된 종목이다.

관심 종목을 어떻게 골라야 하는가?

코스피·코스닥 종목 차트를 보면서 전체적으로 시장 따라가는 종목인지, 관심이 많은 종목인지, 아까워하는 사람들이 많은지, 안파는 종목인지, 매수가 강해지고 있는지 등을 보고 후보군을 골라 놓는다.

이를 위해 차트 심리 읽기에 능통해야 한다.

개인의 역량에 따라 1년 전 차트부터 혹은 최근 6개월 전 차트의 모습만 보고 걸러낼 수 있다. 숙달될수록 최근 몇 개월의 차트만 보고도 빠르게 종목을 리뷰해낼 수 있다.

처음 시작하는 경우는 모니터 화면에 종목 차트와 시장 차트를 위 아래로 띄워놓고 비교하는 것이 좋다.

스마트폰 앱이나 화면이 좁은 탭 등으로 분석하기가 어려우므로 관심 종목 찾기는 큰 모니터와 차트변화가 자유로운 증권회사가 제공하는 차트로 하는 것이 좋다.

(그림88) 종목 차트와 시장차트

(그림88)은 위에 종목 차트, 아래에 시장 차트를 놓고 비교할 수 있도록 모니터 화면에 셋팅한 모습[22]이다.

이렇게 놓고 보면 종목이 시장의 변동에 따라 어떻게 움직이는지 한눈에 알 수 있다. 처음에는 익숙하지 않다. 하지만 숙달될 때까지 반복해서 연습해야 한다. 고수일수록 리뷰 속도가 빨라진다.

22) 여기에 거래량 등 다른 지표도 얹어서 볼 수 있지만 화면 구성은 개인의 취향에 따라 각자 다를 수 있다.

개인의 역량과 투자환경에 따라 선정할 후보군의 수는 달라질 수 있다. 투자할 종목이 적은 사람은 후보군이 그만큼 많이 필요 없을 수 있으므로 시간을 낭비할 필요가 없다.

어떤 경우든 동전주, 즉 1,000원 미만의 가격대와 소위 바코드 종목은 피하는 것이 좋다. 동전주는 등락이 심하며 잘 못하면 관리종목으로 편입되거나 거래정지 등의 리스크에 노출될 수 있다.

바코드 종목은 하루 거래량이 5만주, 소형주의 경우 만주 이내의 종목이며 그 회사를 잘 아는 사람들끼리만 거래하기 때문에 시장의 변동과 무관하게 움직이므로 차트 분석이 까다롭다.

초보자는 동전주, 바코드, 테마주, 작전주, 주당 가격이 비싼 무거운 주식은 다루지 않는 것이 좋다.

크게 걸러낸 후보 리스트는 다시 각각의 종목에 대해 자세한 분석하는 시간을 가져야 한다.

최소한 1년 전 차트부터 분석해 나가면서 시장대비 강하게 버티는지, 저점이 어딘지, 매물대가 어딘지, 한계가격대가 어딘지, 호재의 성격이 어떤 것인지, 자력으로 매수가 강해지는지 등을 세밀하게 확인한다.

이때는 대충대충 분석하면 안 된다.

잘 못된 분석 결과라면 투자 판단에 크게 영향을 줄 수 있고 바로 손실로 이어질 수 있다.

종목 분석의 3원칙을 보자.

**첫째, 보유 심리가 강한가를 체크한다.**

체크포인트는 안파는 구간을 찾아서 그 구간을 중심으로 저점인지 확인한다. 안파는 구간이란 시장대비 강하게 버틴다거나 역행하는 곳, 전저점, 이평선 깨는데 추격매도 안 나왔는지, 호재 이후 호재로 물린 구간에서 안 파는지, 매물대에서 안 팔았는지 등으로 알 수 있다.

**둘째, 매수가 관심이 많고 아까워하는가를 체크한다.**

체크포인트는 호재나 급등 이후로 거래량이 전보다 많이 늘었는지, 고점, 신고점, 전고점, 한계가격대 돌파를 시도하다 시장 때문에 밀린 구간이 있는지, 상승시 시장보다 강한지 등으로 확인한다.

**셋째, 자력으로 매수가 강해지는가를 본다.**

체크포인트는 저점, 매물대, 골든크로스, 고점, 신고점, 전고점, 한계가격돌파 시점에서 자력으로 연속 매수가 들어오는 지를 체크한다.

**종목별로 1년 전부터 이렇게 리뷰한 결과를 가지고 시뮬레이션이나 스토리텔링방식으로 기록해 두는 것이 좋다.**

(그림89)는 관심 종목을 정리해 놓은 리스트 예시이다.

개인별 취향에 따라 작성방식은 달라질 수 있다.

| | | | | | | | | | | | |
|---|---|---|---|---|---|---|---|---|---|---|---|
| 고잡 | 유니퀘스트 | 고점 | 자율주행 | 반도체솔루션 | 비메모리반도체 | 생체인식 | 강실적주 | 초우량주 | | 3분기1068/21 | 자회시 |
| 고잡 | 쏠리드 | 추가매수 | 5G | 저점5000 | 추가상승 | 저점7000 | 862/108 | 실적주 | 1분기352/-27 | 저점5000원 | 안전하고, 복 |
| 관종 | 테크윙 | 중간 | 반도체장비 | 2기 618/118 | 20600 | 메모리핸들러 | 1위 | 실적주 | 장비투자확대 | 연2398억/438억 | |
| 고잡 | 에코마케팅 | 저점 | 광고마케팅 | | 네일스타트업글루가 | | | 실적주 | 반기811/283 | 3분기 539/185 49% up | |
| 고잡 | KG이니시스 | 저점 | 홈쇼핑결제 | 저점17000 | 3분기 1979/268 | 23700 | 강실적주 | 실적주 | 2분기1902/249 | 1분기2409/228억 | |
| 고잡 | 가비아 | 저점 | t서버클라우드 | iT정보 | | 저점확인종목 | 홈페이지 | 단타 | 언택트문화 | VDI신규서비스 | |
| 단타 | 나노신소재 | 선발대매수 | 2차전지 | 2차소재부품 | 올/갈까? | 외인2만매수 | | 단타 | 1분기109/6 | | |
| 고잡 | 엠플러스 | 저점 | 2차전지 | 무상24일 | | 파우치형대장 | | | 상반기631/18 | 3분기442/48 | |
| 고잡 | 포스코케미칼 | 고점 | 2차전지 | 양음극재 | NCMA개발 | NCM 공급 | 최초개발 | | 지난3분기586/1518 | 4세대 전고체개발중 | 2차전 |
| **구분** | **매매후보종목** | | **매매** | **안팔고** | **전고점** | **올라오는** | **종목** | **비중** | **크게** | **먹을수 있어** | |
| 단타 | 이랜텍 | 당일단타 | 2차전지팩 | 스마트폰케이스 | 전자담배 | 중대형배터리팩 | 삼성공급 | | 3분기2106/143 | 연6282/159예상 | 스마트 |
| 고잡 | 에이테크솔루션 | 저점 | 자율주행 | | 추가상승 | 삼성2대주주 | | 실적주 | 3분기570/12 | 반기/1208/16 | 안전하고, 복원력이 |
| 2부 | 삼화콘덴서 | 저점 | 자율주행 | 반도체 | 선발대매수 | 자율주행 | MLCC | 실적주 | 1분기606/74 | 매물없어 | 보유하면 |
| 관종 | 라닉스 | 호재 | 자율주행 | 삼화콘덴서 | 켐트로닉스 | 하이비젼시스템 | 하이페스 | 단타 | | | 안전하지 않지만 비 |
| 2부 | 아이쓰리시스템 | 저점 | 자율주행 | 의료장비 | IR센스 | 열화상렌즈 | 군사용 | 코로나 | 2분기201/28 | 엑스레이 | 대형호재이 |
| 관종 | 아모텍 | 저점 | 모바일 | galx부품주 | 놓치는거아냐 | 1분기685/36 | MLCC | 고점잡기 | 저점매수/고점잡기 | 1분기685/35 | 선발대매수/글로벌 |
| 관종 | 인탑스 | 고점 | 휴대폰 | galx부품주 | 휴대폰케이스 | 저평가종목 | | | 실적주 | 작년9000/700 | |
| 관망 | 엠씨넥스 | 중간 | 모바일카메라 | galx부품주 | 자율주행 | 갤S20/폴더블 | 강실적주 | 드론주 | 1분기3690/190 | 매물없어 | 반드시선발대 보고 |
| 2부 | 비츠로셀 | 저점 | it종합 | 리튬1차전지 | | 전고점돌파매수 | 실적주 | 고온전지 | 1분기308/62 | 스마트미터기세계1위 | |
| 단타 | 한온시스템 | 당일단타 | 자동차공조 | 전기차 | 수소전기차 | 자율주행 | 미래차 | -452 | 2분기1조1954/적자 | 매각협상중 | |
| 2부 | 코리안리 | | | | | | | | | | |
| 단타 | 씨아이에스 | 저점 | 2차전지 | 기계장비 | 올라와 | 연속확인매수 | 지분인수 | 분봉역행 | sbi인베스트 | 작년 1005/154 기록/LG 화학,삼성sdi | |
| 단타 | 켐트로닉스 | 당일단타 | 폴더블 | 자율주행 | galx부품주 | 소재국산화 | 강실적주 | 무선충전 | 4분기1035/33 | 자율주행/웨어러블 | |
| 관종 | 디바이스이엔지 | 반도체세정기기 | | 비메모리 | 선발대매수 | 1분기116/9 | | 실적주 | 2분기413/162 | 반기531/172 | 적자탈출 |
| 관종 | 한화솔루션 | 중간 | 케미칼소재 | 그린뉴딜 | 올/갈까? | 태양광 | 테마주 | 단타 | 1분기2조2480/1590 | 2분기1조9564/1285 | |

(그림89) 관심 종목 리스트

하지만 없어서는 안 될 정보는 다음과 같다.

저점 가격이 어딘지, 보유심리가 강한지, 시장대비 어떻게 움직였는지, 아까워하는 구간이 어딘지, 자력으로 매수가 강해지는 곳이 어딘지, 저점을 높이고 있는지, 매물대가 어딘지, 고점가격대가 어딘지 등이다.

**가장 중요한 내용은 이 종목을 어떻게 공략할 것인지에 대한 전략이 들어가 있어야 한다.** 예를 들어보자.

'저점이 13,000원이고 보유심리가 강하며 관심이 많고 아까워하는 사람들이 지켜보고 있으며 현재 저점 근처이므로 안전한 상태니까 전략 하나는, 지금 매수하고 강한 매물대가 20,000원에 있으므로 그 때 매도한다.

전략 둘, 더 기다렸다가 저점보다 더 떨어지면 그 때 비중 크게 매수한다.

전략 셋, 강한 매물대 20,000원을 뚫으면 매수가 강한 것이므로 그 때 들어가서 고점매도 한다.'

저점을 중심으로 세워진 전략은 1안, 2안, 3안까지 만들어 자기 여건에 맞게 적용해 나가는 것이 좋다.

관심 종목은 그때그때 중요 순서대로 수시로 바뀌기도 한다.

이슈나 관심이 많았다가 다시 꺼지고 시간이 지나면 또 다시 주목을 받는 경우가 많다.

시간이 지남에 따라 분석내용이 업데이트 되어야 한다.

일주일에 한 번 정도 늦어도 2주 안에는 체크해 본다.

한 번 정리해 놓으면 업데이트도 신속하게 할 수 있다.

이렇게 되면 나만의 관심 종목이자 투자리스트가 완성된다.

# 3. 매수신호 잡기

매수 신호란 고점 가격대, 저점 가격대, 매수세가 강해지는 가격대 등 각 가격대별로 존재하는 매수할 수 있는 적정 시기를 말한다.

**매수 신호의 기본은 선발매수 확인이다.** 특별한 경우 외에는 선발매수 즉, 3% 이상 상승하는 거 확인하고 들어가야 한다.

그 종목에 관심을 갖고 있는 예비 매수자들은 선발매수가 들어오면 급해지기 때문에 더 올라갈 수 있기 때문이다.

**이틀 연속으로 선발매수가 들어온다면 2배로 더 좋다.**

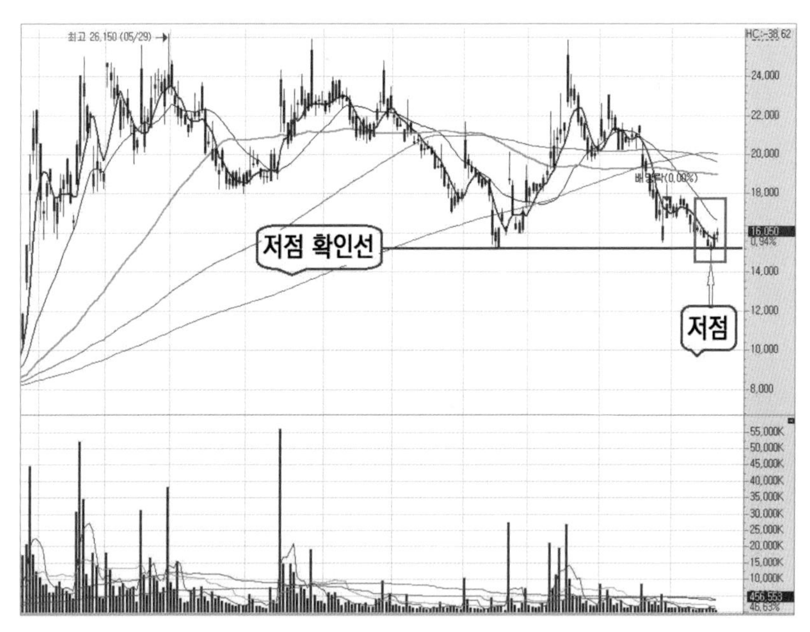


(그림90) 저점 형성 종목

가장 좋은 매수신호는 저점이다.
(그림90)에서 보듯이 전저점을 깬날 선발매도 -4%만 나오고 종가가 -1%로 끝나면서 추격매도세가 안 나온 모습이다.
전저점을 깨면 보유하는 사람들은 더 떨어질 것에 대한 두려움으로 팔려는 심리가 자극된다.
거기에 선발매도가 나왔다면 두 배로 공포심이 커진다.
그럼에도 불구하고 더 빠지지 않고 -1%만 빠지고 끝났다면 여기가 저점일 가능성이 높다.

여기에 지표가 더 추가되면 더 정교한 확신을 얻을 수 있다.
만약, 이날 시장이 폭락했음에도 버텼다면 저점 확률이 더 높아졌음을 의미한다.
이날 이평선까지 깼다면 공포심은 4배가 된다.
모두 이기고 -1%에서 그쳤다면 여기가 훨씬 더 높은 확률로 저점일 가능성이 높다.

호가창을 더할 수 있다.
만약, 이 날 호가창의 모습이 매도물량이 적고 매수 물량이 평소보다 많다면 저점임에도 불구하고 사려는 사람이 줄줄이 대기하고 있다는 의미이므로 5배 더 확실한 저점이다.
이날 분봉도 추가하면 더 강력한 심리 읽기가 된다.
**분봉의 모습이 장 시작하고 쭉 빠지고 밑의 가격에서 횡보하다가 장 후반에 반등하고 끝났다면 더 강력한 저점이다.**
**왜냐하면 시장폭락으로 장 처음에는 매도가 있을 수 있지만 저점에서 시장 하락의 공포를 이기고 버틴 것이라면 더 이상 싼 값에 팔 사람이 없다는 것이 확인된 것이다.**

여기에 장 후반에 반등을 하면서 끝났다면 저점임에도 매수가 살아 있음을 보여준 것이 된다.

여기까지 분석이 되었다면 몇 가지 전략이 나올 수 있다.

**첫째, 여기가 저점이 확인 되었으므로 적은 비중으로 그냥 다음날 매수하고 들어가는 방법이 있다.**

비중을 적게 한 이유는 다음날 시장이 또 떨어질 수 있으며 계속 시장이 안 좋으면 하락할 위험이 있기 때문이다.

그렇다 하더라도 시장의 여건 때문에 하락하는 것이므로 시장이 다시 좋아지면 매수가까지는 쉽게 올라오므로 크게 걱정할 필요가 없다.

**둘째, 더 기다렸다가 5일 이평선을 회복하는 것을 확인하고 비중 크게 들어갈 수 있다.**

5일 이평선을 회복했다는 의미는 매수 심리가 어느 정도 확인된 것이므로 저점 확인, 매수 심리 회복의 두 가지가 충족된 것이므로 비중을 크게 해서 들어간 것이다.

마찬가지로 더 떨어져도 저점까지는 쉽게 올라오므로 리스크는 적다.

**셋째, 더 기다렸다가 매수세가 확실하게 강해지는 것을 보고 비중 크게 들어간다.**

비록 저점이 확인되었고 이평선을 회복했더라도 본격적인 매수세가 강해졌다고 확신할 수 없고 다시 지지부진하면서 더 떨어질 수 있다.

따라서 5일 이평선을 회복하고 거래량을 동반하고 연속으로 이틀이상 4% 이상 상승하면 들어간다.

실시간으로 매수 타임 잡기를 보자.

매수할 때는 반드시 분봉을 보고 한다.

**분봉상 갭상승으로 시작하면 대부분 하락하므로 저점 찍을 때까지 기다린다.**

장 시작할 때 오른 가격으로 시작하면 팔려는 사람은 '더 오르려나?', '떨어지기 전에 팔아야 하나?' 이런 마음에 호가창에 매도물량을 걸어 놓고 사려는 사람은 눈치를 본다.

따라서 가격이 떨어질 가능성이 높다.

오른다고 무조건 들어가기보다 지켜보면서 저점 찍고 상승할 때 매수를 결정한다.

**반대로 갭하락으로 시작하면 오를 가능성이 크므로 시초가에 들어간다.**

장 시작하면서 내린 가격으로 시작하면 매도 포기하고 지켜보고 있으므로 매수가 조금만 들어와도 상승한다.

이때는 시초가 공략이 좋다.

매수신호에서 호가창을 빼 놓을 수 없다.

일봉 분석을 통해 선발매수가 들어오고 매수가 강해지고 막 전고점을 뚫고 있어서 매수를 하려고 맘을 먹었다. '더 올라갈 수 있을까?', '들어가도 될까?' 싶을 때는 호가창을 확인하는 것을 잊어서는 안 된다.

종목을 들어가려 하는데 호가창을 보니 매도물량이 빵빵하게 걸려있다? '매물이 너무 많아서 못 들어가겠는데'

여기서 포기하면 차트 읽기를 잘 못 한 것이다.

호가창만 보면 이렇게 잘 못된 결과가 나올 수 있다.

**호가창을 보기 전에 반드시 일봉 분석을 통해 현재 자리의 상황을 파악하고 시작해야 한다.**

즉 거래량을 보면서 파는 세력이 어떤지부터 확인한다.

이럴 때 거래량을 본다.

**거래량이 평소 거래량과 같다?**

**호가창 매물이 계속 팔고 있었다면 거래량이 평소보다 늘었어야 한다.**

그렇다면 호가창의 많은 매물은 평상시에도 동일하게 걸려있던 것이고 이들이 평소와 같은 매도행태를 하고 있다는 것이며 매수가 강해지고 있는 상황에서 누구나 올라갈 것이라고 예상하므로 안 팔고 더 지켜볼 것이다.

여기까지 분석으로는 매수 포기 종목이 아니라 매수하기 괜찮은 종목이 된다. 결국 이제 매수를 결정하는 중요한 포인트는 호가창의 매수 물량이다.

매수 물량이 위 5호가만 꽉 차 있고 밑 5호가는 별로 없다면?

급한 매수 세력만 있고 추격 매수는 약하다는 의미다.

절대로 들어가면 안 되며 더 지켜보면서 추격 매수가 강해질 때까지 기다렸다가 매수한다.

이대로 들어가면 위꼬리 길게 남기로 밀릴 가능성이 높다.

반대로 (그림91)과 같이 매수 물량이 10호가 짱짱하게 걸려 있다면?

추격 매수가 든든하게 받쳐주고 있기 때문에 더 치고 올라갈 수 있으므로 들어가도 된다.

**5일 이평선을 회복하면 매수신호다.**

종목이 계속 하락하다가 반등하면서 5일 이평선을 회복하면 반등을 할 수 있는 계기가 된 것이다.

| 15,350 ▼ | | 450 | -2.85% | 961,897 | 128.85 |
|---|---|---|---|---|---|
| 증감 | | 15,400 | 15,350 | 15,090 | 1.60% |
| | | 43,783 | 15,850 | KOSPI | |
| | | 16,767 | 15,800 | 15,650 | 시 |
| | | 44,333 | 15,750 | 16,100 | 고 |
| | | 66,916 | 15,700 | 15,350 | 저 |
| | | 12,989 | 15,650 | 15,800 | 기준 |
| | | 23,532 | 15,600 | 20,500 | 상 |
| | | 32,214 | 15 | 11,100 | 하 |
| | | 13,988 | 15,500 | 41 | 비용 |
| | | 32,546 | 15,450 | 15,350 | 예상 |
| | | 21,313 | 15,400 | 43,717 | 수량 |
| | | | | ▼ 450 | -2.85% |
| 15,350 | 29 | | 15,350 | 44,198 | |
| 15,350 | 16 | | 15,300 | 17,049 | |
| 15,350 | 383 | | 15,250 | 54,412 | |
| 15,350 | 92 | | 15,200 | 10,404 | |
| 15,350 | 8 | | 15,150 | 111,746 | |
| 15,350 | 89 | | 15,100 | 43,214 | |
| 15,350 | 575 | | 15,050 | 56,432 | |
| 15,350 | 1 | | 15,000 | 70,773 | |
| 15,350 | 1 | | 14,950 | 87,584 | |
| 15,350 | 1 | | 14,900 | 110,926 | |



(그림91) 호가창 모습

그렇다고 무조건 들어가면 안 된다. 떨어진 데 대한 반발로 상승한 것이면 다음날 시장이 안 좋으면 다시 밀릴 수 있다.

전날 분봉을 보고 호가창도 확인해야 한다.

분봉이 시장대비 강하게 버틴다거나 역행을 했다면 안파는 것이 확인 되었으므로 매수가 강한지만 확인하면 된다.

호가창에 매수물량이 5호가 뒤로 짱짱하게 있고 매도물량은 별로 많지 않다?

저점에서 팔지 않겠다는 것을 두 번 확인했고 매수하려는 사람들이 이제 저점이다 싶으니까 슬슬 사려고 하고 있다.

다음날 시장이 좋고 선발매수가 들어오면 매도물량은 도망할 것이고 뒤에 걸려 있던 매수 세력이 추격 매수세가 될 것이므로 들어가면 된다.

**매수신호를 미리 잡는 방법도 있다.**

시장이 하락하면서 종목도 떨어질 때 저점 찍으면 들어가야지 생각한다면 항상 분봉의 모습을 점검한다.

며칠 동안 하락하면서 시장 따라가던 종목이 어느 날 분봉을 보니까 장 초반에 떨어지고 밑에서 횡보하고 있다.

(그림92)는 위는 종목차트, 아래는 시장의 분차트 모습이다.

종목의 분차트는 장 시작하고 빠졌다가 저점에서 하루 종일 횡보 후 장 마감할 때 약간 반등한 모습이다.

시장은 폭락 이후 반등과 하락, 다시 반등하면서 마쳤다.

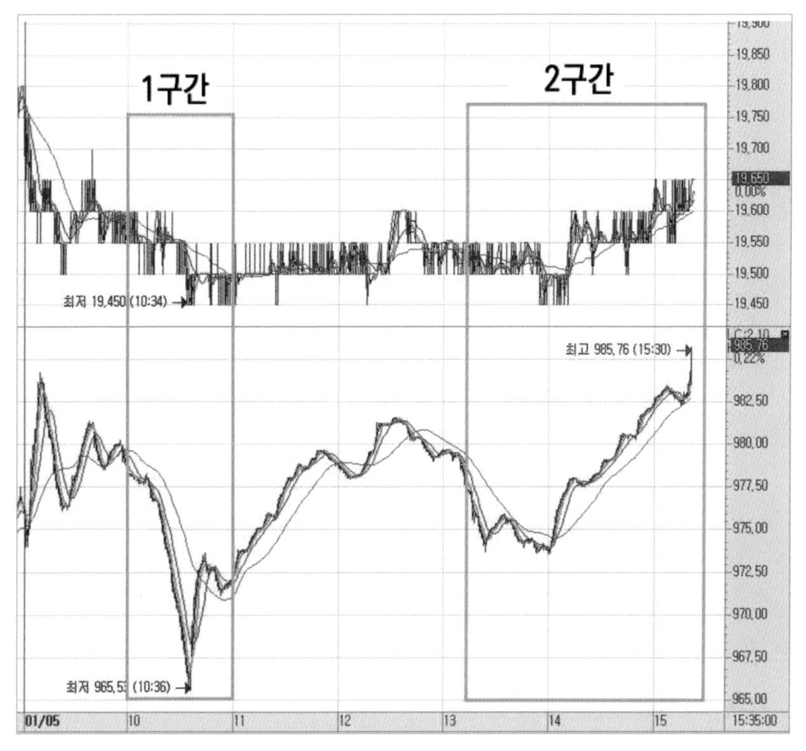


(그림92) 종목과 시장의 분차트 비교

1구간에서 시장은 폭락 했지만 종목은 거의 미동이 없다.

더 이상 팔 사람이 없다는 것이다.

2구간에서 보면 시장은 하락 후 반등하는데 종목은 더 이상 하락하지도 않고 시장만큼 반등하지도 않는다.

팔 사람은 없는데 그렇다고 매수가 있는 것도 아니다.

호가창을 보니 매수물량이 평소보다 꽉 차 있다.

저점 가격이라 생각하고 매수하려는 사람들이 많아졌다는 의미이며 여기가 저점일 가능성이 높다.

다음날 시장이 좋고 선발매수가 들어오면 들어가도 좋다.

**또 분봉을 보고 다음날 바로 매수할 수 있다.**

(그림93)은 위는 종목, 아래는 시장의 분봉을 비교한 것이다.

1구간을 보면 시장이 폭락하는데 종목은 반응이 없다.

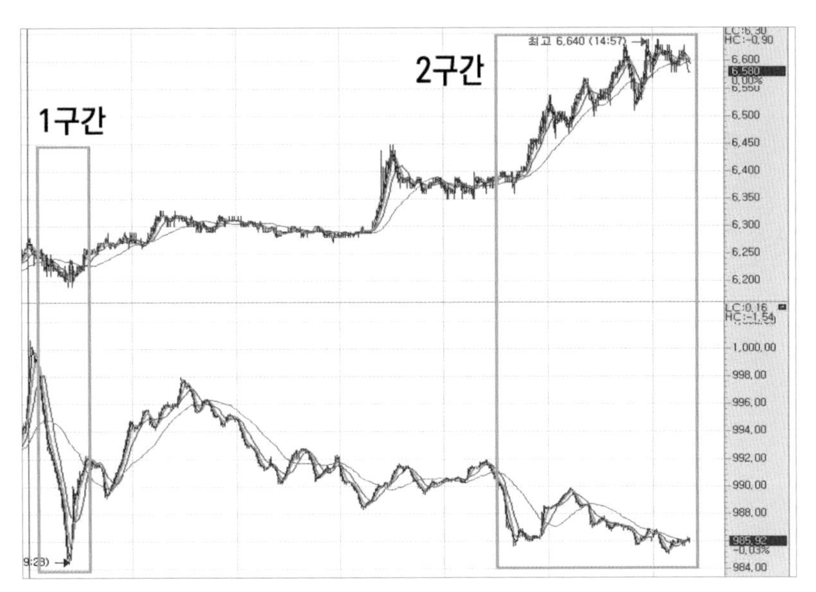


(그림93) 분봉상 시장 마감 무렵 강해지는 종목

시장이 흔들려도 안 팔겠다는 것으로 이후 매수가 강하게 들어올 것임을 암시하고 있다.

2구간에 오면서 장 후반에 들어서면서 시장 역행과 함께 강하게 상승하는 모습이다.

매수 세력이 급해지면서 들어왔다는 의미다.

다음날 전날 매수하려다 못한 급한 매수가 들어올 가능성이 많고 따라서 상승할 가능성이 높다.

다음날 시장이 좋고 높게 시작하면 들어가도 좋고, 선발매수를 확인하고 들어가면 더 좋다.

**호가창을 보면서 매수신호를 잡을 수도 있다.**

고점 돌파 또는 전고점 돌파를 시도할 때 호가창을 보면, 매수물량이 짱짱하게 차 있는 경우가 있다.

이들이 추격 매수 세력이 되는 것이므로 선발매수를 확인하지 않고 들어갈 수 있다.

선발매수가 들어오고 호가창에 매수물량이 풍성하면 더 좋은 신호이므로 무조건 들어간다.

반대로 선발매수가 들어왔더라도 호가창에 매수물량이 적거나 매도물량이 엄청나게 많으면 들어가면 안 된다.

이 경우 위꼬리를 길게 남기면서 밀릴 가능성이 높다.

이러한 매수는 골든크로스, 매물대, 한계가격, 신고가 매수에도 동일하게 적용된다.

## 4. 상승장, 하락장 매매 기법

상승장은 저점을 찍고 막 올라오고 있는 상승과 많이 올라서 고점이 다 싶은 상승이 있다.

전자는 단타하기 가장 좋은 때다.

이때는 올라오는 종목이 많아 자주 수익을 낼 수 있다.

설사 밀리면서 등락을 하더라도 매물대나 안사는 가격, 한계가격대를 만들고 움직이기 때문에 수익 내기가 좋다.

왜냐하면 매물대 등 기준을 잡을 지표가 많으므로 손쉽게 단타 할 수 있다.

후자의 경우는 가장 조심해야 한다.

언제 고점을 찍고 하락할지 모르기 때문이다.

이때는 크게 먹으려 하지 말고 비중 적게 자주 수익을 확보한다.

**하락장의 신호도 알 수 있다.**

어느 시점부터 보유종목 중 한 두 종목이 물리기 시작하고 수익이 줄어든다면 하락장이 시작되고 있는 것이다.

이때는 하락장에 대비해 약간의 손실을 감수하더라도 과감하게 종목을 정리하고 자금을 확보한다.

**상승장에서는 어떤 단타를 해야 하나?**

매수신호가 나오는 종목만을 매매를 한다. 매수 신호로는 선발매수, 매물대 돌파, 골든크로스, 연속 매수 강할 때, 전고점 돌파 등이 있다.

치고 빠지면서 높은 수익률보다 빈번한 수익을 낸다.

**하락장이다 싶으면 기존 보유 종목을 정리한다.**

시장이 하락하는데 단타하기는 쉽지 않다.

떨어지면서 시장대비 강하게 버티는 종목을 골라 그 중에서 장 초반에 기회만 되면 매수가 들어와서 크게 반등하다 위꼬리 남기고 밀린 종목을 공략한다.

시장 하락 중에도 급한 매수가 있다는 것이며 시장이 좋으면 크게 올라갈 가능성이 많다.

특히 시장을 역행하면서 시장하락 중에 양봉을 만들면 더 좋은 종목이 된다. 대세 하락 중이니까 떨어졌다 올라오더라도 언제 빠질지 모르므로 바로바로 수익을 확보하는 것이 좋다.

**시장이 떨어지고 바닥이다 싶은 때 단타하기 좋다.**

떨어지면서도 중간 중간에 긴 위꼬리 양봉이 나온다면 떨어지는가 싶으니까 매수가 관심을 보이면서 급하게 사려고 한 것이다.

이런 종목은 저점을 찍을 때 시장이 회복되면 그렇지 않은 종목보다 쉽게 빠른 속도로 올라올 수 있다.

**시장이 회복할 때 시장보다 빨리 반등하는 종목이 좋다.**

이때 분봉으로 시장 차트와 종목 차트를 비교하면서 본다.

시장이 움직이는 대로 종목이 같이 움직인다면 종목은 시장보다 빠르게 회복 못한다.

시장이 올라갈 때 같이 올라가거나 시장보다 더 빠르게 회복하면 종목은 시장보다 더 급하게 상승할 가능성이 높다.

시장이 흔들릴 때 종목은 안 흔들린다면 파는 사람이 없다는 것이며 매수만 강하면 시장보다 빠르게 올라간다.
매수하려 한다면 이런 종목은 바로 매수하는 것이 좋다.
이런 종목은 떨어져도 올라오게 되어 있고 시장보다 빨리 올라가며 크게 수익을 확보할 수 있다.

스켈핑은 시장이 좋을 때 혹은 나쁠 때 짧게 먹고 나오는 매매방식이다. 시장이 안 좋은데 매물대를 뚫고 올라가는 종목이 있다면 매수가 강해진 것이고 이때 들어가서 짧게 먹고 나온다.
분봉을 시장의 분봉과 비교하면 매물대 가격을 강하게 뚫고 가는 흐름이 쉽게 포착된다. 호가창도 참고하여 매수 물량이 촘촘하게 걸려 있는 것을 확인하고 들어간다.

시장이 하락할 때 하락하는 중에 반등하는 종목이 있다.
위꼬리를 길게 남기면서 떨어지면 시장이 안 좋아도 매수가 비싼 값으로 살려고 시도하고 있다는 것이다.
또 떨어지면서 시장이 조금만 좋아도 크게 반등하는 종목은 스켈핑에 좋다. 잘 지켜보다가 떨어지는 중에 반등하는 시점에서 분봉과 호가창을 참고하여 짧게 먹고 나온다.
시장이 갑자기 폭락한다면 많이 하락한 종목을 찾아서 스켈핑한다.
**평소에 시장 대비 잘 버티던 종목이 당일 시장폭락 때문에 갑자기 10% 빠졌다면 반발 심리로 바로 5% 정도 회복된다.**
**안 파는데 10% 이상 빠지면 더 이상 팔 사람이 없기 때문에 약간의 매수로도 5% 이상은 반등하며 올라온다.**

시장이 폭락한다. 일반적으로 갭하락으로 시작하면 더 내려가더라도 너무 낮은 가격이라 그 이하로 파는 사람들이 줄어들므로 회복하면서 올라오는 경우가 많다.

이때 종목의 시초가는 대부분 시장 따라 전일 종가보다 낮게 시작한다. 낮게 시작해서 시장이 밀리면 같이 내려간다.

그러다 더 이상 팔지 않겠다고 하는 선까지 가면 매수가 조금만 들어와도 파는 사람이 없으니까 급하게 회복한다.

**장중에 갑자기 폭락하면 바로 반발 매수로 급하게 회복하는 경우가 많다.**

(그림94)는 위 종목, 아래 시장의 분봉모습이다.

(그림94) 시장폭락 후 바로 회복

장 후반쯤에 갑자기 시장이 폭락하면서 종목도 같이 빠지다가 바로 반까지 반등하는 모습이다.

이때 호가창도 보지 말고 저점 찍었다 싶을 때 비중 적게 매수하고 짧게 수익을 보고 나온다.

**시장이 폭락하고 난 다음날 시장이 갭상승하면서 높게 시작하고 내려가는 경우가 있다.**

종목도 같이 높게 시작을 하면서 같이 내려간다.

이때 시초가가 가장 높은 곳에서 출발하는 종목을 찾아서 지켜보다가 저점 찍었다 싶으면 매수한다.

시장보다 높게 시작했다는 의미는 팔 사람이 없다는 것이므로 비록 시장 따라 일시적으로 내려가더라도 매수만 조금 붙어도 쉽게 반등하기 때문이다.

이 경우는 호가창도 볼 필요가 없다.

## 5. 급등주, 테마주 매매 기법

급등주, 테마주는 단기간 수익을 내는 매력이 있다.

잘 못 들어가면 고점에서 물리고 오래 기다려야 한다.

그러므로 스켈핑 외에 당일 들어가면 안 된다.

특히 갭상승 호재는 갑자기 엄청난 관심이 생긴 것이므로 빨리 식을 수 있으므로 들어가면 위험하다.

**가능하면 급등주는 급등할 때 들어가지 말고 호재빨이 다 사라지고**

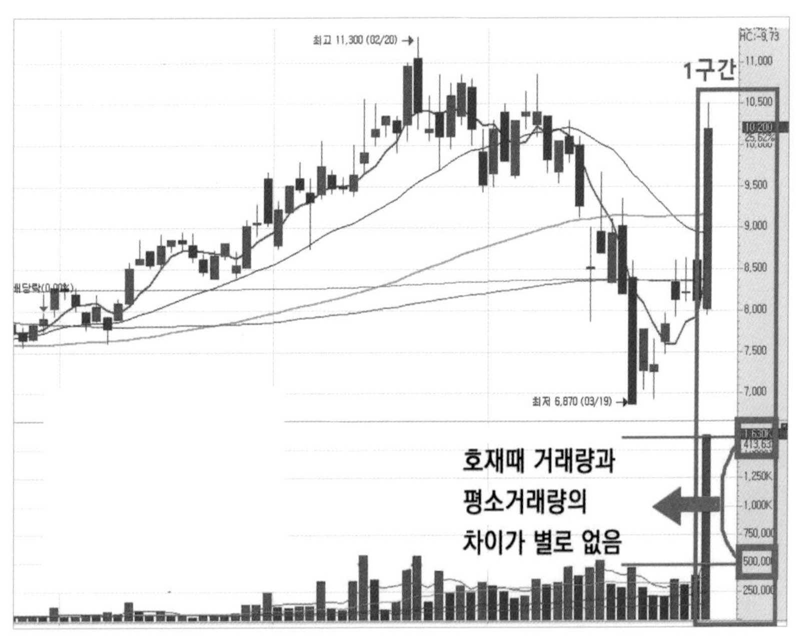


(그림95) 호재가 터진 날 거래량이 적은 경우

**다시 자력으로 매수가 강해지는 시점을 기다린다.**

호재가 나오면서 올라가는 중에 거래량이 별로 터지지 않는 경우[23)] 가 있다. (그림95)와 같이 호재로 25% 이상 올랐는데 거래량은 평소보다 3배 정도밖에 늘어나지 않았다.

호재임에도 파는 사람이 없다는 것으로 보유심리가 엄청 강하다는 반증이다. 또 다른 경우는 호재 날 장 시작하고 일찍 상한가를 돌파한 경우는 거래할 시간이 없었기 때문에 거래량이 적은 경우도 있다. 이 경우는 논외로 한다.

호재 이후 뭔가 더 큰 걸 기대하고 있다는 것이므로 이후 밀리지 않고 올라갈 가능성이 크다.

이럴 때는 다음날 비중 적게 들어갈 수 있다.

**쎈 호재가 나와서 상한가를 돌파했다.**

**그런데 거래량이 쎈 호재에 걸맞지 않게 이전 거래량과 크게 차이가 안 난다면**? 둘 중 하나다.

안파는 건 확실한데 호재가 나와도 관심이 없다는 것으로 안 좋다. 이런 종목의 차트를 보면 이전부터 지지부진 거래량도 적고 가격도 힘을 못 내고 있는 경우가 대부분이다.

또 하나는 갑자기 상한가로 끝나서 거래할 시간이 부족한 경우가 있다. 이때는 다음날, 전 날 못 샀던 사람들이 급해서 들어올 가능성이 높다.

전일 종가보다 높게 시작하는 경우가 많고 이때는 높게 시작해서 바로 치고 올라가는 경우, 높게 시작해서 올라가다 저점을 찍고 다시 반등하면서 크게 가는 경우, 아니면 높게 시작하고 조금 오르다 밀려서 더 못 가는 경우도 있다.

23) 보통 호재가 나오면 평균 거래량의 수 십 배에서 수 백 배까지 터진다.

연이은 호재가 아니라면 대부분 위꼬리 남기고 끝나는 경우가 많으므로 스켈핑으로 짧게 먹고 나오는 게 좋다.

호가창의 매수 물량이 짱짱하다면 높게 시작하는 것 보고 바로 들어가도 된다. 호가창의 매수 물량이 적고 매도 물량이 많다면 높게 시작했더라도 못 올라가고 밀릴 가능성이 높다.

**평소에 관심이 없어서 거래량도 적고 일봉의 모습도 잠을 자고 있다가 뜨문뜨문 호재가 나와도 거래량이 크게 증가하지 않고 있는 종목이 있다.**

그러다 대형호재가 터지면서 거래량도 엄청나게 늘어나고 이후 이전 모습과 다르게 일봉의 길이도 길어지고 거래량도 이전 거래량보다 훨씬 많아진다. 이런 종목은 이제 일반인에게도 관심이 늘어있는 상태이므로 다음에 더 올라가거나 큰 호재가 또 나올 가능성이 많다.

다만 이전에 호재가 나올 때 위꼬리 길게 남기면서 끝났다면 호재가 나와도 확신 부족으로 파는 사람이 많았다는 것이므로 크게 이어가기 어렵다.

호재로 급상승하다가 위꼬리 길게 만들고 끝났다.

거래량이 엄청나게 터졌다. 그런데 보니 15% 상승하고 끝났다.

호재와 거래량에 비해 많이 오르지 않았다.

그런데 엄청난 거래량의 실체는?

올라가는 동안 매수매도가 치열하게 싸우면서 올라갔다는 것으로 단타 물량임을 알 수 있다.

단타하는 사람도 보유하는 사람도 확신이 없으니까 올라가면 불안해서 팔았다는 것이다.

매수는 '올라가려나?'하고 관심은 많지만 막상 사고나면 '더는 못 올라갈 거 같은데' 확신이 없다.

이런 종목은 매수가 많이 소진된 상태이므로 쉽게 매수가 들어오지 못한다. 신규매수가 강하게 들어와야 반등한다.

급등주는 자력인지, 호재로 상승하는지를 잘 구분해야 한다.

자력으로 상승하면 매수가 강한 것이므로 상승 이후 빠지지 않고 버티는 경향이 있다. 하지만 호재로 상승한 것이면 일시적인 관심집중일 뿐 다시 밀려서 호재 이전으로 돌아가기 쉽다.

이어서 호재가 나오거나 강한 호재라서 기대감이 사라지지 않는 한 계속 치고 올라갈 수 없다.

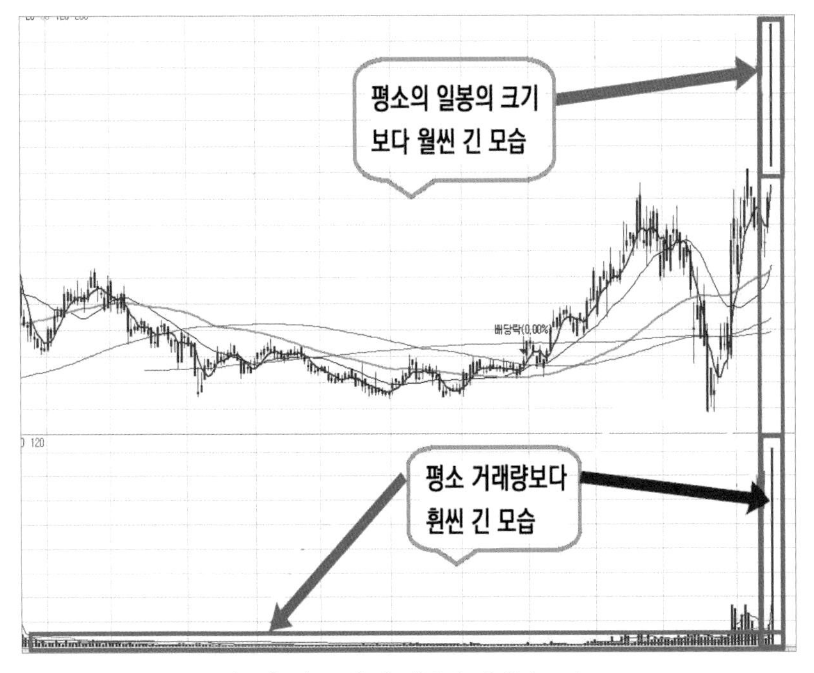


(그림96) 호재 날 일봉과 거래량 모습

**호재인지 자력인지를 어떻게 구분하는가?**

(그림96)은 호재 당일 일봉과 거래량의 모습이다.

**일봉의 모습이 갑자기 엄청나게 긴 양봉으로 변한다거나 거래량이 이전의 거래량보다 몇 배나 많이 터졌다면 의심할 것 없이 호재다.**

하지만 호재인지 자력인지 구분하기 모호할 때가 있다.

양봉의 길이와 거래량이 이전 상승한 것과 비교해 크게 차이가 없는 경우도 있다.

구분이 어려울 때 분봉으로 체크[24)]한다.

**종목 호재[25)]의 경우 분봉의 모습이 갑자기 큰 거래량을 동반하면서 급상승하는 모습으로 나타난다.**

**자력[26)]인 경우는 특별히 큰 상승 없이 꾸준하게 종일 상승했다거나 반짝 상승했다가 횡보하는 모습 등으로 나타난다.**

업종 호재[27)]인 경우는 서서히 올라가는 경우도 많아 자력과 분별이 어렵다.

호재는 쉽게 들어가면 안 되지만 자력으로 상승한 경우는 매수가 급해진 것이므로 매수확률이 높아진 것이다.

**유난히 호재가 많이 나오는 종목이 있다.**

**또 호재가 또 나올 가능성이 많으므로 저점 확인하면 미리 비중 적게 매수했다가 호재 당일 빠져나오는 방법도 있다.**

---

24) 호재인지 호재가 아닌 자력으로 상승했는지 구분하는 것은 차트 심리 읽기에 있어 매우 중요하다.

25) 그 종목 자체만의 좋은 뉴스로 호재가 나온 경우다.

26) 호재가 아닌 매수 자체의 세기만으로 상승한 경우다.

27) 그 종목이 속한 업황의 좋은 뉴스로 상승한 경우다.

급등주는 급등할 때 그 종목의 실상을 자세하게 알 수 있다. 따라서 심리 파악의 지표로 사용하는 습관을 길러야 한다.

예를 들어보자.

호재가 터지고 거래량 만땅이고 위꼬리를 길게 만들었다.

이는 확신이 없다는 것이다.

며칠 후 또 호재가 터졌는데 거래량 많고 위꼬리 길다.

확신이 없다는 걸 두 번 확인했다.

다음날 자력으로 5% 상승했다. 거래량도 이전과 차이가 없다.

그 다음날도 거래량도 많지 않고 5% 자력으로 상승했다.

여기까지 보면, 거래량이 이전과 같은 채로 올라갔다는 것은 매수가 강해서가 아니라 안 팔아서 올라간 것이다.

그렇다면 이전 두 번 호재 때 긴 꼬리 만들고 밀린 것은 보유하고 있는 사람이 팔아서 밀린 것이 아니라 확신 없는 매수세가 단타를 치고 빠졌다는 것이다.

분석이 수정되는 경우가 이런 때이다.

보유하고 있는 사람은 확신이 강한데 호재를 보고 들어온 단타쟁이들은 확신이 없다는 것으로 이전 분석은 조정되어야 한다.

결국 호재를 통해서 확신이 있는 종목임을 알게 되었고 매수가 약함에도 5%나 상승할 정도로 안파는 좋은 종목이며 따라서 매수확률이 높은 관심 종목으로 편입할 수 있다.

**테마주는 다른 급등주와 다르다.**

**황사, 중국, 정치 테마 등과 같이 일정 기간 지속반복하는 경향이 있다. 따라서 테마 시기가 오면 매수가 강할 때 들어가거나 아니면 이전이라도 미리 들어간다.**

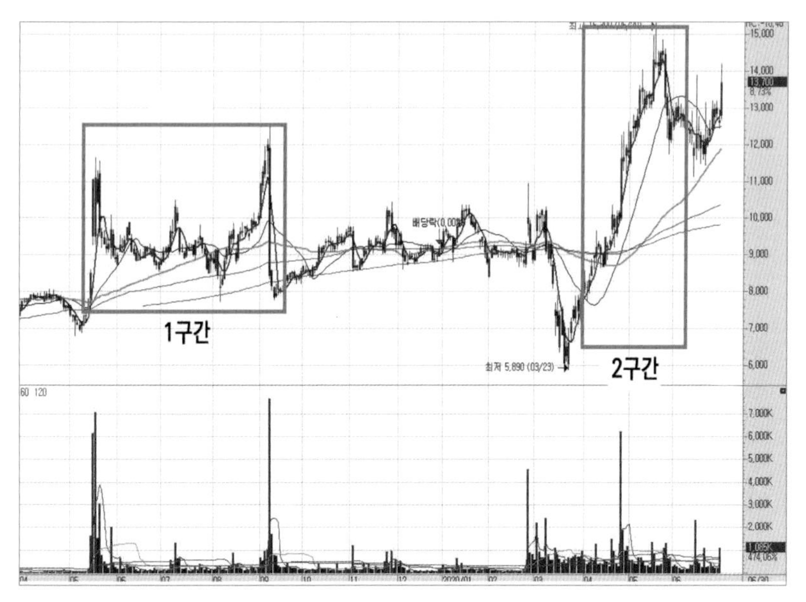


(그림97) 테마주

(그림97)에서 테마주의 특성은 1구간, 2구간에서처럼 일정 기간 동안 급등락의 전형을 보여 준다.

길목을 기다렸다가 들어가되, 테마가 사라지기 전에 욕심 부리지 말고 나와야 한다.

## 6. 매도 전략

단타의 매도는 수익률이 기준이다.

5~10% 정도 수익을 보면 바로 매도하고 나온다.

하지만 단타가 익숙해지고 수익이 많이 발생하면 고점매도를 하면서 매도한다.

보통 종목 투자금액의 90% 정도를 먼저 이익 실현하고 나머지를 가져가면서 수익률을 높이는 방식이다.

매수한 종목이 오르다 고점에서 주춤한다.

불안해지면 팔 결심을 한다. '이제 이익 실현하고 팔아볼까'

매수·매도는 호가창에 걸어놓고 하는 습관을 길러야 한다.

급한 매매는 화를 부른다.

갑자기 폭등하거나 폭락하는 경우, 분석 결과 확신을 주는 종목을 제외하고 시장가로 매매하는 버릇을 고쳐야 한다.

개개인의 성격도 좌우한다.

급한 사람은 시장가로 매매하는 경우가 많고 성격이 차분한 사람은 충분히 지켜보고 확인하면서 매매한다.

모든 종목의 거래는 시장 시작하고 30분 이내에 이루어진다.

그만큼 급하다는 것이다.

9시 30분까지는 매매하지 않는 원칙을 고수하면 어이없게 물리는 일은 없다.

**이유 있는 수익을 향유하려면 여유 있게 매매하는 습관을 가져야 한다.**

언제가 매도 시점인가?

**최적의 매도 타임은 분봉을 보고 판단한다.**

분봉상 오르다가 밀리면 우선 저점을 찍을 때까지 기다린다.

저점을 찍었으면 다시 그 저점을 깰 때까지 보유한다.

계속 올라가면서 그 저점을 깨지 않고 올라간다면 계속 보유한다.

그러다 하락하면서 새로 생긴 저점을 깨면 그 때 매도한다.

여기서 시장 상황까지 보면 확률이 더 높아진다.

만약 시장이 폭락하는 중이라면 시장 하락의 영향이 크므로 저점을 깨더라도 그냥 가져간다.

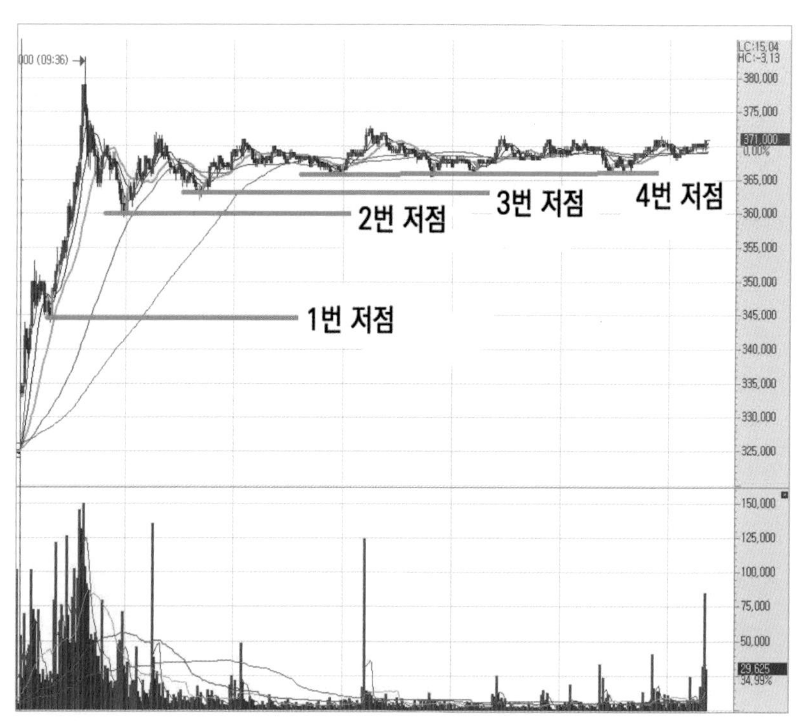


(그림98) 분봉으로 매도 시점 찾기

(그림98)은 분봉으로 매도 시점을 정하는 모습이다.
장 시작하고 오르다 1번 저점을 형성한다.
그럼 이 저점을 깰 때까지 가져간다.
이후 2번 저점을 형성하고 그 저점을 깰 때까지 기다린다.
하지만 2번 저점을 깨지 않고 3,4번 저점을 계속 높이면서 끝났다.
이 분봉을 보고 매도를 결정하려 했다면 이 날은 매도할 필요가 없었다.
만일, 저점이 두 번 깨지면 첫 번째 저점을 깰 때보다 두 배의 공포심이 작용하므로 더 이상 못 견딘다.
만약 그럼에도 여기서 버티면 안 떨어질 가능성이 높다.
파는 사람이 없거나 매수가 강해진다는 의미다.

**고점에서의 매도 여부는 보유심리가 강한가 아닌가를 보고 판단한다.**
시장보다 더 떨어진다면 더 싸게 파는 사람이 나온다는 것이다.
확신이 부족하고 불안하다는 의미다.
대개 고점에서 올라가다 5일 이평선을 깨면 100명 중 10명이 판다. 여기서 더 떨어지면 이익을 본 사람들 90명 중에서 30명이 판다. 더 떨어진다면 대부분 매도를 포기하고 60명 중 10명이 판다.
여기서 다시 올라가서 고점에 오면 남은 50명 다 판다.

꾸준하게 상승하거나 올라가면서 등락을 하는 종목이 시장이 급락하면 같이 하락한다.
이때 거래량을 체크한다. 평소보다 거래량이 많다면 불안하다는 것이다.
'이 정도 올랐으면 팔까'하면서 불안하다.

이런 사람들은 시장이 흔들리면 바로 이익실현 해 버린다.
호재로 올라가더라도 그날 바로 꺽이면 대부분 불안해서 못 버티고 판다.
더 버티더라도 호재빨이 끝나면 더 보유하지 않고 바로 판다.

**올라가다가 빠지면서 5일 이평선을 깨거나 전저점을 깬다면 고점인지, 아니면 단기 고점인지를 판단해야 한다.**
거래량이 많아지고 호가창에 매도 수량이 많아지고 매수 수량은 적고, 시장가로 팔고 있다면 여기가 고점이다.
상승 중에는 보통 매도 수량이 적고 매수 수량이 많은 상태로 시장가로 매수하거나 최소한 걸어놓고 안파는 상태이기 때문이다.
특히, 거래량이 많은 상태에서 호가창에 매도 수량이 점점 증가하고 있다면 내려가도 계속 팔겠다는 것이다.
이때는 무조건 매도한다.

**하락할 때는 항상 거래량을 먼저 체크하고 이어서 호가창을 봐야 한다. 거래량이 평소와 같거나 적다면 매도 수량이 평소와 같다는 것이고 안 팔고 있는 상태이며 매수가 약한 상태로 밀리고 있는 것이다. 이때는 단기 고점이며 크게 걱정하지 않아도 된다.**
불안하면 일부 매도하고 적은 수량으로 계속 고점매도 한다.
거래량은 평소 그대로인 상태에서 호가창의 매도 수량은 변하지 않고 매수 수량이 증가하고 있다면 다시 반등할 가능성이 있으니 기다린다.

시장이 안 좋은데 5일 이평선을 타고 위로 계속 가거나 위꼬리 길게 남기면서 5일은 지켰다면 아직 불안하지 않고 보유심리가 흔들리지 않고 있다.

그러다 시장은 올라가는데 고점에서 못 올라가면서 공방을 펼치면 보유하는 사람들은 불안해지기 시작한다.

그럼 5일 이평선을 놓고 '떨어지려나?' 하면서 바라본다.

5일이 깨지면 불안감이 극에 달한다.

이때 호가창을 보면서 팔려는 사람이 많은지 본다.

호가창 후단에 매도물량이 짱짱하게 많다면 5일 이평선을 깨면 우르르 던질 가능성이 높다.

이들이 추격매도 세력이 되는 것이다. 이때는 매도한다.

관심 종목 중에서 매수가 강해지면서 안사는 구간을 뚫었고 시장 역행하는 모습을 보고 들어갔다.

그런데 5일 이평선을 깨고 내려간다?

매도하지 말고 기다린다.

5일 이평선을 일시적으로 깬다고 원칙을 벗어나면 안 된다.

즉 전에 매수가 강하고 안사는 구간을 뚫었고 시장 역행하는 모습을 보고 들어온 매수원칙을 5일 이평선이 깨졌다고 무너뜨리는 것으로 잘못이다.

이것은 기법이 원칙을 흔드는 것으로 갈팡질팡 투자가 된다.

이때는 5일 이평선을 깨더라도 갑자기 매도가 늘면서 크게 무너지기 전까지 일시적인 현상으로 받아들이면서 지켜본다.

**고점에서 잘 올라가다 시장이 좋음에도 못 올라가고 위꼬리 남기면서 머뭇거린다면 '더 올라갈까?'**

이때 분봉을 먼저 본다.

분봉의 모습이 시장과 같은 모습이라면 더 이상 치고 못 올라간다.

고점에서 시장보다 못 간다면 더 상승할 기대가 있어야 함에도 그렇지 않았다면 더 이상 크게 갈 수 없다.

다음 호가창을 점검한다.

호가창에 매도매수물량이 평상시와 다름이 없거나 그저 그렇다면 사는 사람도 파는 사람도 없다는 것이다.

고점돌파 기대심리가 없는 것으로 매도물량이 걸어놓기만 하고 안 판다거나 호재가 나와서 치고 가지 않는 한 못 올라간다.

한동안 지지부진할 가능성이 높고 호가창을 보면서 매도가 슬슬 많이 나오기 시작하면 정리한다.

전고점 돌파를 시도하던 중에 시장은 좋은데 조정을 보인다?

그러다 음봉이 된다?

'시장이 좋은데 왜 못 올라가지?'

먼저, 분봉을 본다. 시장 분봉은 계속 상승하는데 종목은 일정한 가격을 못 뚫고 지지부진하고 있다.

호가창을 보면 매도물량이 쌓여 있고 매수물량도 괜찮다.

'왜 돌파 못하지?', '매물대?'

일봉을 보니 매물대 가격이 어딘지 정확하지 않다.

이럴 때 전고점 분봉으로 돌아가서 체크해야 한다.

**전고점을 만들었을 때 분봉을 보면 두 가지 유형이 있다.**

**먼저, 올라가다가 위에서 버티면서 고점을 만든 경우가 있다.**

버티면서 거래가 많이 터진 것으로 이 가격대가 매물대이며 오늘 못 뚫고 비실대는 가격대와 일치할 가능성이 높다.

이 경우는 시장이 좋더라도 조정을 보이는 것은 당연하다.

매수는 여전히 시도하고 있지만 매물을 소화하고 있는 중이다.

'매물이었구나', '더 지켜보자'

결국 이날 싸우다 떨어지지 않고 횡보하면 더 파는 사람이 없다는 것으로 다음날 시장이 좋으면 더 올라갈 수 있다.

**다음, 장 시작하고 서서히 오르다 끝난 경우가 있다.**

이때는 매물을 만들 시간이 없었고 실제로 매물이 없다.

그런데 오늘 매물이 없고 시장도 좋은데 조정을 보이고 있는 이유가 무엇인가? 매수가 약한 것이다.

매수의 끝물임을 보여주고 있는 것으로 더 이상 못 올라간다.

보유종목이 7% 오르고 전고점을 돌파하려고 한다. 7%는 너무 많이 상승하지 않았고 매수가 강하다면 여기서 충분히 추가 반등을 할 수 있는 여력이 남아있는 퍼센트 가격대이다.

과연 돌파할까?

전고점 가격이 10,000원인데 오늘 오르고 살짝 위꼬리 남겼는데 종가가 9,850이다.

시장도 좋았다.

시장도 좋고 자력 매수도 들어오고 전고점 돌파하는 기대감으로 안 팔고 있는데 신고가 앞에 두고 끝났다면 추격 매수가 없다는 것이다.

그럼 이 이상 비싼 값에 사고 싶지 않다는 의미다.

전고점 못 뚫고 설사 뚫는다 하더라도 일시적이다.

시장이 밀리면 하락하니까 매도한다.

# 제 9장

# 전략의 핵심은 비중 조절이다

## 1. 비중 조절 원칙

성공 투자를 위한 전략의 가장 중요한 요소가 비중 조절이다. 비중 조절은 크게 투자자금, 종목, 운용계좌의 분산으로 이루어진다.

**가장 기본적인 전략은 투자자금의 분산이다.**

상승장 하락장에 따라 조금씩 달라질 수 있지만 보통 투자자금의 70%만 매수를 하고 나머지 30%는 항상 남겨 둔다.

투자자금 전부를 매수하고 나면 다른 좋은 종목이 있어도 못 산다.

**두 번째가 분산투자다.**

1종목에 몰빵하면 그 종목에 자기의 운명을 거는 것이다.

확률적으로 1종목보다 2종목, 2종목 보다 3종목이 위험분산도가 높다. 그렇다고 마냥 종목을 늘리면 안 된다. 장세에 따라 비중이 달라지지만 5종목에서 10종목 사이에서 분산하는 것이 바람직하다.

**세 번째가 종목당 투자자금의 분산이다.**

전체 투자자금이 100이라면 70만큼 종목에 투자하되 예를 들어 5종목을 매수하는 경우, 1종목당 5만큼 먼저 매수하고 매수한 종목이 떨어졌을 때 나머지 5만큼을 매수하는 방법이 가장 이상적이다.

여기에 자기의 역량과 경험에 따라 비율을 조정하면 된다.

**네 번째가 계좌를 두 개로 나누어 운용한다.**

한 계좌는 저점분석 등 투자 판단에 의해 매수·매도를 하고, 다른 하나는 떨어지고 올라올 때까지 단타를 하는 계좌다. 한 계좌는 기본계좌로 투자자금 70%를 운용하는 계좌이며 다른 계좌는 30% 금액으로 단타를 하는 계좌이다. 이를 원칙으로 하고 상황에 따라 비율 조정할 수 있다.

**다섯째가 수익계좌 운용방식이다.**

증권계좌에 돈을 넣는 순간 그 돈은 없다고 생각한다.

그만큼 수익금 관리를 잘해야 한다는 의미다.

주식투자에서 실패하는 대부분의 경우가 수익을 못 내서가 아니라 수익금을 계속 쓰기 때문이다. 수익금은 최소한 60%는 남겨두고 최대 40%만 인출한다. 그래야 원금에 누적되고 복리로 투자자금이 늘어난다.

**여섯째가 상승장일 때 현금 비중을 줄이고[28] 하락장일 때 현금비중을 늘린다.**

시장에 맞춰 조절하기가 쉽지 않지만 몸에 익숙해질 때까지 계속 이 원칙을 준수해야 한다.

28) 대세 상승기일 때는 투자금의 100% 운영도 가능하다.

**마지막으로 자기만의 수익실현 방법을 정해야 한다.**

**수익실현 방법은 크게 두 가지가 있다.**
**먼저, 고점을 잡아서 최대한 이익실현 하는 방법이다.**
매수하면 최대한 높은 가격에 매도하는 기법이다. 하지만 잘못하면 이익실현도 못하고 손실을 볼 수 있다.

다음, 수익을 크게 내지는 않지만 여러 종목을 매수하면서 짧게 짧게 수익을 내는 방법이다. 가장 이상적인 방법은 자주 매매하면서 회전률을 높이고 수익을 확보하되, 맘이 편한 비중만큼만 고점매도하면서 크게 먹는 방법이다.

종목 운영에 대한 비중 조절 사례를 보자.

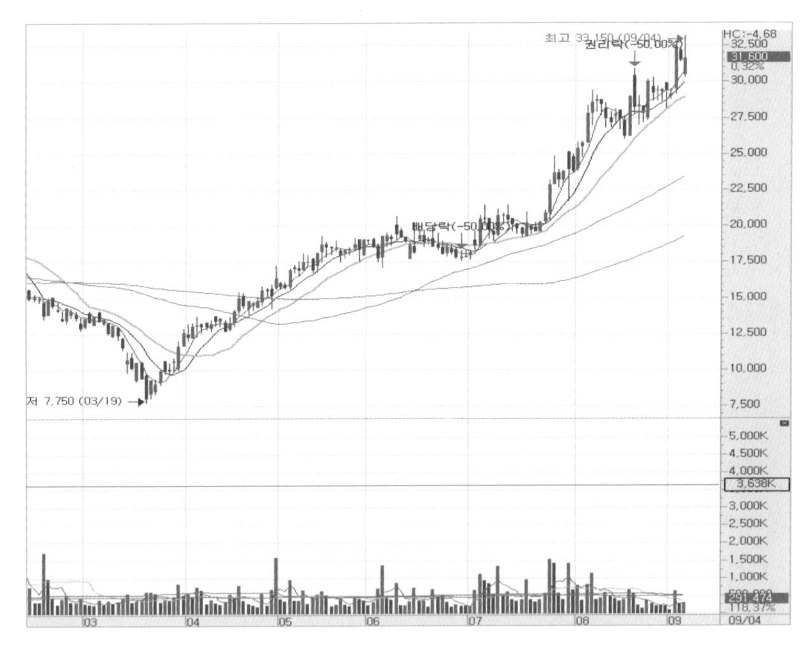


(그림99) 장기적으로 꾸준히 상승하는 종목

꾸준하게 우상향 하면서 올라가는 종목과 더 이상 비싼 값으로 안사겠다는 한계가격 범위 안에서 등락을 거듭하는 종목이 있다.

(그림99)는 꾸준하게 성장하는 경우로, 매수하고 고점매도 하면서 큰 수익을 목표로 가는 방식이다. 5일 이평선을 기준으로 삼되, 분봉과 시장, 호가창으로 매도의 세기를 보고 매도시점을 판단한다.

꾸준하게 상승하는 종목은 큰 폭의 조정 없이 가는 경우가 많으므로 길게 가져갈 수 있다.

(그림100) 장기적으로 등락을 하는 종목

(그림100)은 후자의 경우로 수익을 크게 내지 않지만 회전률을 높여서 자주 수익을 내는 방식이다.

대부분의 종목이 이런 형태를 유지하며 상승과 하락을 반복한다. 매물대나 안사는 구간, 전고점, 신고가 돌파 등 기준을 삼을만한 지표가 많이 있으므로 매매하기 수월하다.

이런 종목은 길게 가져가기보다 자주 수익을 내면서 가는 것이 좋다.

비중 조절은 차트 심리 읽기가 뒷받침되어야 한다.

더 갈 수 있는 종목, 못 가는 종목, 사야 할 종목, 팔아야 할 종목, 언제 사고, 언제 파는지 분석 정보가 있어야 수익 극대화를 가져오는 비중 조절을 할 수 있다.

확실치 않다면 비중 조절로 세분화 하면서 보완해야 한다.

10분의 1, 2, 3, 4, 5, 6, 7, 8, 9까지 자기만의 다양한 스펙트럼을 선택할 수 있다.

'저점이 확실치 않고 고점이니까 투자 가능 금액 중 10%만 들어가보자' 이런 식이다.

비중 조절이 어렵다면 종목의 세기와 매수·매도 시기를 분석 못한 것이고 그 종목의 확률과 비율을 못 정하는 것이다.

많이 알수록 비중 조절을 능수능란하게 잘 할 수 있다.

## 2. 시장과 무관한 투자 습관을 기르라

시장은 등락을 반복하는 파동이다.

영원히 좋은 시장도 없고 영원히 나쁜 시장도 없다.

모든 투자자들이 시장 귀신에 눌려있다.

시장이 오르면 오르는 대로 내리면 내리는 대로 걱정이다.

시장이 갑자기 급락하면 "왜 그러지?"하면서 당황하기 시작하고 관련 뉴스를 검색하고 종토방을 전전한다.

종목이 갑자기 폭락하면 그 원인을 찾기 바쁘다.

기관의 동향, 외국인의 동향, 선물, 옵션포지션의 변동, 공매도 현황, 대차현황 등 그 원인을 찾으려 애를 쓴다.

자기들의 투자심리로 만들어 놓고 오히려 그 모조품에 영향을 받아 다시 다른 모조품을 만드는 형국이다.

시장참여자의 입장에서 보면 시장은 불가사의다.

예측불가능 한 시장을 들어 주가를 가름한다는 것은 어리석다. 그러니 모두 실패할 수밖에 없다.

시장에 끌려 다니지 마라. 시장은 참고할 지표일 뿐이다.

가장 좋은 것은 시장의 오르고 내림에 무관한 투자를 하는 것이다.

시장을 투자변수로 생각하지 말고 참고할 종속변수로 다루는 자기만의 투자방식을 가져야 한다.

시장의 흐름에 집착하지 말고 종목의 차트를 주목하라.

시장 흐름과 종목의 정보들은 차트의 흐름을 밝게 해주는 손전등 정도로만 이해하면 된다.

시장이 오르면 오르는 대로 흔들리지 않고 수익실현 하면서 매매하면 된다.

다시 시장이 내리면 종목을 축소하면서 현금비중을 높여 나가며 저점에서 구제해 주기를 기다리는 종목을 고른다.

종목을 잘 고르면 시장은 알아서 굴러간다.

시장을 이기는 유일한 길은 종목을 잘 찾는 것이다.

예를 들어보자. 코로나사태가 터지자 주가는 속절없이 폭락했다.

(그림101)은 폭포수처럼 떨어진 시장의 모습과 급하게 회복한 모습을 나타낸다.

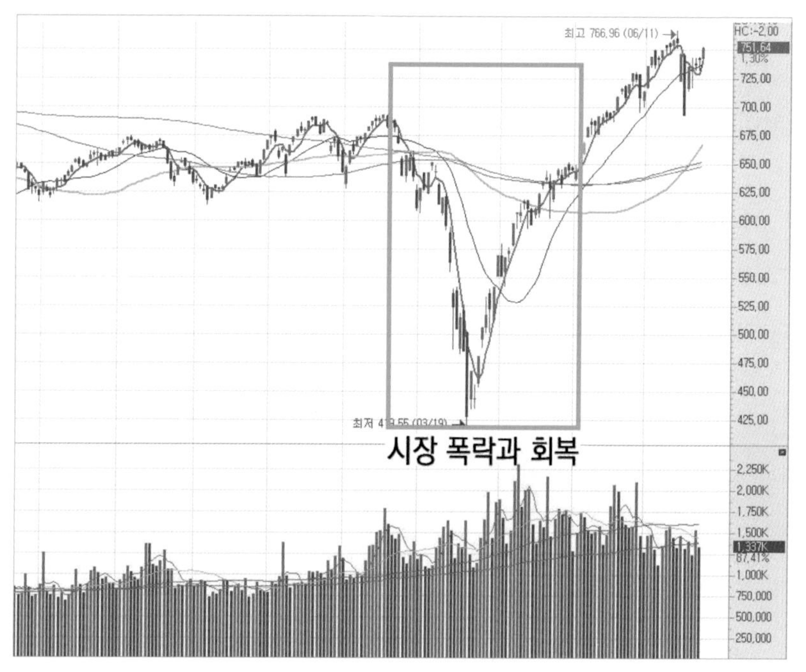


(그림101) 시장폭락과 회복

(그림102)는 시장폭락 후에 시장보다 빠르게 회복한 종목의 모습이다.

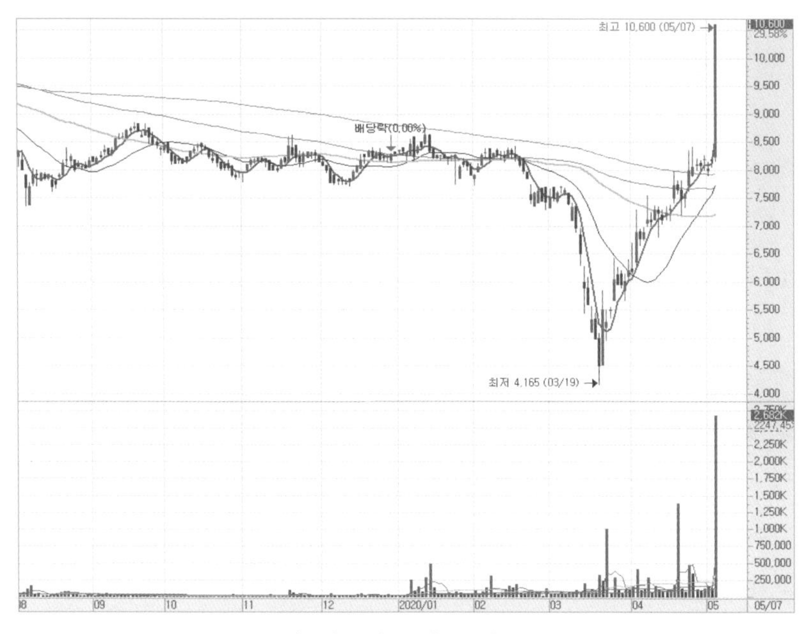


(그림102) 폭락 후 회복

좋은 기업이고 경영상 특별한 문제가 없으며 미래 성장성이 있다면 시장폭락을 두려워 할 필요 없다.

일시적인 하락은 있겠지만 결국 위기를 극복하고 상승할 수 있다.

어떻게 시장과 무관한 투자를 할 수 있는가?

떨어져도 올라올 종목을 가지는 것이 핵심이다.

종목이 더 이상 싼 값에 안 팔려는 구간이 확인되었고 더 올라갈 잠재력이 확인되었다면 시장을 두려워 할 필요가 없다.

그때부터 시장에 휘둘리지 않고 시장을 활용할 수 있다.

종목을 가지고 시장의 흐름에 맞춰 매수·매도를 하면 된다.

시장의 흐름을 타고 매매하는 요령을 자세하게 정리해 보자.

시장이 상승할 때는 크게 두 유형이 있다.

**첫째, 대세상승기이다.**

막 저점을 찍고 저점의 공포를 이길 정도로 회복하여 매수 세력이 강해지면서 상승하기 시작하는 시점이다.

**이때는 시장대비 강하게 상승하는 종목을 골라 크게 수익을 낼 수 있다.**

**대세 상승장에서는 업황이 좋아 장기로 가져가는 종목을 제외하고 치고 빠지면서 높은 수익률보다 짧게 짧게 수익을 자주 내는 것이 바람직하다.**

**둘째, 대세 상승기를 지나 고점에서 상승은 유지하고 있으나 위축되고 있는 시점이다.**

이때는 두 가지 유형으로 나눠진다.

먼저, 이미 엄청 오른 종목은 더 올라갈 수 있는 여력이 있더라도 이전처럼 강하게 올라가기 힘든 경우다.

저점대비 너무 올랐다면 사람들 머릿속에 너무 올랐다는 인식이 각인되기 때문에 떨어지더라도 잘 안사며 큰 호재가 나오기 전까지 강한 오름세를 유지하기 어렵다.

**다음, 추가 상승 여력은 있으나 잠시 고점에서 쉬고 있는 경우다.**

이런 종목은 고점이지만 시장대비 강하게 버티는 모습을 보여주는 경향이 강하다.

여러 지표를 가지고 차트 심리 읽기를 잘하면서 추가적인 상승이 시작되면 매매할 수 있다.

어떤 경우는 고점이므로 비중 적게 투자하고 동시에 하락장에 대비해 종목을 축소하면서 추가 매수자금을 준비한다.

그러다 시장이 빠지기 시작하면서 보유하고 있는 종목이 조정을 거친다. 빠지는 이유가 단지 시장 때문이라면 시장이 좋아지면 다시 회복할 것을 믿어야 한다.

떨어져도 올라올 종목을 가지고 있으면 오히려 시장하락이 반갑다. 그래서 고수는 하락장을 기다린다.

가격이 하락해야 투자수익률을 극대화시킬 수 있다.

**하락장도 세 가지로 나뉜다.**

고점에서 막 꺽이면서 하락하는 국면이 있다.

이때는 신속하게 종목 비중을 줄이고 투자금을 확보하면서 종목매수 및 단타준비를 한다.

본격적인 대세 하락 국면도 있다.

이때는 시장 역행 종목을 골라 비중을 적게 실어서 짧게 짧게 수익을 낸다.

마지막으로 저점을 찍고 반등을 시작하는 국면이 있다.

이런 하락장은 저점에서 비중 크게 매수하기 때문에 안전하면서 수익률과 수익금이 최대화 되는 좋은 시기다.

단타와 중장기 보유방식을 겸비하면 복리로 수익을 증가시킬 수 있다.

하락장은 차트 심리 읽기에 있어 매우 중요한 지표가 된다.

종목의 성격을 알 수 있는 계기가 되기 때문이다.

하락장에서 종목이 잘 버티면 그 종목은 좋은 종목이다.

가격하락의 위험 속에서도 보유하는 사람들이 안 판다는 정보를 얻게 된다.

그 종목을 보유하고 있다면 더 가져갈 수 있고 매수하려고 계획했다면 매수결심을 더 확고하게 할 수 있다.

반대로 하락장에서 더 흔들린다면 보유하는 사람들이 확신이 부족한 상태다.

정리대상 1호가 되며 매수계획을 유보한다.

또 좋은 종목을 저렴하게 매수할 수 있다.

이를 위해 미리미리 종목과 투자금의 비중을 축소하고 자금을 준비한다.

보유종목은 다시 올라올 것이므로 올라올 동안 자금이 묶여 다른 종목을 투자할 기회가 줄어들면 안 되기 때문이다.

시장이 어느 정도 빠지고 나면 저점을 찍는다.

종목도 같이 저점을 찍으면서 시장대비 강한 종목 즉, 안파는 순서대로 올라오기 시작한다.

5일 이평선을 회복하는 때가 반등하기 시작하는 신호다.

좋은 종목이 널려 있다.

관심 종목으로 편입해 놓았던 종목을 저점이다 싶으면 비중을 크게 넣어서 매수한다.

## 3. 적은 수익을 많이 경험하라

가랑비에 옷 젖는다는 말이 있다. 적은 수익이 모이면 큰 눈덩이가 된다. 주식투자가 케시카우가 되기 위해서는 시장의 변동과 무관하게 끊임없이 이유 있는 수익을 낼 수 있어야 한다.

**무리하지 말고 쉬운 것부터 짧게 수익을 경험하라.**

어떻게 짧은 수익을 경험하는가? 예를 들어보자.

**매물대 강하게 돌파하면 매수하고 다음 매물대에서 매도한다.**

(그림103)에서 1구간 매물대를 9% 상승으로 뚫었다.

이날 선발매수 3% 상승을 확인하고 매수한다.

(그림103) 매물대 돌파 매수

**골든크로스를 돌파하는 종목을 골라놓고 강해지는 시점에 들어간다.**

(그림104)에서 보듯, 첫 번째 골든크로스는 짧게 먹고 나온다.

떨어지고 처음 오는 골든크로스는 급한 사람들만 들어오는 경향이 많으므로 매도 성향이 강하기 때문이다.

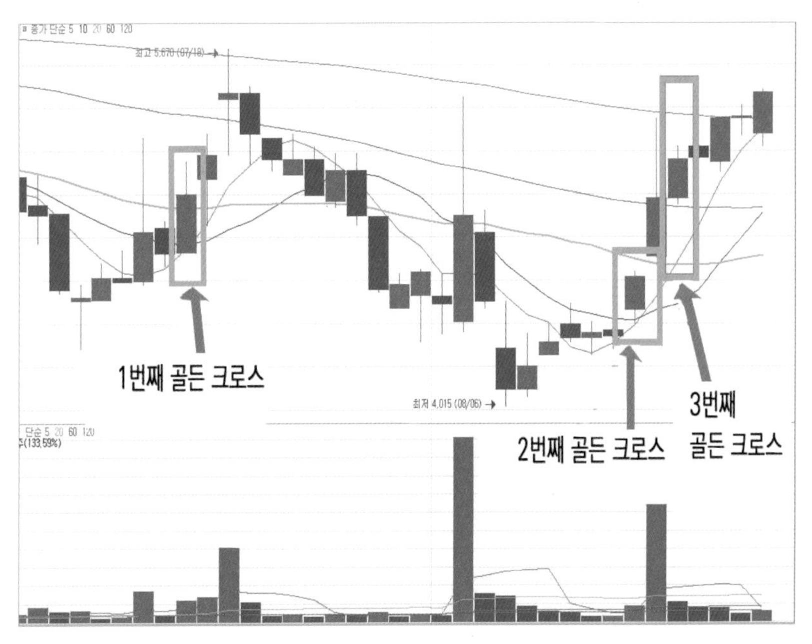


(그림104) 골든크로스 매수

두 번째, 세 번째 골든크로스는 들어간 후라도 다른 지표를 더 분석해서 바로 매도하지 않고 가져갈 수도 있다.

첫 번째 골든크로스를 경험하고 안정을 찾은 상태이며 추가로 반등을 할 가능성이 높다.

**시장을 따라가지 않고 역행하는 종목만을 골라서 시장하고 반대로 움직일 때 들어간다.**

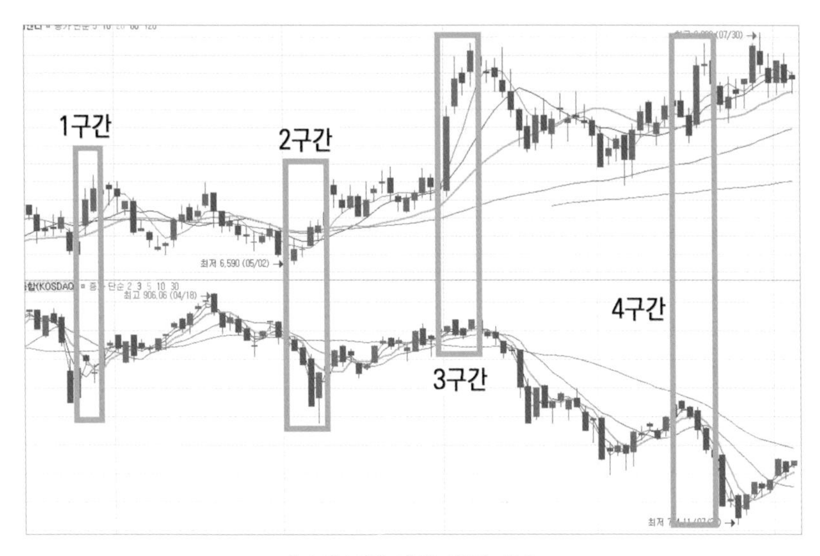


(그림105) 시장 역행 매수

(그림105)는 위 종목, 아래 시장의 일봉 모습이다.

이 종목은 시장을 역행을 자주 하고 있다.

시장이 빠져도 안 밀리는 것은 매수가 강해지기 시작했다는 의미다.

시장이 빠져도 살려고 했다면 급한 사람들이 있다는 것이고 그 가격 이하로 잘 안 빠지고 크게 상승할 가능성이 크다.

저점이다 싶은 종목을 지켜보고 반등 시점에 매수한다.

지지부진한 종목을 지켜보다가 매수가 강해지면 비중 적게 들어간다. 원래부터 지지부진했다면 피하는 게 좋고 지지부진하기 전에 시장 따라 등락을 했다면 매수는 관심이 아직 있다는 것이므로 매수세만 강하면 올라갈 수 있다.

단순하게 많이 떨어졌다 싶은 종목만 골라서 매수해도 짧은 수익을 얼마든지 가능하다.

다만 애초에 관심이 없이 떨어진 종목은 피하는 게 좋다.

**떨어진 종목 중에서 5일 이평선을 회복하고 매수가 강해지면 선발매수를 보고 들어가도 좋다.**

(그림106) 5일 이평선 회복 매수

(그림106)에서 떨어지고 5일 이평선을 9% 상승 마감했다.

이날 5일 이평선을 회복하는 선발매수가 나오면 들어간다.

이상의 방법은 일봉, 분봉, 호가창 등의 추가 지표를 보면 더 안전하고 높은 확률로 접근 할 수 있다.

이렇게 수익의 기회가 점차 많아지면 좀 더 확대한다.

계절주, 테마주를 분석해 놓고 매수 시기가 되면 들어간다.

전고점, 신고가 돌파하는 종목, 한계가격대를 돌파하는 종목을 지켜봤다가 매수가 강해지면 비중 적게 들어간다.

수익이 잦아지고 수익금이 불어나면 도전의 폭을 넓혀 본다.

**호재 터진 날 이후 대량 거래가 터지지 않은 종목에 다음날 비중 적게 매수하고 5% 이하만 수익내고 나온다.**

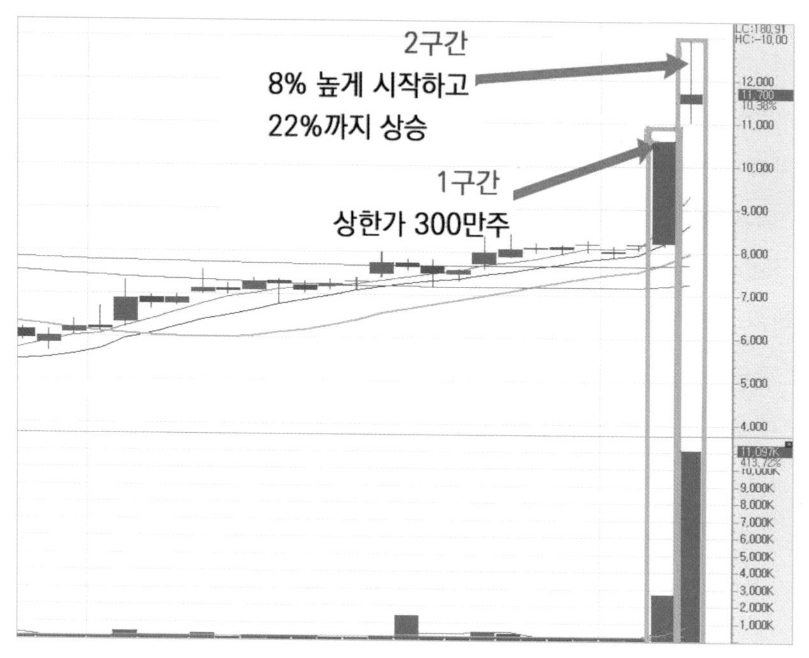


(그림107) 상한가 다음날 매수

(그림107)의 1구간에서 상한가가 일찍 터지면서 거래량이 적었고 다음날 8% 갭상승으로 시작해 22%까지 상승하고 위꼬리 남기면서 밀린 모습이다.

보통 거래량이 다음날 더 터지면서 상승하는 경우가 많으므로 비중 적게 매수하고 당일 5% 정도 수익을 얻고 나온다.

## 4. 주식은 기다림이다

주식투자는 기다림의 미학이다. 시간을 먹고 사는 게 주식이다.

사실 주식은 등락 이외에 별 볼 것이 없다. 아무리 좋은 주식도 오르면 다시 내릴 때가 있고 아무리 나쁜 주식도 마냥 내려가지만은 않는다. 버블이 있어야 폭락이 있고 폭락이 있어야 버블이 생긴다.

**명성 있는 주식이 내려갈 때와 별 볼일 없는 주식이 올라갈 때 투자자의 입장에서는 후자가 훨씬 가격메리트가 있다.**

미운 오리도 충분한 수익을 가져다준다. 시간의 흐름을 탈 줄 알아야 주식을 다스릴 수 있다. 시간을 타고 정보가 가미되고 심리가 포함되면서 그래프가 만들어지는 것이다.

**단타든 장타든 기다려야 수익이 있다.**

매수하고 수익 안 난다고 도망가는 사람은 영원한 떠돌이 신세를 못 면한다.

초단타매매는 시뮬레이션 훈련일 뿐 돈을 벌 수 없다.

매수 후 바로 올라서 수익을 낼 수 있다면 신의 수준이다.

매수하고 물을 주고 정성을 기울여 보살펴야 한다.

그래야 싹이 나고 꽃이 피고 열매가 맺는 것이다.

삼성전자를 매달 100만원씩 꾸준히 사 모았다고 하자.

30년 후에 원금은 3억 6천만 원인데 평가액은 약 180억 원이다.

여기에 배당을 모두 재투자했다고 가정하면 평가액은 약 230억 원으로 늘어난다.

'가난한 자는 손절이요 부자는 추매다'란 격언이 맞다.

폭락 때 돈이 약한 자에서 강한 자에게 이전된다.

고점에서 사다가 흐를 때 고스란히 부자에게 바치는 인생이 개미의 슬픈 자화상이다. 흔드는 재미로 사는 기관들도 시간을 이기는 투자자한테는 못 당한다.

어떻게 기다려야 하는가?

기다림의 근거가 확실해야 한다.

매수하고 맹목적으로 세월만 낚는 헛태공이 되면 안 된다.

차트분석을 기반으로 확신을 가졌다면 결과가 나올 때까지 기다릴 줄 알아야 한다.

예를 들어 보자.

저점이 확인되고 매수가 급해지면서 상승을 시작하고 있는 종목이 있다. 올라가면서 시장이 안 좋아도 강하게 버티면서 안 팔고 있고 저점을 계속 높이면서 올라간다.

이전에 시장의 등락보다 더 급하게 움직이면서 아까워하는 사람들이 많음도 확인했다.

올라가면 이들이 추격 매수가 되어 더 치고 간다.

이를 근거로 매수를 했다.

그런데 시장이 폭락하면서 같이 밀렸다.

여기서 당황해서 매도를 했다면 그동안 무슨 짓을 한 것인가?

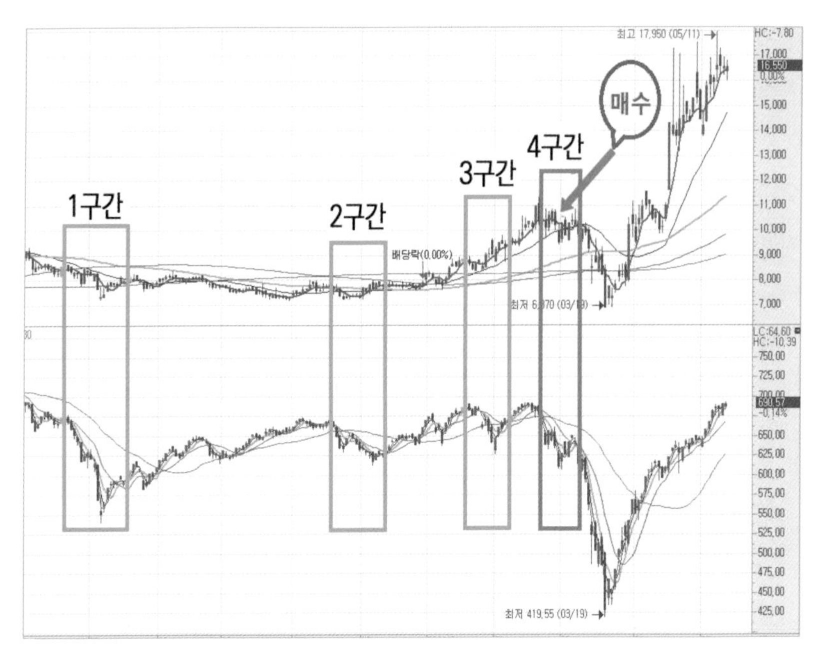


(그림108) 기다림의 미학

(그림108)은 4구간에서 매수하자마자 시장 폭락한 사례다.

1구간을 보면 하단의 시장이 폭락하는데 상단의 종목은 잘 버티면서 별로 크게 반응하지 않았다.

웬만한 공포에도 사람들이 안파는 보유심리가 강한 종목임을 확인했다. 2구간을 봐도 역시 시장의 하락에도 꿈쩍도 안한다.

안파는 종목임을 다시 한 번 확인할 수 있었다.

이후 시장보다 매수가 약해서 시장도 못 따라가고 있다.

안 팔고 시장대비 잘 버티는 상태에서 매수만 강해지면 올라갈 것임을 알았다. 그러다 3구간에서 이상한 흐름이 감지된다.

전에는 시장이 하락하면 버티기만 했는데 이번에는 역행하면서 오히려 더 강해진 매수세로 올라가고 있다.

여기가 이 종목의 중대한 변화 시점이다. 안파는 종목이 매수가 강해지면 올라갈 일밖에 없다. 이후에 저점이 높아지고 매수가 강해지면서 올라간다. 그런데 하필 코로나로 시장이 크게 흔들리고 있다. 그럼에도 별로 안 빠지면서 강한 모습을 보여주고 있다. 정말 고점에서도 안파는 좋은 종목이다.

변화 시점에서 매수해야 하지만 놓쳐서 여기 버티다 반등하는 시점에 매수를 했다. 옳은 결정인가?

원래부터 안파는 종목이고 시장도 못 따라 갈 정도의 약한 매수에서 이제 막 시장보다 강해진 매수세로 저점을 높이면서 올라가다가 시장 하락으로 멈칫하고 있는 중에 매수를 한 것이다.

이 종목은 고점으로 갈수록 안 팔고 급한 매수가 시장 때문에 멈칫하고 있으므로 다시 올라가면 이들이 추격 매수가 되어 충분히 더 올라 갈 종목임을 확신한 것이다. 그런데 하필 시장이 더 폭락하면서 하락했다. 매도해야 하나?

충분한 근거를 가지고 매수한 것이라면 자금 확보 전략이 아니라면 분석을 믿고 가져가야 맞다.

하락은 시장요인 때문이며 종목은 전혀 문제가 없다.

만약 상황이 변해서 갑자기 파는 사람이 늘어나서 성격이 변했다거나 악재가 나왔다면 매도를 고려해야 한다. 하지만 이후에도 시장이 빠져도 더 잘 버티고 있다. 파는 사람이 정말 없이 내려간다는 게 확실하다.

떨어져도 매수한 가격대 이상으로 반등할 가능성이 높다.

결국 시장이 회복하면서 저점을 찍고 호재를 동반하면서 시장보다 급하게 회복하고 매수가 이상으로 상승하는 모습을 보여 주었다.

비록 매수하고 시장 돌발 상황에 의해 두 달 고생했지만 더 큰 수익으로 보답을 받게 된 것이다.

에필로그

# 아이들에게 주식투자 기술을 선물하라

초등학교 4학년 아이 때문에 깜짝 놀랜 적이 있다.

갑자기 이명박 정권, 박근혜 정권, 문재인 정권이라는 용어를 쓰면서부터다.

“세 정권은 모두 학교급식 문제를 해결 못했어요.”

“부동산 문제도 전부 엉터리예요.”

더욱 놀란 것은 자기라면 이 문제를 다 해결했을 거라고 큰 소리 치는 거다. 귀여운 구석이 많은 말투지만 몇 가지 짐작이 간다.

아마 아이의 부모가 그런 얘기를 자주 하는 집안일 것이고 또 하나는 ‘혹시 혼자 인터넷을 찾아보면서 생각하고 있는 것’일 수 있다.

어떤 경우이든 요즘 아이들의 정서 수준이 높다는 것을 인정하지 않을 수 없다. 또한 이들이 아무것도 모르는, 그래서 함부로 해도 되는 대상이 아니라는 것이다.

아이들은 물과 같다. 잘 인도하면 작은 물줄기지만 모여서 큰 강줄기를 만들 수 있다. 하지만 하찮게 여기면 실개천도 못 만드는 흩어진 물 일 뿐이다. 이들에게 금융을 선물해야 한다.

막힌 물줄기를 터 지구촌에 골고루 돈이 흐르도록 해야 한다.

부자는 돈이 많은 사람이다. 얼마나 벌어야 부자인가?

각 나라에서는 보통 자산 100만 달러로 본다.

한국 화폐를 기준으로 KB금융경영연구소에서는 금융자산 10억 정도라 했다. 국민의 0.47% 정도밖에 안 된다.

부동산이 치솟는 바람에 30억으로 늘어날 날이 곧 올 것 같다.

부자는 많으면 많을수록 좋다.

어떻게 부자가 되는가?

영어 박사가 되기 위해서 영어를 알아야 하듯이 부자가 되기 위해서는 돈의 흐름, 즉 '금융(金融)'을 알아야 한다.

하지만 불행하게도 그런 교육을 제대로 받아 본 적이 없다.

오히려 부자에 대한 부정적인 이미지만 돌아다닌다.

부자가 되면 안 되는 것인가? 돈이 없으면 숨도 못 쉬는 세상이다. 그런데 왜 안 가르쳐 주나? 어린아이에게 돈 얘기 하면 불편해서? 풀리지 않는 이런 저런 이유로 한국은 금융문맹 공동체가 되어 버렸다.

금융이란 무엇인가? '돈의 흐름'이다.

시냇물이 흐르듯 여기저기 돌고 돈다. 돈은 자석과 같다.

어떤 사람에게는 많이 쌓이고 어떤 사람에게는 조금밖에 가지 않는다. 중간은 없다.

돈은 잠자리와 같다. 여기저기 날라 다니지만 가만히 있으면 절대 손에 넣을 수 없다.

어떻게 잡는가? 재빠르게 채를 휘둘러서 잡는 것도 기술이다.

더 머리 좋은 아이들도 있다.

암컷을 잡아 실에 묶고 돌리는 방법이다. 끝도 없이 잠자리가 달라붙는 짜릿한 쾌감은 말로 표현하기 어렵다.

부자도 그렇다. 돈이 모이는 소리가 들리면 피곤하지도 않다.
어떻게 부자가 되는가? 금융 지식으로?
지식도 필요하지만 다는 아니다. 돈을 끄는 마음을 가져야 한다.
왜 유대인이 세상을 돈으로 지배하고 있을까?
어릴 때부터 생활 속에서 금융과 사귄 덕이다.
자존감을 갖게 하고 돈의 필요성을 몸으로 터득하며 그 흐름을 관찰할 수 있도록 안내를 해준 부모 때문이다.
누구도 배우지 않는 돈을 끌어들이는 매력을 배운다.
"공부를 열심히 해라"고 강제하는 부모와 '왜 공부를 해야 하는지'를 생각하게 하고 스스로 간절함을 갖도록 하게 하는 부모와의 차이다.
이들은 금융과 맞서지 않고 금융 그 자체가 된다.
위대한 투자자로 알려진 워렌버핏도 11세부터 알바한 돈으로 투자를 시작했고 주식공부를 게을리하지 않았다.
주식투자의 원리를 이들에게 빨리 선물해주어야 하는 이유다.